# 自然资源禀赋、环境规制与经济发展研究

Research on the Natural Resource Endowment,
Environmental Regulation and Economic Development

何雄浪 等·著

中国经济出版社
CHINA ECONOMIC PUBLISHING HOUSE

·北京·

#### 图书在版编目（CIP）数据

自然资源禀赋、环境规制与经济发展研究 / 何雄浪等著 . —北京：中国经济出版社，2021.10（2023.8 重印）
ISBN 978-7-5136-6728-9

Ⅰ.①自… Ⅱ.①何… Ⅲ.①自然资源-资源经济学 Ⅳ.① F062.1

中国版本图书馆 CIP 数据核字（2021）第 227459 号

| | | |
|---|---|---|
| 责任编辑 | 王　帅 | |
| 责任校对 | 李若雯 | |
| 责任印制 | 巢新强 | |

| | | |
|---|---|---|
| 出版发行 | 中国经济出版社 |
| 印 刷 者 | 北京建宏印刷有限公司 |
| 经 销 者 | 各地新华书店 |
| 开　　本 | 710mm×1000mm　1/16 |
| 印　　张 | 12.5 |
| 字　　数 | 200 千字 |
| 版　　次 | 2021 年 10 月第 1 版 |
| 印　　次 | 2023 年 8 月第 2 次 |
| 定　　价 | 88.00 元 |

广告经营许可证　京西工商广字第 8179 号

中国经济出版社 网址 www.economyph.com　社址 北京市东城区安定门外大街 58 号　邮编 100011
本版图书如存在印装质量问题，请与本社销售中心联系调换（联系电话：010-57512564）

版权所有　盗版必究（举报电话：010-57512600）
国家版权局反盗版举报中心（举报电话：12390）　　服务热线：010-57512564

# 摘 要

自然资源是国家财富的重要组成部分，自然资源分布的差异在很大程度上导致了区域发展的差异。天赐的自然资源本身给经济带来的是"红利"和"福音"，然而，现代经济发展的实践告诉我们，丰裕的自然资源并不必然会带来快速的经济增长，许多自然资源丰富的区域其经济增长绩效明显不如自然资源稀缺的区域。丰富的自然资源阻碍了经济增长，这一现象在经济学中被称为"资源诅咒"。"资源诅咒"实际上就是"制度诅咒"，丰裕的自然资源会对一个国家的制度产生"诅咒"，通过"诅咒"制度来间接影响经济增长。在现实中，多数资源丰厚地区凭借其资源优势以出口资源产品为主要经济来源，缺乏制度与技术创新，产业以粗放型投入为主，这样的发展模式虽然能在短时间内拉动经济快速发展，但是从长期来看，如果不进行产业的转型升级，这些地区的经济将缺乏发展活力，最终走向衰落；同样，资源的过度开采以及粗放的发展模式会引发严重的生态环境问题，我们认为，这也是一种"资源诅咒"，在深入推进生态文明建设的新时代，我们更应该警惕资源开发对环境的污染。解决环境污染问题必然离不开有效的环境规制手段，而环境规制必然通过技术创新、产业转移等对经济增长产生影响。因此，本书对研究自然资源禀赋、环境规制与经济发展三者的关系具有重要的理论与应用价值。

本书共分为8章，每章的主要内容和研究结论如下：

第1章：地理要素、非地理要素与区域增长的决定。区域是相互依赖的，区域增长是空间均衡的结果。区域的第一性特征以及第二性特征都是决定区域增长的因素，但在经济发展的不同阶段二者的表现也会有所差异。一般在经济发展初期，第一性特征将起到决定性作用。在经济发展后期，第一性特征以"路径依赖"的形式存在，这时第二性特征对一个区域的继续发展起着重要的作用。在区域增长中，空间是重要的，无论是第一性特征还是第二性特征力量的发挥，都跟空间贸易成本、区域的制度选择有关。

第2章：自然资源禀赋与区域发展："资源福音"还是"资源诅咒"。经济发展的历史和现实表明，丰饶的自然资源是一笔财富，是经济增长的"福音"，然而，并非所有的经济体都能够运用自然资源走上持续繁荣的道路，有时自然资源丰富的区域的经济增长绩效明显不如自然资源稀缺的区域，产生令人困惑的"资源诅咒"现象。对于一个具有丰富自然资源禀赋的国家来说，无论是"资源福音"还是"资源诅咒"效应的发生都是有前提的，这完全取决于该国的制度质量的高低。

第3章：自然资源禀赋、制度质量与经济增长。本章构建了包含自然资源存量和制度要素的新古典经济增长理论模型，从理论上来探讨"资源福音"与"资源诅咒"的悖论问题，阐明不好的制度可能诱发"资源诅咒"的机理。在理论分析的基础上，利用1995—2013年中国省际面板数据，通过普通面板计量模型与空间计量模型，实证检验"资源诅咒"命题以及分析"资源诅咒"效应的传导机制。本章的实证研究得出的结论主要有："资源诅咒"命题在中国省域层面上是成立的。低质量的市场分配资源制度和产权制度遏制了自然资源促进经济发展的潜在优势，引发"资源诅咒"效应，而提高市场开放度能缓解"资源诅咒"效应；自然资源的空间集聚与经济增长之间存在着负向空间相关关系，资源越富集的地区"资源诅咒"效应越严重；自然资源禀赋会影响制度的质量，在因果循环机制的作用下，制度质量越低"资源诅咒"效应越严重。

第4章：自然资源禀赋、劳动力结构与经济增长。本章构建了一个包含自然资源存量和劳动力结构因素的经济增长理论模型，探索劳动力结构是否是引起"资源诅咒"或"资源福音"的原因之一。理论研究发现，在不同限制条件下，自然资源开发部门劳动力数量的增加对经济增长的作用有限，而劳动者素质的提高对缓解"资源诅咒"效应而言始终是一个利好因素。实证研究进一步表明：从总体上讲，我国省域层面的"资源诅咒"现象是存在的，但在一定条件下并非没有逆转的可能，避免"资源诅咒"问题的发生，使丰裕的自然资源成为地区发展的"福音"，关键在于劳动者素质的提高，而资源开发部门劳动力数量的增加所起的作用有限；分地区讲，"资源诅咒"效应在经济发展水平不同的地区存在差异，而劳动力结构的异质性主导着这种差异。

第5章：基于"资源诅咒"视角的环境污染与地区经济增长关系探讨。在理论分析的基础上，以中国2000—2015年的省级面板数据为样本，从"资源诅咒"的视角对环境污染与地区经济增长的关系进行实证分析。研究结果表明：自然资源丰裕的地区开发自然资源会带来严重的环境污染，这说明"资源诅咒"从环境污染的角度来说是存在的；环境库兹涅茨曲线在中国省级数据上是存在的，并且数据显示我国的经济发展水平还处于环境库兹涅茨曲线的左端；工业化水平的提高是造成我国环境污染严重的重要影响因素之一，长期稳定的环境治理对环境质量的改善具有显著的作用。研究结果为如何平衡环境污染与经济增长之间的关系，促进地区资源的有效利用与产业结构的升级提供了有益的政策启示。

第6章：环境规制促进还是抑制了技术创新。在理论分析的基础上，以中国2000—2016年的省级面板数据为样本，运用空间杜宾模型检验环境规制的本地和邻地技术创新效应。研究发现：第一，政府型环境规制对本地和邻地技术创新效应的影响整体上呈现出正"U"形特征，即政府型环境规制在短期内抑制了企业技术创新，在长期则有利于企业技术创新；第二，市场化环境规制对技术创新效应的影响在本地表现出倒"U"形特征，而在邻地的市场化环境规制技术创新效应的大小跟空间属性有关；第三，整体来看，2000—2006年环境规制的空间溢出效应并不明显，这表明地方政府在实施环境规制时不存在策略性博弈。2007年以后，政府型环境规制在本地和邻地的影响皆为显著呈正"U"形，市场化环境规制在本地和邻地的影响皆为倒"U"形，这说明区域环境规制的竞争形态逐渐向"逐顶竞争"方向转变。

第7章：高质量发展视角下我国环境规制减贫脱困效应研究。本章以高质量发展为统揽，将环境优化和脱贫致富纳入统一的框架进行研究，在理论上分析高质量发展视角下环境规制对减贫脱困的作用机理。同时，以

2005—2018年中国大陆284个地级城市面板数据为研究对象，实证分析我国环境规制的减贫脱困效应。研究结果显示：环境规制对反贫困的影响呈现由阻碍到促进的"U"形变化；不同区域的环境规制对反贫困呈现出差异性特征，西部地区环境规制对减贫脱困的阻碍作用最大，中部地区次之，东部地区最小，且东部地区和西部地区环境规制的作用效果表现为"U"形关系；环境规制对减贫脱困存在"双重门槛效应"。当环境规制强度低于低门槛值时，环境规制将阻碍减贫脱困进程。当环境规制处于两个门槛值之间时，环境规制对减贫脱困的作用效果不显著。当环境规制强度高于高门槛值时，环境规制会促进减贫脱困。

第8章："资源诅咒"、后发优势与民族地区经济跨越式发展探讨。民族地区经济社会的发展不仅关系到我国整体的发展水平，更关系着我国经济社会的长期繁荣与稳定。在新的历史条件、新的历史要求下，民族地区的经济发展面临着巨大的困境，是制约我国经济发展的短板，是阻碍实现区域协调发展的障碍。在一定程度上，民族地区的资源优势成为经济发展的阻碍，自然资源的开发带来了"资源诅咒"效应。作为经济发展落后地区，我国民族地区具有经济发展的后发优势，应抓住"一带一路"建设以及实施区域协调发展战略带来的新契机，充分挖掘自己独特的后发优势，采取有力措施，实现民族地区经济的跨越式发展，确保民族地区与全国同步全面建成小康社会。

第9章：环境规制对民族地区环境污染的影响探讨。本章从影子经济视角出发，从理论上研究环境规制和影子经济对环境污染的影响。在此基础上，本章基于2000—2015年民族地区省级面板数据，实证考察了在影子经济下，环境规制强度对民族地区环境污染的影响。通过理论与实证分析，本章得出的研究结论主要有：理论方面，环境规制对环境污染的直接影响为负，但同时环境规制通过影子经济对环境污染的间接影响为正；实证分析方面，环境规制能够有效减少民族地区的环境污染，影子经济提高了民族地区的环境污染程度，环境规制和影子经济的交互项恶化了民族地区的环境质量；民族地区的人均收入水平与环境污染并未呈现倒"U"形关系，EKC假说在民族地区不成立。贸易开放度、产业结构、城市化、能源使用效率等因素对民族地区的环境质量亦具有重要影响。

# 目 录

## 1 地理要素、非地理要素与区域增长的决定 ········································ 1
### 1.1 自然地理环境（第一性特征）与区域经济增长的决定 ···················· 2
### 1.2 非自然地理环境（第二性特征）与区域经济增长的决定 ················ 6
### 1.3 第一性特征、第二性特征与区域增长的决定 ································ 11
### 1.4 贸易成本与区域增长的决定 ······················································· 13
### 1.5 制度、政府经济行为与区域增长的决定 ······································ 14
### 1.6 本章小结 ···················································································· 16

## 2 自然资源禀赋与区域发展："资源福音"还是"资源诅咒" ············ 18
### 2.1 "资源福音"与区域发展 ····························································· 19
### 2.2 "资源诅咒"与区域发展 ····························································· 21
### 2.3 "资源福音""资源诅咒"与区域发展 ········································ 24
### 2.4 本章小结 ···················································································· 25

## 3 自然资源禀赋、制度质量与经济增长 ············································ 28
### 3.1 理论模型的建立与分析 ······························································· 30
### 3.2 计量方程的建立及其变量说明、数据来源与描述分析 ··············· 35
### 3.3 面板数据模型估计结果分析 ························································ 39
### 3.4 本章小结 ···················································································· 46

## 4 自然资源禀赋、劳动力结构与经济增长 …… 48
### 4.1 理论模型分析 …… 53
### 4.2 计量模型的设立与实证分析 …… 61
### 4.3 本章小结 …… 71

## 5 基于"资源诅咒"视角的环境污染与地区经济增长关系探讨 …… 73
### 5.1 理论模型分析 …… 77
### 5.2 模型选择、变量描述与统计分析 …… 79
### 5.3 计量分析 …… 83
### 5.4 本章小结 …… 90

## 6 环境规制促进还是抑制了技术创新 …… 93
### 6.1 理论分析 …… 95
### 6.2 实证策略 …… 97
### 6.3 实证结果与分析 …… 102
### 6.4 本章小结 …… 108

## 7 高质量发展视角下我国环境规制减贫脱困效应研究 …… 110
### 7.1 机理分析 …… 114
### 7.2 实证分析 …… 119
### 7.3 回归分析结果 …… 126
### 7.4 本章小结 …… 136

## 8 "资源诅咒"、后发优势与民族地区经济跨越式发展探讨 …… 139
### 8.1 "资源诅咒"与民族地区经济发展的困境 …… 140
### 8.2 后发优势及其在民族地区的体现 …… 142
### 8.3 本章小结 …… 145

**9 环境规制对民族地区环境污染的影响探讨** ·········· 149
    9.1 理论模型分析 ·········· 151
    9.2 计量模型与数据 ·········· 153
    9.3 实证分析与结果 ·········· 157
    9.4 本章小结 ·········· 165

**参考文献** ·········· 167

**后　记** ·········· 189

# 1 地理要素、非地理要素与区域增长的决定

自亚当·斯密以来，经济增长就备受主流经济学家关注，20世纪40年代以后，它就已成为经济学研究的中心问题，以至于Lucas（1995）在研究经济增长时发出感叹："只要开始思考这个问题，就很难再有精力去考虑其他问题。"然而，在新古典经济学的分析框架下，似乎所有的生产和消费活动都发生在针尖上，在没有空间维度的"空中楼阁"中进行，绝大多数经济学家并未重视有关区域增长与发展的研究。虽然关于区域繁荣与衰退问题的研究很复杂，但是它具有重要的理论意义和现实意义，能在很大程度上完善传统的经济增长理论，避免了新古典经济增长理论应用于区域增长分析得出的"尴尬结论"，同时，现实经济增长与发展的过程，就是人口、就业、生产活动空间分布改变的过程。早在20世纪中期，就有一些著名的经济学家开始进行区域增长与发展方面的理论研究。瑞典经济学家默达尔（Myrdal，1957）指出，市场力量将引起区域间的差异，导致区域间经济的不平衡发展，而这种作用机制是由市场、消费者以及生产者中的循环累积效应产生的，一旦市场平衡被打破（如当某一区域的生产率提高时），这种循环累积作用将持续加剧这种不平衡。Kaldor（1970）也进行了这方面的研究，并指出规模报酬递增保证了地方工业发展中的循环累积优势过程。

然而，在新经济地理学以前的分析方法中，不能较好地应用一般均衡理论的分析框架分析经济活动空间的集聚现象，甚至会发生与凸性最优不相适应的冲突，从而使传统区域经济学理论始终难以登上主流经济学的"大雅之堂"，关于空间经济问题的研究在很长一段时间内基本处于"休眠状态"。这其中的原因正如Krugman（1995）精辟阐述的那样："为何空间问题仍然是经济领域

的盲点？这并不是历史的偶然：空间经济学有着某种东西，这种东西生来就给那些熟练建模的主流经济学家制造了难以施展其才能的环境。……这种东西就是……规模收益递增情况下的市场结构问题。"所以，尽管主流经济学家很早就认识到了经济活动空间集中所固有的规模收益递增性质，但由于其与新古典经济学规模报酬不变和完全竞争的范式不相容，所以他们只把收益递增当作局部的生产外部性来处理，回避了实质的问题（Fujita et al.，1999）。

综观世界，可以在各个角落找到产业集聚或集群。经济活动在空间上的非均衡分布是现实经济最显著的特征之一，区域不平等是区域经济学的重要研究内容，由此，本章将围绕促进区域经济增长的要素特征这一主题，探讨区域发展的决定因素。

## 1.1 自然地理环境（第一性特征）与区域经济增长的决定

在区域经济理论发展的历史进程中，导致区域差异化发展的影响因素主要分为两大类，即区域经济增长的第一性特征与第二性特征。第一性特征指区域间气候、资源禀赋等方面的自然特征。第二性特征指除第一性特征以外的其他内生影响区域发展的因素。区域的第一性特征毫无疑问在整个经济发展历程中至关重要，尤其在区域的经济发展初期起到了决定性的作用。第一性特征决定区域发展的理论被称为外生空间异质性理论，这不仅是传统国际贸易理论的基石，还是冯·杜能（Thünen，1826）的农业土地利用理论的基石。

一个区域所处的地理位置通过多种机制影响该区域的经济活动以及人口分布。例如，该区域到达港口或运输网络的便利程度，即地理运输成本；气候因素，如温度或降雨量。另外，这些自然地理条件又会对该地区的文化、社会规范程度以及机构组织的发展产生长期的影响。由于发展中国家所存在的区域异质性问题较西欧等发达国家严重，所以，自然地理因素的影响在分析发展中国家或地区的区域增长问题时就表现得更为显著。

地理位置的不同会导致商品价格、全要素生产率以及要素的累积效应的差异（Dell et al.，2012）。Gallup等（1999）指出，在美国、西欧以及亚洲东北部，海边100公里以内的区域，其占地面积虽只是各国总的可居住面积的

3%，但是它们的人口以及GDP却分别占了本国总量的13%和32%，说明地理位置差异给经济活动造成了很大的影响。

沿海地区的地理优势降低了对外贸易的成本，可视作生产率的提升。Rappaport和Sachs（2003）认为，美国沿海地区经济的集聚现象产生于这种生产率效应，当大量企业和人口因为该沿海地区的直接地理优势聚集于此时，这种经济地理优势将会不断被加强，这就是"路径依赖"。Bleakley和Lin（2012）对"路径依赖"现象也作了说明，他们对美国多个只能进行陆地运输而无法进行海运的城市贸易情况进行了分析，研究表明即使在海运发达的今天，这些不具有海运优势的地区仍然是人口的高集聚区。

Gennaioli等（2013）认为较低的平均气温、与海洋的临近程度、丰裕的自然资源禀赋等外部因素与一个国家或地区的人均收入有正向的联系。Mitton（2013）在模型中引入了更多的地理、气候变量，实证结果显示其中绝大多数自变量对因变量的影响显著，但是总体上，它们只能解释因变量的一小部分。早在1915年，Huntington就指出，气候越炎热的国家越贫穷。Dell等（2009）不仅使用跨国数据，同时也使用美国内部的横截面数据，研究发现地区的平均气温和人均收入的负相关关系在美国内部与在各国之间相比要弱很多，但在统计上仍高度显著。Nordhaus（2006）利用地理位置的经济数据（G-Econ data）开展研究，发现在单位纬度乘单位经度的地理单元上，同样可以观察到平均气温和人均收入的负相关关系，但是平均气温和地理单元的产出却呈显著的正相关关系。

虽然一些自然地理因素并不能直接影响厂商的生产成本（如某地阴天较少的气候条件），但它们也是流动工人追求自身效用最大化的决定性因素，也就是说，这些自然地理因素会影响工人的迁移决策，从而最终影响到人口的地理空间分布（Roback，1982）。20世纪，美国大批人口迁移至该国气候良好的地区，导致出现北部许多工业城市人口骤减，而处于阳光地带的城市人口剧增的现象。Rappaport（2007）认为，这是因为随着人们收入水平的提高，收入效应使得人们对好的气候条件的需求不断增加，从而导致大规模的人口迁移，人口空间分布状况随之发生改变。历史上，一些气候冲击引起了大量的人口迁移现象。20世纪30年代，美国平原地区发生了严重的旱灾和沙尘暴，成为环境恶劣的风沙侵蚀区。这种自然气候冲击导致该区域农业生产率以及土地价格大幅下降，人口大量流失。Hornbeck（2012）对此进行了分析，并指出气候条件的恶化引致的人口迁移是使该区域经济状况恶化的主要原因。为了对问题作进一步的说明，也有学者分析了人口转移现象在其他非气候冲击因素影响下的表现。Davis和Weinstein（2002）指出，日本各区域的人口分布在历史上是相当稳定的，即使是大规模的冲击（如"二战"期间日本多个城市遭受了盟军的轰炸）都没能使日本的人口分布发生改变，而只是引起了短暂的波动。同样地，我国人口分布以黑河—腾冲一线为分界线，东南多，西北少，人口分布不均，这是因为，我国东南地区多为平原丘陵地形，土壤肥沃，水源充足，气候湿润，交通便利，所以人口密集；西北多为山地高原地形，自然条件恶劣，交通不便，气候干旱，所以人口稀疏。即使计划经济时期大规模的人口迁移运动（例如，长达10年左右的三线建设）也未能从根本上改变这一现象。另外，自然地理环境在最终意义上会构成区域人口分布的限制条件，例如，虽然北京吸引经济活动的向心力远远大于离心力，但这并不意味着北京的人口可以一直增加下去，因为，城市的承载力（水资源供给的瓶颈、城市土地的利用极限等）最终会对城市人口的增长起到"天花板"效应的限制作用。这些都表明了区域所固有的自然地理环境对于区域人口分布以及相应的经济发展的重要性。

美国环境史大家克罗侬（Cronon，1991）在其作品《自然的大都市：芝加哥和伟大的西方》中描述了19世纪的芝加哥是如何成为西部大都市的。克罗侬指出，正是因为芝加哥不存在任何特别的自然资源，才有了后来的飞速发展。芝加哥地处平原地区，流经该城市的河流也几乎无法作为运输航道，湖边的港湾也都不够大。该区域起初存在的一点自然优势不久也被取缔了。最初，人们开凿了一条连接密西西比湖支流和北美五大湖的运河，而芝加哥处于这条运河的终点位置，这无疑是有利于芝加哥经济发展的，但是仅仅几年的时间，新建的铁路逐渐代替了该运河在经济中的作用。然而，芝加哥并没有因此失去商业中心的地位，这是因为早期的芝加哥已经通过其自然优势建立了一个中心市场，形成了便利的交通和较发达的商业，而这种经济力量又存在正的反馈机制。正如克罗侬所说的，芝加哥经济中这种自我强化作用所产生的效益弥补了该区域因丧失自然优势所产生的损失。克罗依将这种自然资源优势称为"第一性",将人口与企业的集聚现象称为"第二性",并且指出,只要该区域存在集聚于此的利益,这种集聚现象就会不断发生,并刺激该区域交通、商业以及人口的增加。

纵观历史,并非所有经济体都能够运用其自然资源走上可持续发展道路,甚至很多资源相当丰裕的区域都未能做到芝加哥那样。现实中,常常会有这种现象发生,当某区域存在丰裕的自然资源时,在其周围就会伴随着大量的城市、大都市圈以及产业集聚现象。然而,当这些资源逐渐被消耗殆尽时,繁荣的经济景观也开始变得萧条,有一些甚至就不复存在了。日本的煤矿之都夕张(Yubari)自1890年建立了第一口矿井,到1960年就聚集了11万多人,创历史高峰,但到20世纪90年代,由于大量矿井停止开采,近90%的人搬离了这座城市。Barbier(2005)也提出过类似的经济现象,他发现许多自然资源丰裕的城市或区域到最后都未必能依靠该优势进行有效的发展。

关于自然资源与经济增长的问题最早源于荷兰。1959年,荷兰境内发现了大量的天然气,但最终荷兰的工业竞争力却因此被大大削弱,这就是著名的"荷兰病"。一般来说,一个城市发展的好坏主要取决于其资源的利用情况,因此,自然资源是被当成最终产品直接消耗掉,还是用于发展相关制造业将会使经济状况产生很大的差异。其实,自然资源可以被看成一种以中间产品的形式投入工业生产中的资源性商品,也可以是直接用于消费的最终产品。现实中,有一些资源型商品既可以是中间产品也可以是最终产品,而有一些只能是最终产品。Takatsuka等(2015)认为如果一种资源是用于工业的中间投入品,那么它的增加就会导致工业在该区域的集聚;如果它只是作为最终消费品存在,那么它的增加将会产生相反的结果。这表明了发展那些能够有效地、合理地利用自然资源的产业的重要性,而不仅仅是将资源当成一种最终消费品。

事实表明,那些成功的城市典范都是利用自然资源有效发展了其他相关产业,诸如炼油业、选矿业、交通运输业等。这样,即使出现了自然资源枯竭现象,这些基础工业设施也能够保证经济的持续发展,特别是在此过程中形成的技术以及管理技能,它们能够吸引工人、形成一定的市场规模并吸引各种企业。法国南部地区拥有最适合栽种葡萄的气候和土壤,但是它并没有局限于此,而是利用该自然优势创建了优质的红酒品牌,每年还吸引大量的来自世界各地的游客。

自然地理因素对区域增长的作用机制不仅这些,它还会通过地方机构、文化与社会标准、种族群体分布情况以及政治轨迹等途径对区域发展产生影响。例如,Leite 和 Weidmann(1999)的实证研究表明富集的矿产资源会产生腐败,而腐败又会阻碍经济的成长。Sala-i-Martin 和 Subramanian(2003)的实证研究显示石油和矿产等自然资源会诱发贪婪的寻租行为,弱化一国的制度,进而对经济增长施加负的非线性影响,并且这种制度弱化才是"资源诅咒"产生作用的根源所在。因此,自然资源禀赋对于一个国家来说,既可能是"祝福"也可能是"诅咒",而这完全取决于一个国家的制度质量的高低。这也意味着我们在研究自然地理因素如何决定区域增长的实证分析中将面临更多的挑战,当前随着区域分工与合作的不断深入发展,这方面的研究也越显急迫。

## 1.2 非自然地理环境(第二性特征)与区域经济增长的决定

在经济现象的抽象分析中,地理经济学家将"区域的第一性特征"看作一个控制变量,并将区域中无法用"第一性"来解释的经济活动的空间异质现象全都归因于"区域的第二性特征"。区域的第二性特征可以分为技术外部性与市场外部性两个方面的内容。

### 1.2.1 技术外部性与市场外部性的内涵

自马歇尔(Marshall,1890)以来,不少经济学、地理学等领域的研究者对"第二性"的因素进行了研究,包括不同类型的技术外部性和市场外部性(资金外部性)。技术外部性强调厂商间生产函数或技术的相互依赖,是一种非市场性的相互作用效应;市场外部性是指在市场价格的调节下通过供求经济联系而产生的效应。与产出相关的技术外部性在现代城市经济的理论研究中受到了重视,而与不完全竞争相关的市场外部性在空间竞争理论和经济地理学的研究中很受重视(Rosenthal and Strange,2004)。

Anas等（1998）指出，技术的外部效应在城市中无处不在。表现在本地生产中，除了本地公共品具有外部性，还存在有益的交流外部性。这些外部效应在管理、行政、研究以及金融工作中都非常重要。知识、创新以及各种信息都可以被看作不完全公共物品，它们可以产生外溢效应，在不同公司和机构中相互传播。当多个经济体分别掌握不同的信息时，可以通过信息交流渠道将它们融合起来，并由此产生更多的经济效益。因此，用技术外部性来解释特定空间上的（如城市和工业区）经济活动的集聚现象是合理的。

但对于一个更大的区域规模，另一种机制就出现了，并且这种机制无法用传统的一般均衡模型进行分析。地理位置产生的相关性并不能解释现实中许多的产业集聚现象，如美国制造业区域带的形成，以及西欧不同国家城市通道上形成的经济活动集聚区，一直从英国北部延伸至意大利北部。为了解释这种大范围的集聚现象，经济学家又提出了市场外部性（资金外部性）这一概念。公司、消费者和工人在市场的作用下紧密相连，这就是市场外部性，市场外部性与规模报酬递增、垄断竞争的市场结构相联系。产生于20世纪90年代的新经济地理学囊括了许多与此相关的理论，新经济地理学主要研究商品、服务和要素在不同国家或区域之间的流动，并将产业集聚现象归因于具有循环累积效应的内生机制。

### 1.2.2 市场外部性与经济活动的空间分布

新经济地理学强调供给与需求关联所形成的市场外部性对地区经济增长具有重要影响，并将其概括为较大地理范围的集聚外部性，这种外部性在新经济地理学中也常常被称为本地市场效应。当生产具有规模报酬递增性质时，就会出现生产集中于相对较少的区域的现象。因此本地市场效应是指消费者相对较多的地区是产品净出口区，东道国或核心区占有规模报酬递增部门的厂商数量的比例较大。在理论的实际应用中，常常通过分析区域间劳动者工资差异与市场接近（市场潜力）的关系来验证本地市场效应是否存在。经济学家在实证研究中采用的衡量市场接近的方法来源于新经济地理学的结构模型。第一次对工资调整机制的研究是以Redding和Venables（2004）的研究为基础的，该实证规范研究是建立在Krugman和Venables（1995）研究的基础上的。设 $i$ 地区的垄断竞争企业向其他 $n$ 个地区销售其可贸易品。需求函数以固定替代弹性函数（CES）形式给出，工业生产活动以规模报酬递增为特征。如果劳动力是唯一的生产要素，那么 $i$ 地区的名义工资与其他地区的产品需求、价格之间的关系如下：

$$w_i^\sigma = A\sum_{j=1}^{N} T_{ij}^{1-\sigma} E_j P_j^{\sigma-1} \qquad (1-1)$$

其中，$i$ 地区的工资取决于其他地区在贸易品上的总支出以及可贸易品的价格和贸易成本，Redding 和 Venables（2004）把式（1-1）中 $\sum_{j=1}^{N} T_{ij}^{1-\sigma} E_j P_j^{\sigma-1}$ 称为市场接近（市场潜力），此处实际是指真实的市场潜力，因为它考虑到了价格指数的修正作用。Redding 和 Venables（2004）以 1996 年 101 个发达国家和发展中国家的横截面数据为样本对式（1-1）中各要素的关系进行估计，发现衡量工资变量的人均 GDP 与市场接近相关，二者的相关关系在控制了资源禀赋变量之后也同样显著。同样地，Mion（2004）利用意大利数据、De Bruyne（2003）利用比利时数据、Head 和 Mayer（2006）与 Breinlich（2006）利用欧盟数据，得到了同样的估计结果，即市场接近对工资的影响是正向的。

Hanson（2005）遵循 Helpman（1998）的方法，同时引入了另一个分散力（不可贸易品房产）。虽然模型中各个区域的真实工资是相等的，但是名义工资是市场接近、房屋存量的函数，具体公式如下：

$$w_i^\sigma = B\sum_{j=1}^{N} T_{ij}^{1-\sigma} E_j^{\frac{\sigma(\mu-1)+1}{\mu}} H_j^{\frac{(\sigma-1)(1-\mu)}{\mu}} w_j^{\frac{\sigma-1}{\mu}} \qquad (1-2)$$

Hanson（2005）把式（1-2）中 $\sum_{j=1}^{N} T_{ij}^{1-\sigma} E_j^{\frac{\sigma(\mu-1)+1}{\mu}} H_j^{\frac{(\sigma-1)(1-\mu)}{\mu}} w_j^{\frac{\sigma-1}{\mu}}$ 称为地区增强的市场潜力，与没有准确反映价格变化的传统方法相区别。Hanson（2005）以 1970—1990 年美国的面板数据为研究对象对式（1-2）中各要素的关系进行估计，发现了名义工资和增强的市场潜力之间的正向关系。

这两个研究框架被广泛用于研究不同国家或地区的工资、产出的区域变化情况。Bosker 和 Garretsen（2012）认为撒哈拉以南的非洲国家的人均 GDP 和市场接近之间的关系相比发达国家要弱，这可能是因为欠发达的非洲地区的制造业还比较落后。Fally等（2010）利用巴西微观层面的数据，研究发现市场接近和地区工资差异存在显著的相关关系，即使在控制个体差异后，这种关系同样成立。Hering和Poncet（2010）对中国的研究发现，私人企业和外资企业的工人工资与市场接近之间存在较强的关系，但是对于国有企业来说这种关系就弱很多。因此，国家的体制结构会影响工资和市场接近之间的关系。

在工资估计中，式（1-2）是基于工资$w_i$对其他地区支出水平$E_j$的回归，而这会导致市场接近变量与回归扰动项相关，出现不一致估计。解决这一问题的方法是寻找工具变量，但是要找到一个随时间变化的工具变量是很困难的。更有效的方法是设计一个市场接近外生变化的准自然实验。Hanson（1996）最早进行了这方面的研究，他研究了1985年墨西哥贸易自由化对市场接近的影响，对墨西哥服装行业的研究表明贸易自由化之前，地区工资存在较强的梯度性，距离墨西哥城市越远工资越低，1985年的贸易自由化打破了这一局部格局，服装行业开始在和美国接壤的地区发展。同样，Redding和Sturm（2008）把德国在1945年至1989年之间的分裂看作一个准自然实验，检验市场接近对人口集聚的影响程度，实证结果显示靠近东德西部城市的人口增长相比其他西部城市而言，经历了大幅的下降。他们得出结论：城市边界的缩小可能完全是由于德国分裂带来的市场潜力的损失所造成的，而不是由产业结构的差异或战争破坏所形成的发展困难造成的。

当前，关于这方面的研究仍未"尘埃落定"，这些文献使用的方法各异，这可能是源于对新经济地理学循环累积因果理论进行检验时所固有的那些困难。我们可以看到一些支持性结论，但同样我们也发现很多结论与理论是相悖的。工资与市场潜力之间的正相关看上去是一个确定的结论，尽管产量对需求的反应肯定是正向的，但其系数并不是永远大于1的。

### 1.2.3 技术外部性与经济活动的空间分布

技术外部性又可分为马歇尔—阿罗—罗默技术外部性（Marshall-Arrow-Romer externalities，或称第一类技术外部性）与雅各布斯技术外部性（Jacobs externalities，或称第二类技术外部性）。马歇尔—阿罗—罗默技术外部性主要在同一产业内产生，雅各布斯技术外部性主要在不同产业之间产生。现实经验表明，这两种外部性效应均出现在一些专业化区域并且是区域繁荣的初始阶段。而哪一种效应将起到主导性作用，依赖于该区域的大小以及该产业的自然属性。雅各布斯（Jacobs，1969）认为都市化经济（第二类技术外部性）的影响是主导性的，而波特（Poter，1990）认为区域化经济效应（第一类技术外部性）是导致产业集群的原因。

Anas等(1998)研究发现，城市结构日益出现就业分散化和就业集中化的空间特征。有很多经验证据可以证明这种空间特征模式以及凝聚力和分散力之间的相互作用如何产生复杂的多重平衡和动态路径依赖的空间结构。这些力量在不同的空间尺度上运作，其中，产品差异化和内生技术变革的外部效应显得尤为重要。因此，技术变革的外部效应是我们理解新出现的城市结构形式、产业结构以及区域间和国际贸易的重要决定因素。在一些空间模型中，这些技术外部效应常常被引入竞争机制。Brock等（2014）将空间溢出效应引入完全理性预期竞争均衡的市场分析框架，研究结果表明，当空间外部性没有被企业内化时，产业的空间集聚可以在此框架中内生出现，这依赖于企业的生产技术结构与空间外部性的相互作用，与社会及私人层面的规模报酬递增、企业边际生产率的递增、区位优势的存在没有必然的联系，从社会优化的角度来看，当计划者将空间外部性内化于企业时，生产活动则将均匀分布，所有企业的资本存量收敛于相同的水平，与区位选择无关。

对区位和增长理论的兴趣促使更多的经济学家将新增长理论的外部性引入新经济地理学中的分析框架。在同一地区内部，更有利于经济主体间知识溢出效应的发生，知识溢出效应随着经济主体间距离的增加而递减。带有空间维度的新经济地理学局部溢出模型（Baldwin et al.，2001）认为知识溢出效应的大小取决于总的资本存量，而总的资本存量不仅跟地区内部的资本存量有关，也跟区外的资本存量有关，区外的资本存量对本地区知识溢出效应的影响大小是距离的减函数。Nocco（2005）通过引入地区间存在技术水平差距拓展了新经济地理学模型，认为当初始的地区间技术水平差距不是很大时，才有可能导致地区间技术溢出效应的发生，当贸易成本较低时，现代工业部门既可能集聚，也可能分散，而当贸易成本较高时，将导致现代工业部门的完全集聚。Berliant和Fujita（2007，2008）发展了动态的知识创新与扩散模型（Two Person model，TP模型）。该模型描述了人与人以及区域之间的知识关联过程，分析了合作创新行为的时间、方式和效率，从而解释了知识创新和扩散如何进行及其产生的影响。

## 1.3 第一性特征、第二性特征与区域增长的决定

经济活动在空间中的分布很显然是不均衡的。不同区域在气候条件、进入壁垒以及生产性资源禀赋等自然条件方面存在差异，所有这些自然性区域特征均被称为"区域的第一性特征"。工业革命以前，"区域的第一性特征"在区域的经济发展中，特别是在其经济发展的早期起着很重要的作用。然而随着经济的不断发展，人们不再局限于运用本地所拥有的资源进行经济活动，还从其他区域引入不同生产资料进行生产，区际往来在一定程度上改变了仅仅以第一自然优势（第一性特征）为特征因素的经济空间分布形态。当工人以及企业奉行自身利益最大化原则时，被称为第二自然优势（第二性特征）的这一类影响经济活动空间分布形态的内生因素就逐渐形成了。现实表明，除了第一性特征，区域的第二性特征对经济活动的影响也是巨大的。例如，日本东京周围的地区、美国的硅谷，其经济活动的分布并没有体现出自身的自然优势，而只能通过除第一性特征之外的剩余因素来解释。如今，区域的第二性特征已经成为推动经济发展的重要因素，诸如商品贸易以及要素流动等经济特征均只能在以区域第二性特征为核心的区位理论的基础上才能被解释清楚。新经济地理学的重要意义在于：即使两个区域的第一性特征是相同的，生产要素的内生性转移最终也可能导致中心—外围结构的形成，我们称之为内生性集聚过程。这种转移使得工业部门活动完全地聚集在某一区域或者均匀地分布在两个区域，形成中心—外围均衡结构或者对称均衡结构，而决定这一过程和结果的就是区域中的经济参数，因此这些经济参数是新经济地理学重要的研究对象。除此之外，多重均衡、滞后效应以及路径依赖等也是该过程中的研究重点。

为了剔除比较优势的影响，大部分新经济地理学模型假定空间区位是同质的，没有技术和资源禀赋的差异，因此集聚的区位单纯由历史、前向和后向联系的累积因果效应过程来决定。但是，某些条件下一个地区的经济发展是天然的比较优势与集聚优势相互作用的结果，因此研究比较优势

和集聚优势在经济发展中的不同作用是很重要的。Ricci（1999）构建了一个两国三地区模型，该模型包含了李嘉图比较优势，研究发现经济一体化可能会导致产业集聚的减弱甚至出现逆产业集聚的过程。Amiti（2005）将新经济地理学的垂直联系效应融入赫克歇尔—俄林的分析框架中，假设劳动与资本能在产业间自由流动，但不能在国家间自由流动，以此来分析比较优势与产业集聚的关系，对要素成本的考虑促使企业按照比较优势原则来选择生产区位，而垂直联系效应促使企业按照市场接近原则来选择生产区位。当贸易成本处于中等水平时，市场接近原则占主导地位，即导致不同要素密集度的企业集聚在一起，而随着贸易成本的进一步下降，生产布局的空间将会分割化，即企业将按照比较优势原则来选择自己的生产区位。Agliari 等（2015）假设只有一个区域具有第一自然优势，即只有某一区域拥有不可流动的资本，而那些可流动资本同时存在于所有区域，在离散的时间框架下，探讨"区域第一性特征"的非对称性会如何影响集聚的动态过程，认为经济地理中多重稳定性是可能存在的。

当前，如何在动态框架下引入一个连续区域分析第一性特征或第二性特征是一项具有挑战性的任务，这是因为：第一，随着时间和空间的变化，经济人及其经济活动如何进行空间分布增加了这一命题的难度；第二，价格取决于商品贸易的流动方式使得产品和要素市场出清变得复杂化。Desmet 和 Rossi-Hansberg（2014）指出，唯一的解决办法就是简化问题，认为未来的研究主要是区分两个不同体系的动态模型，即新经济地理学动态模型和动态连续市场出清模型。这两者的区别主要是在现实生活中空间是否有序。尽管把集聚因素和有趣的长期动态增长过程相结合的任务还远远没有完成，但这两个体系的模型代表着区域增长理论研究的前沿。就新经济地理学模型来讲，为了简化分析和计算，目前多数模型的框架维度过低，以两个地区和几个部门框架为主。为了获得更有价值的政策含义，必须超越当前的两个地区两个产业的分析框架，建立关于贸易和地理的多地区多产业的动态模型，力求在低维度框架下可以对其进行解析，而且扩充到高维度也能够进行数值模拟和计算。

## 1.4 贸易成本与区域增长的决定

运输成本的降低改变了单个经济体相对独立的存在状态，使我们的区域、国家以及世界在空间意义上变得更小了。Williamson（2006）总结了19世纪运输业的发展进程，大批运河、轮船以及铁路的出现，使运输成本急剧下降。例如，1817年，用货车和汽船将货物从美国俄亥俄州的辛辛那提市运到纽约市需要52天；然而，到1852年，6天时间就够了。交通运输从来都是一种战略资源，古罗马强大是因为修建了发达的路网，而英吉利"日不落帝国"强大是因为建造了世界上最先进的舰船。重要交通工具的发展可以改变国际政治经济的基本格局。同样，中国高铁的发展深刻地改变了中国的经济发展，广袤的中国将被高铁压缩成一日生活圈。Breinlich等（2014）指出，区域不能脱离空间而独立存在，一切与空间地理相关的变量对区域问题的研究都是有意义的，运输成本作为一个关键的空间变量，对分析区域增长至关重要。

运输成本是新经济地理学中的核心概念，Krugman（1991）将经济的集聚现象视为劳动要素流动的结果。这种流动性导致的内生因素又会进一步加剧经济的集聚效应，运输成本使得公司倾向于选择更大的市场。在空间集聚的分析中也运用了城市经济学中的一些概念：如城市的拥挤效应和不断上升的地租会在一定程度上抵消某些区域的固有优势。

要素得以自由流动并总是趋向某些区域，由此内生了集聚力，并可能形成区域的两极分化现象，即经济活跃的中心区域和以不可流动要素（如农业工人）的实际收入较低为特征的外围区域。中心—外围结构的形成依赖于贸易成本的大小，贸易成本越低，集聚就越容易发生，外围区域的不可流动需求可以由中心区域来提供（Krugman，1991）。Puga（1999）与Ottaviano等（2002）认为过高或是过低的贸易成本都不利于集聚的发生。Michaels（2008）研究分析了美国国内的高速公路系统，这些高速公路不仅在空间上将不同城市和区域连接了起来，还降低了处于这些公路交接处的农户的交易费用，因此高速公路的建设在很大程度上提高了农村的交易活动水平，但是并没有像贸易理论中所说的那样带来有关专业化生产方面的明显变化。Banerjee等（2012）分析了中国各区域经济发展水平与交通基础设施的关联性，研究发现，那些越靠近历史交通枢纽的区域的人均GDP和企业平均利润率越高。Minerva和Ottaviano（2009）强调了地区增长过程中空间的重要作用，认为地理因素的引入一部分原因是地区间商品贸易的运输成本，另一部分原因是信息传递成本。

初始的新经济地理学模型以D-S垄断竞争框架（Dixit and Stiglitz，1977）为基础进行研究，再加上冰山交易成本的假定，使得经济集聚的一般均衡模型更具有可操作性。然而，在此框架下需求价格弹性必须为常数（等于替代弹性），且对所有产品是对称分布的。这导致产品的均衡价格与厂商和消费者的空间分布无关，而且冰山交易成本假定意味着运输成本与产品的离岸价格成正比，即运输产品价格的任意增加将同比例地增加它的运输费用，这不是很符合实际情况。为了克服这些缺点，Ottaviano等（2002）提出了一个使用准线性效用函数（该效用函数是子效用的二次函数，是运输成本的一次函数）的垄断竞争模型。该模型成功地体现了前向竞争效应（pro-competitive effect），即利润最大化的价格随着竞争性厂商数量的增加而下降，因而能够更好地分析厂商定价与企业集聚之间的关系。准线性的效用函数形式虽然给模型提供了一般均衡的分析框架，但是在效用函数中不能分析收入效应。Behrens（2005）使用可分离的准线性效用函数，发展了垄断竞争的一般均衡模型，能够分析收入效应和前向竞争效应。在此框架下，利润最大化产品的价格随产出的边际成本和消费者支出的增加而增加，随竞争性厂商数量的上升而下降。在新经济地理学模型的实际应用中，区别空间贸易的两类不同阻碍因素（商品的运输成本和商务空间联系的交易成本）是很重要的，Fujita和Mori（2005）认为这两类成本对经济活动的空间组织作用不同。

## 1.5 制度、政府经济行为与区域增长的决定

制度是人际交往中的规则及社会组织的结构和机制。事实表明，不同国家或是一国内的不同地区间都是存在制度差异的。例如，在许多国家，特别是欧洲的联邦制国家，一些制度是由各区域自己设定的，这就直接导致了区域间法律等方面的制度差异；还有，即便不同区域的制度是基本相同的，但由于实施的主体不同，也会产生不同的效果。

Tabellini（2010）强调说，同种制度体系在不同区域的表现是不同的。

他指出，虽然意大利南部与北部地区的司法体系是相似的，但是二者的运作效果却不尽相同。另外，区域间不同的专业分工将在很大程度上影响该区域的制度安排，例如，一个以农业为主的区域和一个以工业为主的区域，二者的制度体系肯定是不同的。上述内容表明某国或某区域的制度体系与该地区的经济活动是互为因果关系的。Nunn（2007）也曾指出，对一个区域而言，制度可以决定它的比较优势；同样地，对一个国家而言，其制度体系也决定了它在国际上的比较优势。市场经济条件下，人们有充分的自由去选择自己的居住地，这也保证了经济中各种循环累积效应的发生，因此，任何可能影响经济活动的制度行为都不应该被忽视。例如，当北部地区的公共设施条件优于其他区域（统称为南部地区）时，人口将向北部地区转移，直至北部地区的这种公共设施优势被人口增加所带来的拥挤效应抵消，最终又会导致人口的反向转移。因此，虽然我们常常看到市场力量在经济发展中的作用，但政府在经济发展中的作用同样不容忽视，区域的制度及政府组织行为将在很大程度上决定该区域的经济增长以及相应的经济发展程度。

　　严格的环境政策可能会促进环境的改善，但是也会增加企业成本，使得企业转移到其他国家或地区，从而影响当地的经济活动。因此，环境政策是影响经济活动空间分布的重要因素之一，政府作用的重要方面——环境政策问题逐渐被纳入空间模型中。Zeng和Zhao（2009）构建了两个国家和两个部门的空间经济模型分析环境污染的天堂效应，研究发现当两个国家在规模上不对称时，由于不完全竞争和规模收益递增，具有较大聚集力的国家能够控制污染的影响。Conrad（2005）研究发现，在两个国家的生产率和要素价格不相似的情况下，严格的环境规制不会影响企业的区位选择。特别是当两个地区的生产率存在显著差异时，严格的环境政策不会使得企业搬迁到环境政策相对宽松的地区。Kyriakopoulou和Xepapadeas（2013）考察了环境政策的实施对经济活动聚集的影响，认为由于知识溢出和自然优势的相互作用，经济活动的聚集现象会出现在具有天生自然优势的地区，而环境政策的实施可能会改变这一结果。

　　另外，一些学者还研究了政府作用的其他方面对经济活动空间分布的影响。Andersson和Forslid（2003）、Baldwin和Krugman（2004）、Becker

和 Fuest（2010）等发展了税收竞争的新经济地理学模型，Dupont 和 Martin（2006）、Ulltveit-Moe（2007）等发展了分析区域和产业政策的新经济地理学模型，除此之外，Baldwin 等（2003）还分析了单边贸易政策和特惠贸易协定对产业空间分布的影响，同时也对产业集聚的福利效应进行了分析，从公平和效率的角度判断市场均衡的结果。

## 1.6 本章小结

自社会文明出现以来，人类的经济活动和生活水平在不同大陆以及大陆内部的空间分布一直是很不均衡的。正如新经济地理学奠基人 Krugman（1991）所指出的："经济活动最突出的地理特征是什么？一个简短的回答一定是集中。"自然资源是国家财富的重要组成部分，对经济发展具有重要的意义，作为必备的生产要素，自然资源是经济赖以发展的重要物质基础，也是经济发展的最终限制条件，否则经济发展将成为"无源之水，无本之木"。具有较高自然资源禀赋的国家通常蕴含了更大的发展潜力，大量的肥沃土地、丰富的矿藏资源、充足的石油储备……这些都是驱动经济增长的主要动力，无法否认，一个地方产生集聚可能是由外生的且无法改变的自然条件所导致的，自然资源分布的差异在一定程度上导致了区域发展的差异。然而，现代经济发展的实践告诉我们，丰裕的自然资源并不一定会带来快速的经济增长，有时自然资源丰富的国家与地区，经济增长反而慢于自然资源稀缺的国家与地区，也就是丰富的自然资源阻碍了经济的增长。这一现象在经济学中被称为"资源诅咒"。实际上不仅制度会影响资源的配置效率，资源的丰裕度也会反过来影响制度的形成。也就是说，资源也可能会对一个国家的制度产生"诅咒"，通过"诅咒"制度来间接影响经济增长。

就宏观层面而言，区域的第一性特征以及第二性特征都是决定区域增长的因素，但在经济发展的不同阶段二者的表现也会有所差异。简而言之，一般在经济发展初期，第一性特征将起到决定性作用；在经济发展后期，第一性特征将以"路径依赖"的形式而存在，这时第二性特征就会对区域的继续发展起到重要的作用，但第二性特征效应的大小与贸易成本有着密切的关系，同时也跟区域政策紧密相关。也就是说，虽然外生的自然条件和要素禀赋的空间差异是引起经济活动空间差异的一个重要原因，但也不能忽视经济系统的内生力量对经济活动空间差异的重要影响，同样地，也不能从一个极端走向另一个极端，例如，内生增长理论过分强调了资本、教育和技术等内生因素在经济发展中的决定性作用，而忽视了地理甚至人口等外生因素对经济发展的促进与限制作用。在区域增长中，空间是重要的，无论是外生还是内生力量的发挥，都跟空间贸易成本、区域的制度选择有关。

总之，区域是相互依赖的，区域增长是空间均衡的结果。笔者认为，以新古典模型为基础讨论区域增长的时代已经过去了，新经济地理学理论的兴起给研究区域增长带来的巨大冲击是无法否认的，越来越高的微观经济地理单元数据的可得性更是预示着新经济地理学在应用研究领域的巨大发展潜力，这也为新经济地理学理论的进一步发展夯实了基础。因此，对区域增长展开研究不仅有令人激动的新理论基础，同时也有丰富的数据来源和不断产生的新的计量方法，例如，空间计量结构模型的应用，这些都意味着区域增长研究的巨大发展前景，一个新的经济研究的空间时代正在到来。

## 2　自然资源禀赋与区域发展:"资源福音"还是"资源诅咒"

自然资源是指天然存在并有利用价值的自然物,一般可以分为土地资源、矿产资源、水资源、生物资源、海洋资源、气候资源等。当前,除了日本、韩国、以色列等国外,世界上绝大多数国家都拥有一种或多种有价值的丰富的自然资源。自然资源对经济发展的冲击机理是什么?是"资源福音"还是"资源诅咒"?数十年来这个问题一直吸引着发展经济学家、宏观经济学家、环境经济学家甚至政治学家的注意力。

自然资源,作为一笔自然界赐予人类社会的天然财富,一向被认为是经济增长与社会进步的重要保证。工业革命之所以在英国发生,与英国采煤工业的发展是分不开的,以全世界为原材料来源而获得的廉价的丰富自然资源也是推动早期的欧洲以及后来的美国、加拿大等西方国家成为世界发达经济体的重要原因之一。丰裕的自然资源与财富增长总是紧密联系在一起的,广袤的国土面积和富饶的自然资源禀赋也是改革开放以来我国经济保持长期高速增长的重要因素之一。"土地是财富之母,劳动是财富之父",丰富的自然资源对经济发展的积极冲击机理被我们称为"资源福音"。然而,20世纪中叶以来,越来越多的证据表明,丰裕的自然资源并不会必然带来快速的经济增长,有时自然资源丰富的区域的经济增长绩效明显不如自然资源稀缺的区域,丰富的自然资源阻碍了经济增长,这一现象在经济学中被称为"资源诅咒"。例如,委内瑞拉、玻利维亚、尼日利亚、刚果等国虽然自然资源丰富,但多年来经济发展基本上处于"停滞"状态,而日本、新加坡、韩国、以色列等这些自然资源极度贫瘠的国家却一直能保持较快的经济增长速度。"富

## 2 自然资源禀赋与区域发展："资源福音"还是"资源诅咒"

饶的贫困"现象在我国同样存在，我国自然资源丰富的辽宁、吉林、黑龙江、内蒙古、山西、贵州等地的经济增长速度远远落后于自然资源相对贫乏的浙江、江苏、广东等地。

然而，"资源诅咒"理论的应用与发展虽能解释一些问题，却一直饱受争议。对于经济增长与自然资源要素之间的影响机制有必要作进一步研究。当前，我国正在大力实施"3+1"区域发展战略，推进区域结构重组，国家对落后地区"精准扶贫、精准脱贫"的政策支持力度不断加大。我国自然资源丰富的中西部落后地区如何利用自身的自然资源优势实现经济的赶超发展，如何协调人与自然的关系，解决经济增长与环境污染日益尖锐的矛盾？由此，本章的研究不仅具有重要的理论意义，也具有重要的现实意义。

### 2.1 "资源福音"与区域发展

自然资源是人类生存发展的基础，是自然界对人类社会的无偿恩赐。自然资源禀赋特征毫无疑问在整个社会经济发展历程中至关重要，尤其在工业革命的初期起到了决定性的作用。区际自然资源禀赋差异不仅是传统国际贸易理论的基石，还是冯·杜能（Thünen，1826）的农业土地利用理论的基石。

一个区域的自然资源禀赋特征通过多种机制影响该区域的经济活动以及人口分布，这些自然地理条件又会对该地区的文化、社会规范程度以及机构组织的发展产生长期的影响。由于发展中国家的区域异质性问题较西欧等发达国家严重，这些自然地理因素的影响在分析发展中国家或地区的区域增长问题时就表现得更为显著。

靠近海洋，对于一个国家或地区来讲，不仅意味着对外贸易成本的降低，同时也意味着可获得资源的增加与发展空间的扩大，与海洋距离的远近会导致商品价格、全要素生产率以及要素的累积效应的差异（Dell et al.，2012）。Gallup等（1999）指出，在美国、西欧以及亚洲东北部，距离海边100公里以内的区域，其占地面积虽只是各国总的可居住面积的3%，但是它们的人口以及GDP却分别占了本国总量的13%和32%，说明与海洋的距离的差异给经济活动造成了很大的影响。

较低的平均气温有利于经济增长。Huntington（1915）发现一个国家的气温越高，该国经济发展就越落后。Dell等（2009）和Gennaioli等（2013）通过实证分析得出结论：一个国家或地区的平均气温越低，该国或地区的人均收入越高，平均气温与人均收入之间存在负相关关系。另外，Dell等（2009）指出国际平均气温与人均收入之间显著的负向联系要明显强于美国内部。

良好的气候条件会对区域经济增长产生积极的正向影响。Roback（1982）认为，适宜的气候能有效地促进流动工人实现自身效用最大化，也就是说，人口的流动路径受到自然地理因素的影响，人口的地理空间分布不均匀会造成区域经济发展差距。这正反映了20世纪美国人口迁移特点：20世纪20年代到40年代，由于农业危机、自然灾害等，南部人口迁往气候条件更好的北部和西部地区。20世纪50年代后，环境恶化的东北部老工业区人口迁往南部和西部有新资源、新工业的阳光地带。Rappaport（2007）指出，随着收入的增加，人们会对生活质量有更高的要求，为了追求更好的气候条件以及生活环境而进行大规模迁移活动，使原有人口分布格局被打破。例如，20世纪30年代，美国南部大平原脆弱的生态环境、土地的毁灭性开发及美国的文化传统所造成的严重的旱灾和沙尘暴，引起了大量的人口转移。Hornbeck（2012）分析原因并认为，气候环境恶化导致人口大量流失是该地区经济发展落后的关键性因素，而且他认为区域间的气候条件与区域间的人口分布处于同一天平的两端，只要天平的一端保持稳定，那么另一端也不会发生变动。Davis和Weinstein（2002）分析发现，即使在大规模战争期间，日本的人口分布也只是受到短暂的冲击，人口总体空间分布格局保持稳定。一般来说，我国人口分布不均，以黑龙江省的黑河—云南省的腾冲线为界，东部地区人口多（稠密），西部地区人口少（稀疏）；此线以东地区多为平原丘陵地形，土壤肥沃、水源充足、气候湿润、交通便利，所以人口稠密，面积仅占全国总面积的43%，人口却占全国总人口的94%；此线以西地区多为山地高原地形，自然条件恶劣、交通不便、气候干旱，所以人口稀疏，面积占全国总面积的57%，人口只占总人口的6%。因此，我国沿海地区与内陆地区经济发展水平与自然地理气候条件息息相关。

## 2 自然资源禀赋与区域发展："资源福音"还是"资源诅咒"

丰富的自然资源对本国经济发展而言，是一种机会。Sala-i-Martin等（2004）分析不同国家间的数据发现，采矿业作为GDP的一个组成部分，与经济增长有着稳健的正相关关系。Brunnschweiler和Bulte（2008）与Alexeev和Conrad（2009）研究发现，丰富的石油或其他矿产资源与长期国民福利存在积极的正相关关系。Esfahani等（2009）研究制作了一个长期增长模型，以此为基础分析世界三个主要产油国石油出口与经济增长的关系，研究发现石油收入对经济增长具有持续的正向影响。Cavalcanti等（2011）利用53个国家的石油出口和进口的资料，分析发现，丰富的石油资源对长期人均收入水平及经济增长均有积极的正向影响。Mideksa（2013）分析发现挪威人均收入增长的20%左右归因于石油资源禀赋。这一系列的证据表明，一国丰富的自然资源是经济增长的"福音"。显然，一国不可再生资源的减少，例如，原油、煤、铁、铜等资源的减少，对经济增长来讲是一个负面的影响因素。自然资源的发现，同其他资源一样，会导致生产可能性曲线向外拓展，自然资本的增加意味着国民财富的增加，从而使本国居民有能力消费更多的商品与服务。资源充裕对经济增长而言意味着"福音"，尤其是，如果没有自然资源，发展中国家的经济增长情况可能会更糟。

### 2.2 "资源诅咒"与区域发展

古往今来，并非所有经济体都能有效利用自然资源实现可持续发展。大量的城市、大都市圈以及产业集聚区会出现在拥有丰富自然资源的区域，然而，随着这些资源逐渐枯竭，繁荣的经济现象可能会逐渐衰退，有的甚至消失殆尽。例如，日本的煤矿之都夕张（Yubari）主要依托大型煤炭企业"北炭"发展起来，吸引了大量的人口迁入，而随着20世纪80年代矿井的逐渐关闭，夕张赖以生存的煤矿经济逐渐崩塌。1965—1990年，夕张几乎关闭了所有的煤矿，人口惊人地减少了九成，2019年更是减少至可怜的8000多人。2007年夕张宣布破产，成为日本首个宣布破产的地区，背负债款632亿日元。Barbier（2005）也研究过相似的经济问题，他认为，很多自然资源丰富的城市或地区，最终不一定能够凭借这一优势实现经济的持续繁荣。

在我国，也存在类似问题。例如，我国的大庆、阜新、邯郸、马鞍山等资源型城市，伴随着自然资源的大量开发而兴起与繁荣，为新中国的工业化、国民经济的现代化做出了重要贡献。然而随着自然资源的枯竭，生态环境压力的加大，国内外经济发展环境的改变，20世纪90年代以来我国资源型城市在不同程度上相继出现了经济增长效率低下的病态问题，经济持续健康发展、产业结构升级困难重重。

因此，丰裕的自然资源并不会必然带来快速的经济增长，许多自然资源丰富的区域的经济增长绩效明显不如自然资源稀缺的区域，丰富的自然资源阻碍了经济增长。Sachs和Warner（1999）、Gylfason（2001）等把这一令人困惑的现象称为"资源诅咒"。Gylfason（2001）认为，人均受教育水平是衡量经济发展水平的一种较好的标准，并通过研究发现人均受教育水平与自然资本在国民财富中所占的比重呈负相关关系。Papyrakis和Gerlagh（2007）研究了美国各州经济增长绩效与其自然资源禀赋之间的关系，发现自然资源禀赋越丰裕的州，经济增长绩效越差。James和Aadland（2011）利用美国的更小地理范围内的数据——县域统计数据，同样验证了"资源诅咒"现象的存在。

Frankel（2010）与van der Ploeg（2011）认为导致"资源诅咒"现象发生的渠道主要有两种，即市场机制渠道（荷兰病）与政治渠道。由于初级产品在国际市场上价格波动大，并且市场价格有递减的趋势，资源密集型部门很难成为一个国家有前途的部门，资源密集型部门的发展也会产生挤出效应，导致技术密集型的现代工业部门在该国很难发展，这就是通过市场机制而产生的"资源诅咒"现象。资源密集型部门的发展，意味着劳动力也会向该部门集中，劳动者在该部门就业会获得较高的收入，这导致劳动者个人缺乏进一步接受教育的原动力，阻碍了劳动者素质的进一步提高。同时，丰富的自然资源禀赋也会导致企业家创新意识薄弱和企业创新投入的减少，使得无论是劳动者，还是企业家都坐享自然资源禀赋的"意外之财"，从而降低了人们的工作努力程度，使新型现代产业在该区域难以发展起来，经济缺乏长期增长的动力而陷入了"资源诅咒"的困境。Matsuyama（1992）、Gaitan和Roe（2012）研究指出，资源的丰裕将阻碍一个国家资本投资的增长，出口自然资源产品获得的外贸收入的不断增加阻碍了该国的工业化进程，资源

## 2 自然资源禀赋与区域发展："资源福音"还是"资源诅咒"

驱动的发展方式会导致该国经济陷入低水平、无效率的均衡状态中而不可自拔。所谓政治渠道是指，丰富的自然资源对于该国的政治家或政治利益集团来讲，是一笔可以轻易获得的财富，由此出现低效的制度安排，甚至出现为争夺自然资源财富的控制权而战乱不断的情况，同时，自然资源不仅能够主导经济发展命脉，也能够主导世界政治经济格局，由此，外部政治势力的介入，更加剧了这些国家的内部冲突，经济发展也就无从谈起。Collier 和 Hoffler（2004）认为自然资源禀赋对非洲国家国内冲突的影响是显著和非线性的，没有自然资源禀赋的国家爆发冲突的概率为 0.5%，而自然资源产品占 GDP 比重超过 26% 的国家，爆发冲突的概率会上升到 23% 以上。Fearon（2005）的研究也证明自然资源收益的增加会导致政权弱小国家内部更加频繁地发生武装冲突。

然而，并不是所有的学者都认为丰裕的自然资源是经济衰败的重要决定因素，"资源诅咒"效应存在的结论是令人怀疑的。James（2015）认为如果正确地衡量资源丰裕度，可能"资源诅咒"效应并没有多少存在的可能。Maria Dolores 和 Fidel（2015）认为自然资源禀赋丰富经济体的经济增长速度较慢可能只是一种暂时现象，因为丰裕的自然资源可能对长期的收入增长产生正向的影响。Brunnschweiler 和 Bulte（2008）从统计分析角度揭示"资源诅咒"是一个转移注意力的话题。Mideksa（2013）认为关于"资源诅咒"的实证检验，大都基于地理单元（国家）横截面的回归分析，然而，尤其是在国家之间，不同地理单元的差别是巨大的，这种回归分析方法虽然也能得到一些有用的结论，但是，却不能确保结论是内生有效的。Pedroni（2007）认为不同国家的生产函数差别是巨大的，因此考虑不同国家间的人均收入的差异有必要考虑到生产函数的国别差异。另外，不可观察因素也会导致区域发展之间相互依赖。而目前大多数的计量模型并没有考虑到区域差异与区域相互依赖的问题，故而实证分析得出的结论是有偏差的，甚至是误导性的也就不足为奇了。由此，目前的大多数计量模型得出的结论可能会高估"资源诅咒"的影响。另外，许多研究对资源禀赋丰裕度的衡量有缺陷，例如，Sachs 和 Warner（1995）使用初级产品的出口占 GDP 的比重来衡量自然资源的丰裕度，Brunnschweiler 和 Bulte（2008）指出，此类衡量方法，与其说是衡量资源丰裕度，倒不是说是衡量资源的依赖度，资源的丰裕度应该用资源的存量来衡量。一个国家其他行业出口产品的减少，工业化程度的降低，物理或人力资本的减少，都意味着该国资源丰裕度的上升，这显然是不正确的，因此，一个国家资源密集型产品的生产，与其说是资源丰裕的结果，倒不如说是经济效率差的结果。Stijns（2005）认为依赖于资源丰裕度的衡量方法得出的到底是"资源福音"还是"资源诅咒"效应有待进一步商榷。

Hausman 和 Rigobon（2002）认为，在政策讨论和经验分析中，丰裕的自然资源禀赋引起的贫困是一个持续已久的话题，经验分析得到的结论虽然具有合理性，但是理解其中的机理却是一项具有挑战性的困难任务。当前，我们不能仅仅考虑将不同异质资源加总得到的总的自然资源禀赋对经济发展的影响，还有必要研究不同种类的自然资源对经济发展的冲击机理，以期从微观上解释自然资源禀赋与经济发展的关系，这是对现有研究的一种很好的补充与发展。

## 2.3 "资源福音""资源诅咒"与区域发展

一般来说，一个国家或地区发展的好坏主要取决于其资源的利用情况，因此，自然资源是被当成最终产品直接消耗掉，还是用于发展相关制造业将会使经济产生很大的差异。其实，自然资源可以被看成一种以中间产品的形式投入工业部门生产中的资源性商品，也可以是直接用于消费的最终产品。现实中，有一些资源型商品既可以是中间产品也可以是最终产品，而有一些只能是最终产品。Takatsuka 等（2015）认为如果一种资源是用于工业的中间投入品，那么它的增加就会导致工业在该区域的集聚；如果它只是作为最终消费品存在，那么它的增加将会产生相反的结果。这表明应该发展那些能够有效地、合理地利用自然资源的产业，而不应仅仅将资源当成用于消费的最终产品。

事实证明，资源型城市的生产和发展与本地区矿产、森林等自然资源开发与利用有密切的关系，而那些成功的资源型城市都在原有的资源基础上延长了产业链，在一定程度上避免了"因资源而兴，因资源枯竭而衰"的怪圈。这样，即使面临资源枯竭的困境，这些城市成熟且配套的产业体系以及管理技能，也能吸引大批工人以及企业的集聚。

## 2 自然资源禀赋与区域发展："资源福音"还是"资源诅咒"

自然地理因素对区域增长的作用机制，其实还会通过地方机构、文化与社会标准、种族群体分布情况以及政治轨迹等途径对区域发展产生影响。例如，Leite和Weidmann（1999）认为丰裕的自然资源为政府官员的权力寻租行为创造了机会，一国的腐败水平与自然资源的丰裕度成正比，而腐败又会阻碍一国的经济发展。Vicente（2010）将佛得角共和国作为比较基准，研究发现1997—1999年在圣多美和普林西比共和国宣布发现石油后，该国的腐败程度呈上升的趋势，"石油诅咒"现象由此产生。Isham等（2005）认为制度质量是对经济发展水平的一种度量，他们研究发现石油、矿产资源的丰裕度、农业种植作物的多寡与制度质量的高低呈负相关关系。Sala-i-Martin和Subramanian（2003）以尼日利亚为例研究发现，一些自然资源，特别是石油和矿产等自然资源会通过弱化一国的制度质量，对经济增长施加负的非线性影响，这种制度弱化才是自然资源丰富的国家经济增长效率低下的根源所在，而不是"荷兰病"。Mehlum等（2006）认为制度质量的高低才是经济增长的关键，与其说是"资源诅咒"不如说是"制度诅咒"，而"资源福音"更多的是"制度福音"。

因此，无论发生"资源福音"还是"资源诅咒"效应，都是有前提的，对于一个国家或地区来说，丰富的自然资源本身并没有错。丰裕的自然资源与低质量的制度相搭配，才会导致较低的经济增长绩效甚至是经济增长的停滞或严重衰退。相反，高质量的制度安排能够提高一个国家或地区利用自然资源禀赋的绩效，甚至可以克服自然资源贫瘠的限制作用，促进经济的持续高效增长。对一国而言，在拥有丰裕的自然资源禀赋的前提下，高质量的制度安排才是带来一国"资源福音"的关键所在。

### 2.4 本章小结

早在19世纪，古典经济学家就认识到了自然资源，特别是土地在经济增长中的重要性。然而，从哈罗德—多马模型、新古典经济增长模型，再到后来的内生经济增长模型，都没有把自然资源这一基本要素考虑进去，而是把自然资源当成既定的外生变量来处理。在经济现代化的发展实践中，人们越来越重视劳动、资本积累与技术进步在经济增长中所起的重要作用，主流经济学家认为，经济系统中内生要素的增加与积累，可以克服外生的自然资源要素对经济增长的限制作用。但是，随着经济的不断发展，自然资源的瓶颈效应越来越突出，进入21世纪以来，人们重新认识到自然资源禀赋对经济增长的重要作用，开始思考经济增长理论中自然资源要素的地位和作用，思考如何有效地开发利用自然资源，实现人与自然和谐发展。

众所周知，自然资源是一国财富的重要源泉，在一国经济发展中起着举足轻重的作用。然而，世界各国的经济发展史表明：自然资源并不是一国经济繁荣和发展的充分必要条件，对于有些国家来说，拥有资源禀赋反而"诅咒"了该地区经济的发展。自然资源禀赋在一定程度上会带来"制度诅咒"，通过"诅咒"一国的制度质量，从而间接对经济增长绩效带来负效应。

合理开发、利用自然资源已经成为新常态下我国经济转型、升级过程中不可回避的现实问题。没有落后地区的全面小康，就不能如期实现全国的小康，我国扶贫开发工作已进入了"啃硬骨头、攻坚拔寨"的冲刺期。当前，我国落后地区应充分利用国家支持其经济发展的大好机遇，积极把握机会，创新政策措施，实现本地区经济发展的顺利转型，走出"富饶的贫困"陷阱。第一，设置生态红线，合理规划产业，加强落后地区的生态文明建设工作。加强生态文明建设，是民意，也是民生，良好的生态环境是经济持续健康发展的内生动力和基础条件，落后地区的发展不仅要立足当前，顾及眼前利益，更要目光长远，不牺牲后代人的利益来谋求发展，在生态系统承受能力之内，积极挖掘一切可以利用的资源潜力，优先开发对生态环境影响小的，限制开发对生态环境影响较大的，绝不开发对生态环境有破坏作用的产业，建立起经济腾飞与环境保护、物质文明与精神文明、自然生态与人类生态高度统一的现代经济体系。第二，落后地区争取项目援助要充分利用本地的特色资源，走产业脱贫的发展道路。产业是经济发展的重要基础和有力支撑，产业兴则经济兴，产业强则经济强，产业是精准扶贫的"铁抓手"，落后地区要走产业脱贫的发展道路。要将争取的产业援助充分与本地的自然资源优势结合起来，促进当地特色农业、特色工业、特色旅游业等特色经济的发展，持续稳定地带动当地贫困人口脱贫增收。第三，加强对人力资本的培育，提高劳动者的就业技能。"资源诅咒"来自较低的教育水平，较高的教

## 2 自然资源禀赋与区域发展:"资源福音"还是"资源诅咒"

育水平能削弱丰裕的资源禀赋与经济增长的负相关关系,较高的人力资本水平能使丰富的自然资源成为经济增长的"福音",从自然资源中获得的收益与人力资本的积累存在正相关的关系。因此,落后地区的贫困不能说是丰裕的自然资源惹的"祸",贫困的根源在于贫瘠的人力资本存量。因此,我们要以教育支持带动落后地区的扶贫开发,要面向市场,加强对劳动者的就业技能培训,帮助贫困农民掌握现代农业生产技术,充分调动当地贫困人口创业与创新的主观能动性,促使贫困个体的自我发展能力不断提高,进而实现脱贫致富,最终为国家扶贫政策在该地区的退出提供坚固的微观基础。

# 3 自然资源禀赋、制度质量与经济增长

"土地是财富之母,劳动是财富之父",自然资源作为自然界赋予人类的礼物,历来与财富、增长联系在一起,并在17世纪英国工业革命的成功以及随后美国、加拿大等世界经济体的形成、发展中发挥了巨大的作用。然而,20世纪中叶以来,越来越多的现代经济发展实例表明,丰裕的自然资源并不一定带来稳定、快速的增长,相反会致使一些国家与地区陷入"资源诅咒"的泥淖(如委内瑞拉、玻利维亚、尼日利亚、刚果等国虽然自然资源丰富,但多年来经济发展基本上处于"停滞"状态),经济学家们把这一奇异现象归结为"资源诅咒"效应。

为什么存在"资源诅咒"?资源诅咒的传导机制是如何形成的?近年来许多学者从贸易条件(Singer,1998)、"荷兰病"效应(Sachs and Warner,1995)、人力资本(Bravo-Ortega and De Gregorio,2005)、制度的弱化(Sala-i-Martin and Subramanian,2003)等角度出发深入地探讨了此类问题,毋庸置疑,这些研究各有侧重点,对"资源诅咒"问题进行了较好的诠释,但比较相关文献,可发现基于制度视角的解析立意更深,更发人深省,因为按照新制度学派的观点,与其说是资本、劳动影响了经济增长,倒不如说是制度在起本质性作用,资本、劳动规模的扩张只是经济增长的外在表现。Acemoglu等(2003)、Acemoglu等(2012)的研究也都表明政府对制度体制的选择是经济发展的决定性因素。循此逻辑,笔者认为,基于制度层面进行解析是对"资源诅咒"问题最深层次的研究,因为在特定的资源产权制度下,丰裕的自然资源会诱发贪污腐败、寻租行为,弱化一国或地区的制度质量,这种制度的弱化效应是引发"资源诅咒"现象的症结所在。

目前已有一些文献从制度的视角探究自然资源与经济增长之间的关系。Leite 和 Weidmann（1999）则认为丰裕的自然资源会成为一些政府部门官员的"猎物"，会导致寻租等腐败现象的滋生，也会加重资源型区域制度的恶性发展，提高制度质量是矫正自然资源禀赋带来的腐败对经济增长造成负面影响的良方。Sala-i-Martin 和 Subramanian（2003）以尼日利亚的教训为例，证明了石油和矿产等丰富的自然资源禀赋会导致一个国家的制度质量低下，而自然资源禀赋对制度质量的弱化效应正是这些国家或地区经济增长效率低下的主要原因。Isham 等（2005）认为一个国家丰裕的自然资源决定了低质量的制度安排，不同种类的资源以及相应的产品出口结构会形成一个国家特定的制度形式。Vicente(2010)发现，自 1997—1999 年圣多美和普林西比共和国发现丰富的石油储藏后，该国的制度质量明显下降，毫无意外，这导致"石油诅咒"问题的产生。Robinson 等（2006）认为由自然资源禀赋产生的政治动机是理解"资源诅咒"或"资源福音"的关键，一个具有责任和能力的政府能抑制政治家的不良动机，使得丰裕的自然资源成为经济增长的"发动机"。Libman（2013）以俄罗斯为例，探讨了一个国家内部不同区域民主政治制度的差异对自然资源禀赋与经济增长关系的影响，认为只要政府的行政管理效率高，并且没有腐败现象，区域自然资源禀赋就能成为经济增长的动力。Tsani（2013）指出资源租金的使用应该与政府行政治理能力联系起来，从而矫正丰裕的自然资源带来的制度恶化问题。Brunnschweiler 和 Bulte（2008）认为应该采用资源存量的方法衡量自然资源的丰裕度，由此得到的研究结论否定了"资源诅咒"效应的存在，同时表明资源对制度影响的负向效果也不明显。

总之，从制度的视角对自然资源和经济增长之间的关系进行追本溯源的探讨解析具有优越性和现实性，但是这种视角需要扩充和放大，并且应该从多维的、更贴近实际的层面加深对"资源诅咒"命题的剖析，而不是仅仅把制度当作简单的控制变量来处理，采用单一的指标（如腐败指标）来衡量，同时，上述研究大都基于大地理单元（国家）横截面的回归分析，然而，尤其是在国家之间，不同地理单元的差别是巨大的，这种回归分析方法虽然也能得出一些有用的结论，但是，却不能确保结论是内生有效的,同时,不可观察因素也会导致区域相互依赖,而目前此方面研究的大多数计量模型并没有考虑到区域之间的相互依赖,其研究机理也是不充分的,例如,一部分观点认为,丰裕的自然资源导致了制度质量的降低,但是这不禁让人反问:这是必然的吗?倘若如此,怎么解释朝鲜和韩国的情况?朝鲜和韩国在自然资源禀赋方面存在极大的相似性,然而在制度方面却各有特色,存在着极大的异质性,因此研究机理有待进一步完善。由此可见,应从更全面的制度视域,采用令人更加信服的理论和实证分析方法,重新对这一命题是否成立进行更为稳健的考察。从理论角度来讲,将制度因素纳入生产函数来讨论制度质量对经济增长影响的文献比较多见,但是鲜有文献在此基础上讨论"资源诅咒"效应的传导机制;从实证的角度而言,现有国内外相关研究均采用了传统的截面或面板数据模型,在一定程度上忽视了地理空间相关性对研究结果的影响。基于此,本章构建包含自然资源存量和制度要素的新古典经济增长理论模型,从理论上来探讨"资源福音"与"资源诅咒"的悖论问题,阐明不好的制度可能诱发"资源诅咒"的机理。一是在理论分析的基础上,利用1995—2013年中国省际面板数据,通过普通面板计量模型与空间计量模型,实证检验"资源诅咒"命题以及"资源诅咒"效应的传导机制;二是理论模型的建立与分析;三是计量方程的建立及其变量说明、数据来源与描述分析;四是面板数据模型估计结果分析,得出简要结论并提出政策建议。

## 3.1 理论模型的建立与分析

以新古典经济增长理论为基础,本章设置两个生产部门,即制造业部门和自然资源开发部门,并且制造业部门、自然资源开发部门各自具有不同形式的生产函数,同时将制度因素纳入生产函数。此外,本章还考虑制度的变迁过程,从理论上来探讨"资源福音"与"资源诅咒"的悖论问题。

### 3.1.1 制造业部门

假定制造业部门主要运用资本、劳动要素从事制造业产品的生产,并借鉴Dias和Tebaldi(2012)的做法,将制度因素引入生产函数当中,那么制造业部门的生产函数可以表示为：

$$M = \gamma K^\alpha L_M^\beta \tag{3-1}$$

其中，$M$ 表示制造业部门的产出，$\gamma$ 衡量的是制度质量的高低（$\gamma>0$），$\gamma$ 越大，制度质量越高，对产出的正向影响就越大，$K$ 是资本要素投入量，$L_M$ 是制造业劳动要素的有效投入量，$\alpha$ 和 $\beta$ 分别表示劳动和资本的产出弹性。假设制造业劳动要素的有效投入量 $L_M$ 与制造业劳动要素的实际投入量 $\bar{L}_M$ 的关系为：

$$\bar{L}_M = \frac{L_M}{A} \tag{3-2}$$

其中，$A$ 是制造业部门的技术参数。为了使分析更为简洁，我们不妨假设制造业产品的价格为单位1，于是根据工资的含义将式（3-1）两端对 $L_M$ 进行求导可以得到制造业部门工人的工资：

$$w_M = \beta \gamma K^\alpha L_M^{\beta-1} \tag{3-3}$$

其中，$w_M$ 表示制造业部门工人的工资。设经济体总的劳动力为 $L$，自然资源开发部门劳动力的需求量 $n$ 占总的劳动力比重为 $\theta$，则有 $n=\theta L$。为了简化起见，设 $L=1$，则劳动力市场的出清条件为：

$$\theta + \bar{L}_M = 1 \tag{3-4}$$

理论上讲，制度不是先天就有的，而是技术进步、经济增长等发展到一定阶段的产物，即制度既受社会经济基础的影响，又受制度本身质量的制约（Hall et al., 2010）。由此，可将制度的变动量（或者说制度变迁）表示为：

$$\dot{\gamma} = M^\phi \gamma^\psi \tag{3-5}$$

其中，$\dot{\gamma}$ 表示制度存量对时间求导，即表示制度在一定时间段内的变动量，$\phi$ 是产出对制度的影响参数（$\phi>0$），$\psi$ 是制造业生产体系本身的制度质量对制度变迁速率的影响参数（$\psi>0$）。

### 3.1.2 自然资源开发部门

在自然资源开发部门，生产函数采用一般的固定替代弹性生产函数形式：

$$R = [\eta n^\xi + (1-\eta)\chi^\xi]^{\frac{\omega}{\xi}} \tag{3-6}$$

其中，$R$ 是某时期自然资源开发部门（包括采矿业、资源初级加工业、以资源消耗为主的高耗能工业等）开发自然资源得到的资源型产品的总产出。不难证明，$\eta$ 越大（$0<\eta<1$），自然资源开发部门的劳动产出弹性越大，因此，$\eta$ 在一定程度上反映了自然资源开发部门的劳动产出弹性的大小。我们可以证明，劳动的收入分配比重等于劳动的产出弹性，因此，可以这么认为，$\eta$ 也在一定程度上表示劳动收入所占的比重。类似地，$1-\eta$ 在一定程度上反映了自然资源要素的产出弹性的大小，也在一定程度上反映了自然资源要素所有者获得的收入占总收入的比重，也可以这么讲，$1-\eta$ 在一定程度上反映了自然资源开发部门对自然资源要素的依赖程度。$0<\xi<1$，$\dfrac{1}{1-\xi}$ 为自然资源开发部门的劳动力与资源要素之间的替代弹性。自然资源开发部门生产的规模报酬递增程度用 $\omega$ 来表示（$\omega>0$）。

自然资源开发部门的利润 $\Pi$ 可以表示为：

$$\Pi = P_R R - W_R n - r_x x \qquad (3-7)$$

其中，$P_R$ 表示资源型产品的价格，$W_R$ 表示自然资源开发部门劳动者的工资水平，$r_x$ 表示自然资源要素的价格。由 $\dfrac{\partial \Pi}{\partial n}=0$，不难得到自然资源开发部门劳动者的工资水平 $W_R$ 为

$$W_R = \eta \omega P_R R^{1-\frac{\xi}{\omega}} n^{\xi-1} \qquad (3-8)$$

在开放的经济体中，劳动力在各部门间无成本地自由流动，在生产均衡的条件下制造业部门、资源开发部门具有相等的工资水平，即 $W_M = W_R$，从而可以得到资源型产品的价格：

$$P_R = \dfrac{\beta \gamma K^\alpha L_M^{\beta-1}}{\eta \omega R^{1-\frac{\xi}{\omega}} n^{\xi-1}} \qquad (3-9)$$

由式（3-9）我们可以得到自然资源开发部门资源型产品的总产出的另一种表达方式：

$$R = \left(\dfrac{\beta \gamma K^\alpha L_M^{\beta-1}}{\eta \omega P_R n^{\xi-1}}\right)^{\frac{\omega}{\omega-\xi}} \qquad (3-10)$$

由式（3-10）我们可以认为，在其他条件不变的情况下，自然资源型产

品的总产出 $R$ 由资本 $K$、劳动 $L$ 与制度 $\gamma$ 决定,可知 $R$ 和 $M$ 之间存在某种函数关系,即 $R=f(R)M$<sup>①</sup>。

资源型产品产值 $E$ 的变动量可以设为:

$$\dot{E}=-q(E)+g(\gamma)E \quad (3-11)$$

其中,$\dot{E}$ 表示资源型产品产值的变动量,$\dot{E}=\dfrac{dE}{dt}$,$q$ 是资源型产品产值的衰减量($q>0$),$q$ 是 $E$ 的函数。Aghion 和 Howitt(1997)认为,增加资源行业投入的要素将增大资源的开发力度,资源型产品产值的增加会加大资源的损耗,由此我们可以假定 $q_E=\dfrac{dq}{dE}>0$。$g$ 表示自然资源的再生能力,$g$ 与制度质量 $\gamma$ 有关,良好的制度安排会提高自然资源再循环或者再生能力,则有 $g'(\gamma)=\dfrac{dg}{d\gamma}>0$。为了保证不发生资源枯竭,我们假设资源的再生能力大于资源的消耗速率,即有 $g(r)>q_E$,这样做也比较切合实际,因为随着经济社会的进步,自然资源的利用效率也在提高。

### 3.1.3 消费者行为及平衡增长路径

对消费者而言,需要按照效用最优化的方式确定消费路径,假设 $c$ 代表人均消费的时间路径,以一个无限生存的代表性消费者为例,其一生获得的总效用 $TU$ 为:

$$TU=\int_0^\infty e^{-\rho t}u(c_t)dt,\ u(c_t)=\dfrac{c_t^{1-\varepsilon}}{1-\varepsilon} \quad (3-12)$$

其中,$\rho$ 表示消费者的时间偏好率,此处效用函数 $u(c_t)$ 采用经典的不变替代弹性函数形式,$\dfrac{1}{\varepsilon}$ 衡量了当前消费和未来消费之间的替代弹性($0<\varepsilon<1$)。消费、产出和资本之间的制约关系为:

$$\dot{K}=Y-c \quad (3-13)$$

其中,$\dot{K}$ 为 $t$ 到 $t+1$ 时期资本存量的变化量,为了简化分析,此处我们不考虑资本的折旧。消费者需最大化其生命效用,由此我们可以构造汉密尔顿方程

---

① 分析表明 $R$ 和 $M$ 可以线性叠加,则经济体总产出 $Y=M+R=M[1+f(R)]$,这为后续分析提供了方便。

如下：

$$H = e^{-\rho t}u(c) + \mu_A(\gamma K^\alpha L_M^\beta + R - C) + \mu_B[-q(E) + g(\gamma)E] + \mu_C(\gamma K^\alpha L_M^\beta)^\phi \gamma^\psi + \mu_D(\theta + \frac{L_M}{A} - 1)$$

（3-14）

其中，$\mu_A$、$\mu_B$、$\mu_C$ 和 $\mu_D$ 为描述相关变量之间关系的"共状态变量"，由一阶条件：$\frac{\partial H}{\partial C} = 0$，$\frac{\partial H}{\partial R} = 0$，$\frac{\partial H}{\partial \gamma} = 0$，$\frac{\partial H}{\partial L_M} = 0$ 以及欧拉方程：$\frac{\partial H}{\partial K} = -\dot{\mu}_A$，经整理后可以分别得到式（3-15）至（3-19）：

$$\mu_A = c^{-\varepsilon} e^{-\rho t} \quad (3-15)$$

$$\mu_B = \mu_A \frac{\eta \omega^2 n^{\xi-1}}{\beta \gamma \xi K^\alpha L_M^{\beta-1} R^{\frac{\xi-\omega}{\omega}}[q_E - g(\gamma)]} \quad (3-16)$$

$$\mu_A = \frac{\mu_B \beta L_M^{-1} R^{\frac{\xi}{\omega}}[q_E - \gamma g'(\gamma) - g(\gamma)]}{\eta \omega n^{\xi-1}} - \mu_C(\psi + \phi) K^{\alpha(\phi-1)} L_M^{\beta(\phi-1)} \gamma^{\psi+\phi-1} \quad (3-17)$$

$$\mu_A \gamma \beta K^\alpha L_M^{\beta-1} = \mu_B \frac{\gamma \beta K^\alpha L_M^{\beta-2} R^{\frac{\xi}{\omega}}[q_E - g(\gamma)](\beta-1)}{\eta \omega n^{\xi-1}} - \mu_C \beta \phi \gamma^{\phi+\psi} K^{\alpha\phi} L_M^{\beta\phi-1} - \frac{\mu_D}{A} \quad (3-18)$$

$$\dot{\mu}_A = -\mu_A \gamma \alpha K^{\alpha-1} L_M^\beta + \mu_B \frac{\beta \alpha \gamma K^{\alpha-1} L_M^{\beta-1} R^{\frac{\xi}{\omega}}[q_E - g(\gamma)]}{\eta \omega n^{\xi-1}} - \mu_C \alpha \phi \gamma^{\phi+\psi} K^{\alpha\phi-1} L_M^{\beta\phi} \quad (3-19)$$

将式（3-16）代入式（3-17），整理后，有：

$$\mu_C = \mu_A \frac{\left\{\frac{[q_E - \gamma g'(\gamma) - g(\gamma)]\omega R}{[q_E - g(\gamma)]\gamma \xi} - K_\omega^\alpha L_M^\beta\right\}}{(\psi + \phi)\gamma^{\psi+\phi-1} K^{\alpha\phi} L_M^{\beta\phi}} \quad (3-20)$$

式（3-15）可以重新写为：

$$\frac{\dot{\mu}_A}{\mu_A} = -\rho - \varepsilon \frac{\dot{c}}{c} \quad (3-21)$$

结合式（3-16）、式（3-19）、式（3-20）、式（3-21），可以得到均衡时消费的增长率①：

$$g_c = \frac{\dot{c}}{c} = \frac{\alpha\psi}{\varepsilon\xi(\phi+\psi)K} - \frac{\alpha\omega R}{\varepsilon\xi K} + \frac{\alpha\phi\omega R[q_E - \gamma g'(\gamma) - g(\gamma)]}{\varepsilon\xi(\phi+\psi)[q_E - g(\gamma)]K} - \frac{\rho}{\varepsilon} \quad (3-22)$$

---

① 由于我们设总劳动力数量为单位1，所以人均消费的增长率等于总消费量的增长率。

制造业部门的产出和自然资源开发部门的产出之间是线性关系，因此不难得到：$g_c=g_M=g_R=g_Y$，$g_M$、$g_R$与$g_Y$分别表示制造业部门产出增长率、自然资源开发部门产出增长率与总产出增长率，故经济体的总产出增长率可以表示为：

$$g_Y = \frac{\alpha\psi}{\varepsilon\xi(\phi+\psi)K} - \frac{\alpha\omega R}{\varepsilon\xi K} + \frac{\alpha\phi\omega R[q_E - \gamma g'(\gamma) - g(\gamma)]}{\varepsilon\xi(\phi+\psi)[q_E - g(\gamma)]K} - \frac{\rho}{\varepsilon} \quad (3-23)$$

### 3.1.4 "资源福音"与"资源诅咒"的制度条件

$$g'(R) = \frac{dg_Y}{dR} = -\frac{\alpha\omega}{\varepsilon\xi K} + \frac{\alpha\phi\omega}{\varepsilon\xi(\phi+\psi)K} + \frac{\alpha\phi\omega\gamma g'(\gamma)}{\varepsilon\xi(\phi+\psi)[g(\gamma) - q_E]K} \quad (3-24)$$

由此可知，当$\gamma > \dfrac{\psi[g(\gamma) - q_E]}{\phi g'(\gamma)}$时，$g'(R)>0$，这意味着，当制度质量高于$\dfrac{\psi[g(\gamma) - q_E]}{\phi g'(\gamma)}$时，增加自然资源部门的产出会使得整个经济体的增长率提高，即丰裕的自然资源对经济增长而言是"福音"；当$\gamma = \dfrac{\psi[g(\gamma) - q_E]}{\phi g'(\gamma)}$时，自然资源开发部门产出的变动对经济增长的影响处于临界状态；当$0 < \gamma < \dfrac{\psi[g(\gamma) - q_E]}{\phi g'(\gamma)}$时，丰裕的自然资源对经济增长而言是"诅咒"，此时区域的"资源诅咒"效应发生。

## 3.2 计量方程的建立及其变量说明、数据来源与描述分析

### 3.2.1 计量方程的建立

为了考察制度质量、自然资源丰裕度对经济增长的影响，结合上述理论模型的经济含义，本章建立如下的基本计量模型：

$$\ln Y_{it} = C + a_1 \ln O_{it} + a_2 \ln K_{it} + a_3 \ln L_{it} + a_4 \ln \Phi_{it} + U_{it} \quad (3-25)$$

其中，各符号的含义如下：下标$i$表示地区，$t$表示年份，$Y$表示实际产出，$O$表示自然资源丰裕度，$K$表示物质资本存量，$L$表示劳动存量，$\Phi$表示制度，将用三个代理变量表示；$a_1$、$a_2$、$a_3$、$a_4$表示各解释变量所对应的系数，$C$是常数项，$U$是随机误差项。

理论模型表明自然资源开发部门的生产行为受制度质量的影响，所以我们考虑制度与自然资源要素之间的交互作用，具体地，将制度变量的对数与自然资源要素的对数相乘的交叉项纳入计量模型中，由此得到计量模型（3–26）：

$$\ln Y_{it} = C + a_1 \ln O_{it} + a_2 \ln K_{it} + a_3 \ln L_{it} + a_4 \ln \Phi_{it} + a_5 \ln O_{it} \ln \Phi_{it} + U_{it} \quad (3-26)$$

其中，$a_5$ 表示交叉项所对应的系数。此外我们考虑自然资源、制度质量及经济增长的空间溢出作用，由此我们引入空间因子，分别建立 SAR（空间自回归模型）与 SEM（空间误差回归模型）空间面板数据模型。SAR 模型表达式如下：

$$\ln Y_{it} = \alpha \sum_{j=1}^{N} W_{it} Y_{it} + C + a_1 \ln O_{it} + a_2 \ln K_{it} + a_3 \ln L_{it} + a_4 \ln \Phi_{it} + U_{it} \quad (3-27)$$

包含制度的对数与自然资源要素的对数的交叉项的 SAR 模型则可表示为：

$$\ln Y_{it} = \alpha \sum_{j=1}^{N} W_{it} Y_{it} + C + a_1 \ln O_{it} + a_2 \ln K_{it} + a_3 \ln L_{it} + a_4 \ln \Phi_{it} + a_5 \ln O_{it} \ln \Phi_{it} + U_{it} \quad (3-28)$$

SEM 模型表示如下：

$$\begin{aligned} \ln Y_{it} &= C + a_1 \ln O_{it} + a_2 \ln K_{it} + a_3 \ln L_{it} + a_4 \ln \Phi_{it} + U_{it} \\ U_{it} &= \delta \sum_{j=1}^{N} W_{it} U_{it} + \varepsilon_{it} \end{aligned} \quad (3-29)$$

包含制度的对数与自然资源要素的对数的交叉项的 SEM 模型则可表示为：

$$\begin{aligned} \ln Y_{it} &= C + a_1 \ln O_{it} + a_2 \ln K_{it} + a_3 \ln L_{it} + a_4 \ln \Phi_{it} + a_5 \ln O_{it} \ln \Phi_{it} + U_{it} \\ U_{it} &= \delta \sum_{j=1}^{N} W_{it} U_{it} + \varepsilon_{it} \end{aligned} \quad (3-30)$$

上述 SAR 与 SEM 空间面板数据模型中，$N$ 表示地区数量，$\sum_{j=1}^{N} W_{it} U_{it}$ 表示与 $i$ 相邻地区单元内生变量的空间交互影响，$W_{ij}$ 为预先设定的 $N \times N$ 维非负空间权重矩阵 $W$（$W$ 描述了所选样本的空间安排）的构成元素，具体地，当两区域相邻，则 $W_{ij}$ 为 1，否则为 0，并且对角线上的元素均为 0；$\alpha$ 为相邻地区内生变量互相影响程度的待估参数，$\delta$ 被称为空间自相关系数，同 $U$ 相似，$\varepsilon$ 也是随机误差项。据 Anselin 和 Moreno（2003）设定的关于 SAR 与 SEM

是否比其他不含空间交互作用的面板模型更适合刻画数据特征的判定方法与准则，我们采用拉格朗日乘数（LM）与稳健的拉格朗日乘数（R-LM）检验值进行判断，而对固定效应和随机效应的检验则主要通过豪斯曼检验法进行判断。

### 3.2.2 变量说明

（1）实际产出 $Y$，劳动存量 $L$，物质资本存量 $K$ 的选取

产出 $Y$ 用各地区历年实际国内生产总值（GDP）来表示（单位为亿元），以1978年价格作为基期价格；劳动存量 $L$ 用历年年末就业人员数来表示（单位为万人）；物质资本存量 $K$ 用永续存盘法计算（单位为亿元）。

（2）自然资源丰裕度（$O$）的选取

自然资源种类繁多，内容庞杂，用一个或几个变量难以完全表示出来，但是我们在选取变量时应该尽量契合实际。自然资源丰裕度的衡量指标比较多，Rappaport 和 Sachs（2003）以初级产品出口占 GDP 的比重反映各国的资源禀赋，徐康宁和王剑（2006）以采掘业部门的投入水平代表自然资源的总体禀赋状况。考虑到数据的可得性与科学性，与 Sachs 和 Warner（1999）、James 和 Aadland（2011）、谢波和陈仲常（2011）等的衡量方法类似，本章采用自然资源开发行业工业产值占工业总产值①的比重来衡量自然资源的丰裕度。

（3）制度变量（$\Phi$）的选取

制度经济学派认为一个国家的基础制度、制度结构、制度框架、制度环境和制度走向决定了它的经济绩效。根据我国市场经济制度改革与发展的实践，同时考虑到数据的可得性，我们选取以下三个代理变量来衡量制度变量（$\Phi$）：

第一，市场分配资源程度（$MS$）。

财政支出在很大程度上体现在国家对整个经济社会的关注度和扶持力度上，同时也体现了市场分配资源的程度。此处仿效樊纲等（2001）、康继军（2006）等学者的做法，用各地区财政支出占该地区 GDP 的比值（$MS$）来衡

---

① 本章中自然资源开发行业的工业总产值主要包括煤炭、石油、天然气三大行业的产值之和。

量市场配置资源程度,该指标值越大就表明市场配置资源程度越低。

第二,产权多元化程度($NS$)。

国有经济或者非国有经济的变化程度反映了产权发育状况。本章选取城镇国有单位职工数与城镇就业人数的比值($NS$)作为产权多元化程度的衡量指标,该指标值越高则产权多元化程度越低,反之则反。

第三,市场开放度($MI$)。

现有的经济理论表明区域经济的增长速度和开放度息息相关,一般外向化进程快的区域,经济的增长速率较高。一个地区外商投资水平的高低在一定程度上反映了该市场的开放度,反映了其市场环境的优劣和成熟程度(王军等,2013)。由此,本章以外商直接投资占该地区GDP的比值($MI$)来衡量市场开放度。

### 3.2.3 数据的来源

本章以中国大陆30个省、自治区、直辖市样本作为研究对象(重庆、四川的自然禀赋与制度存在相似性,同时,考虑到数据的连续性,本章将重庆、四川合并为一个地区进行研究),以1995—2013年为样本区间,面板数据集囊括了30个截面单位在19年内的时间序列资料,样本观察值共计570个。数据来源于《中国统计年鉴》《新中国60年统计资料汇编》《中国劳动统计年鉴》《中国固定资产投资统计年鉴》《中国工业经济统计年鉴》《中国能源统计年鉴》《中国煤炭工业统计年鉴》《中国石油天然气工业年鉴》以及中经网统计数据库等相关数据终端,部分数据由笔者根据公式计算而得。

### 3.2.4 变量的描述性统计

各个变量在取自然对数之后的描述性统计如表3-1所示。

表3-1 计量模型中变量的描述性统计

| 变量 | 样本数 | 均值 | 最大值 | 最小值 | 标准差 | 峰度 | 偏度 |
| --- | --- | --- | --- | --- | --- | --- | --- |
| $\ln Y$ | 570 | 7.0098 | 9.6230 | 3.3539 | 1.4563 | 3.0821 | -0.4908 |
| $\ln K$ | 570 | 7.7429 | 10.5594 | 4.2627 | 1.2211 | 2.7470 | -0.2100 |
| $\ln L$ | 570 | 7.3744 | 8.7879 | 4.3255 | 0.9759 | 2.9409 | -0.7516 |
| $\ln O$ | 570 | -3.5337 | -0.0548 | -11.8907 | 1.8413 | 4.5573 | -1.0333 |
| $\ln MS$ | 570 | -1.8456 | -0.0393 | -3.0124 | 0.5381 | 4.1559 | 0.7768 |

续表

| 变量 | 样本数 | 均值 | 最大值 | 最小值 | 标准差 | 峰度 | 偏度 |
|---|---|---|---|---|---|---|---|
| $\ln NS$ | 570 | -0.8315 | -0.0704 | -2.3860 | 0.4356 | 3.5272 | -0.9095 |
| $\ln MI$ | 570 | -3.8154 | 0.2722 | -11.3306 | 1.2247 | 7.3394 | -1.1273 |

## 3.3 面板数据模型估计结果分析

我们采用截面模型混合回归估计方法、空间面板数据模型估计方法进行实证分析。

### 3.3.1 普通面板估计结果分析

单位根检验、格兰杰因果关系检验、协整检验均表明，被解释变量与各经济变量之间均存在稳健的相关关系，因此可以进行回归。通过对不同面板数据模型估计结果的优良性进行比较，并考虑到个体虚拟变量的作用，我们认为混合回归的截面模型较为适宜，因此采用混合回归方法对样本进行估计，估计结果如表3-2所示：

表3-2 普通面板模型估计结果

| 项目 | 模型（1） | 模型（2） | 模型（3） | 模型（4） | 模型（5） | 模型（6） |
|---|---|---|---|---|---|---|
| $\ln K$ | 0.7586*** （58.62） | 0.6553*** （35.84） | 0.6573*** （36.22） | 0.6511*** （35.02） | 0.6545*** （35.66） | 0.6493*** （35.12） |
| $\ln L$ | 0.3443*** （21.46） | 0.3278*** （17.89） | 0.3272*** （18.00） | 0.3302*** （17.93） | 0.3289*** （17.88） | 0.3350*** （18.20） |
| $\ln O$ | -0.0493*** （-7.02） | -0.0117* （-1.66） | -0.0881*** （-3.53） | -0.0245** （-1.93） | -0.0193 （-1.07） | -0.1627*** （-4.05） |
| $\ln MS$ | | -0.1480*** （-5.07） | -0.3062*** （-5.33） | -0.1544*** （-5.21） | -0.1458*** （-4.92） | -0.3478*** （-5.81） |
| $\ln NS$ | | -0.3792*** （-7.02） | -0.3912*** （-8.59） | -0.4546*** （-5.90） | -0.3780*** （-8.30） | -0.4957*** （-6.41） |
| $\ln MI$ | | 0.0617*** （5.94） | 0.0660*** （6.35） | 0.0591*** （5.57） | 0.0544*** （2.86） | 0.0287 （1.44） |
| $\ln MS \ln O$ | | | -0.0416*** （-3.19） | | | -0.0532*** （-3.77） |

续表

| 项目 | 模型（1） | 模型（2） | 模型（3） | 模型（4） | 模型（5） | 模型（6） |
|---|---|---|---|---|---|---|
| $\ln NS \ln O$ |  |  |  | −0.0144<br>（−1.21） |  | −0.0187*<br>（−1.57） |
| $\ln MI \ln O$ |  |  |  |  | −0.0019<br>（−0.46） | 0.0092*<br>（2.04） |
| $C$ | −1.5776***<br>（−15.20） | −0.8773***<br>（−7.45） | −1.1160***<br>（−7.89） | −0.9456***<br>（−7.25） | −0.9661***<br>（−6.79） | −1.4727***<br>（−7.56） |
| $\bar{R}^2$ | 0.9359 | 0.9490 | 0.9499 | 0.9491 | 0.9490 | 0.9502 |
| $F$ | 2768.08 | 1767.20 | 1540.88 | 1516.23 | 1512.66 | 1518.45 |
| OBS | 570 | 570 | 570 | 570 | 570 | 570 |

注：解释变量括号外数字表示系数，括号内数字表示 $t$ 检验统计量。*、**、*** 分别表示变量通过了 10%、5%、1% 的显著性检验。本章中其他地方的实证检验同此。

表3-2的实证结果表明模型的估计效果良好，总体上显著性水平很高。首先，我们观察 $\ln O$ 的系数，发现模型（1）至模型（6）中其系数值均为负数，且显著[①]，由此我们推知"资源诅咒"效应在中国省域层面上是显著成立的。其次，表中显示 $\ln MS$ 的系数均为负值，那么可判断较低的市场分配资源程度导致了较低的经济增长绩效，$\ln NS$ 的系数也为负值，表明层次较低的产权多元化程度同样遏制了经济的增长，$\ln MI$ 的系数为正值，这说明市场开放度的提高能对经济增长起推动作用。$\ln MS$、$\ln NS$ 与 $\ln MI$ 是制度的三个衡量指标，它们的系数大小以及与经济增长之间的关系反映了制度的质量、结构对经济增长、社会经济发展具有举足轻重的作用。

为了研究制度与"资源诅咒"之间的作用机理，我们将制度的三个变量的对数值分别与自然资源丰裕度的对数相乘作为交叉项纳入计量方程中，从而得到模型（3）、模型（4）、模型（5）、模型（6）。从模型（3）、模型（4）、模型（6）的结果来看，交叉项 $\ln MS \ln O$ 和 $\ln NS \ln O$ 的系数为负值，同时将模型（2）与模型（3）、模型（2）与模型（4）进行比较，我们发现加入 $\ln MS \ln O$ 和 $\ln NS \ln O$ 后，$\ln O$ 的系数从 −0.0117 分别降至 −0.0881 与 −0.0245，且 $\ln O$ 的系数均显著，这表明低质量的市场分配资源制度与产权制度加剧了"资源诅咒"

---

① 模型（5）中 $\ln O$ 的系数虽不显著，但不影响我们的结论。

效应，导致地区经济增长变缓甚至使得经济发展停滞、倒退。模型（6）显示 $\ln MI \ln O$ 的系数为正值，说明市场开放度的提高能削弱"资源诅咒"效应，对区域经济增长而言是一个利好因素。

良好的制度安排能促进经济增长，是促进自然资源优势转化为经济优势的助攻手，相反，低劣的制度机制会抑制经济增长，阻扰资源优势的发挥，加剧"资源诅咒"效应。当前，东北的"困顿"、山西的"塌萎"等经济怪象不禁让人们心生疑问：东北、山西等地区皆为自然资源丰饶之地，有着良好的工业经济基础，为何如今经济却萎靡不堪，跟不上我国经济发展的潮流？我们认为主要原因在于没有为这些资源型地区进行经济转型提供合适的制度空间，粗放、简单的资源开发方式连同僵化的制度体系绑住了这些地区的手脚，政府干预力度过大，未能推动资源型产品正常参与市场竞争，导致了资源系统价格信息失真，在大宗商品价格波动较大的情况下，资源依赖严重的地区经济便会遭受重创，并且在制度存在漏损的情况下，资源型国有企业对资源拥有垄断权，资源产权不明晰和无序开发产生了腐败、不公平竞争等问题，严重影响了市场经济的健康发展。

### 3.3.2 空间计量检验与分析

（1）空间相关性检验与图示

本章采用全局 Moran's I 指数检验地区之间制度、经济与资源的空间相关性，表3-3、表3-4展示了样本首尾年份的各主要变量的 Moran's I 指数及其统计量等基本信息[①]。

表3-3　1995年主要变量的 Moran's I 指数

| 变量 | Moran's I | $Z$ | $p$ 值 |
| --- | --- | --- | --- |
| $\ln Y$ | 0.304 | 2.998 | 0.001 |
| $\ln O$ | 0.336 | 3.489 | 0.000 |

---

① $\ln Y$、$\ln O$、$\ln MS$、$\ln MI$、$\ln NS$ 的 Moran's I 指数在1995—2013年虽有一定的波折，但总体呈现出一定的递增趋势，由于样本涵盖了19年的数据资料，跨度较长，所以我们只展示了主要变量 $\ln Y$、$\ln O$、$\ln MS$、$\ln MI$、$\ln NS$ 首尾年份的 Moran's I 指数及其统计量等基本信息，而未涵盖所有年份，有兴趣的读者可以向笔者索取其余年份的 Moran's I 指数及其统计量等信息。

续表

| 变量 | Moran's I | Z | p 值 |
|---|---|---|---|
| ln MS | 0.449 | 4.755 | 0.000 |
| ln NS | 0.431 | 4.020 | 0.000 |
| ln MI | 0.135 | 1.461 | 0.072 |

表 3-4  2013 年主要变量的 Moran's I 指数

| 变量 | Moran's I | Z | p 值 |
|---|---|---|---|
| ln Y | 0.357 | 3.442 | 0.000 |
| ln O | 0.374 | 3.732 | 0.000 |
| ln MS | 0.483 | 4.509 | 0.000 |
| ln NS | 0.540 | 5.002 | 0.000 |
| ln MI | 0.254 | 2.885 | 0.002 |

从表 3-3、表 3-4 可以看出我国经济增长、自然资源丰裕度以及制度存在显著的正的空间相关性，相对于表 3-3，表 3-4 中经济增长、自然资源丰裕度以及制度变量对数的 Moran's I 指数值都增大了，这说明 1995—2013 年我国经济增长水平、自然资源丰裕度以及制度的空间集聚性有增大的趋势，因此很有必要将空间因子纳入计量模型中，进行进一步的探讨。

（2）制度影响"资源诅咒"传导机理的探讨

我们建立空间计量模型进行再一次的探讨，经过豪斯曼检验，发现随机效应优于固定效应。我们运用 R-LM 检验值判断 SAR 与 SEM 模型的优劣，仿照表 3-2 中模型（1）至模型（6）运用同样的解释变量和被解释变量进行 SAR 回归估计，SAR 模型下 R-LM 值分别为：0.1084、0.2528、0.0474、0.2293、0.1939、0.0722，结果显示 6 个 R-LM 值均未通过 10% 显著水平的检验，而 SEM 模型下 R-LM 值分别为：16.8935、17.7025、39.2896、48.9975、35.6252、24.7134，结果显示 6 个 R-LM 值均通过了 1% 显著水平的检验，因此我们采用 SEM 空间模型。表 3-5 给出了随机效应 SEM 空间面板数据模型估计结果。

表 3-5 随机效应 SEM 空间面板数据模型估计结果

| 项目 | 模型（1） | 模型（2） | 模型（3） | 模型（4） | 模型（5） | 模型（6） |
| --- | --- | --- | --- | --- | --- | --- |
| $\ln K$ | 0.7675*** <br> （51.87） | 0.6603*** <br> （35.23） | 0.6624*** <br> （35.62） | 0.6557*** <br> （34.39） | 0.6594*** <br> （34.80） | 0.6594*** <br> （34.80） |
| $\ln L$ | 0.3236*** <br> （21.59） | 0.3302*** <br> （17.92） | 0.3295*** <br> （18.05） | 0.3322*** <br> （18.00） | 0.3304*** <br> （17.88） | 0.3304*** <br> （17.88） |
| $\ln O$ | −0.0484*** <br> （−6.87） | −0.0110** <br> （−1.557） | −0.0877*** <br> （−3.54） | −0.0234* <br> （−1.85） | −0.0487** <br> （−2.34） | −0.0182 <br> （−1.54） |
| $\ln MS$ |  | −0.1477*** <br> （−5.09） | −0.3066*** <br> （−5.38） | −0.1539*** <br> （−5.23） | −0.1466*** <br> （−4.99） | −0.3458*** <br> （−5.82） |
| $\ln NS$ |  | −0.3844*** <br> （−8.39） | −0.3963*** <br> （−8.70） | −0.4563*** <br> （−5.96） | −0.3842*** <br> （−8.39） | −0.4952*** <br> （−6.46） |
| $\ln MI$ |  | 0.0601*** <br> （5.76） | 0.0645*** <br> （6.19） | 0.0578*** <br> （5.44） | 0.0564*** <br> （2.96） | 0.0301（1.50） |
| $\ln MS \ln O$ |  |  | −0.0877*** <br> （−3.54） |  |  | −0.05258*** <br> （−3.75） |
| $\ln NS \ln O$ |  |  |  | −0.0139* <br> （−1.18） |  | −0.0087 <br> （−1.54） |
| $\ln MI \ln O$ |  |  |  |  | −0.0010 <br> （−0.23） | 0.0087* <br> （1.86） |
| $C$ | −1.5687*** <br> （−15.14） | −0.8784*** <br> （−7.52） | −1.1685*** <br> （−7.97） | −0.9441*** <br> （−7.30） | −0.8934*** <br> （−6.70） | −1.4587*** <br> （−7.48） |
| $\sigma^2$ | 0.0925 | 0.0731 | 0.0718 | 0.0730 | 0.0731 | 0.0712 |
| Log-likelihood | −130.2258 | −63.4453 | −58.2750 | −62.7733 | −63.4364 | −55.8328 |
| $\bar{R}^2$ | 0.9360 | 0.9491 | 0.9499 | 0.9591 | 0.9493 | 0.9521 |
| R-LM | 11.5062*** | 18.4078*** | 7.7030*** | 17.3262*** | 18.3761*** | 5.7935** |
| OBS | 570 | 570 | 570 | 570 | 570 | 570 |

由表 3-5 知，$\ln O$ 的系数为负值，这表明自然资源丰裕度与经济增长之间存在负向空间溢出效应，以模型（6）为例，自然资源丰裕度每提高一个百分点，经济增长水平便会降低 0.0182 个百分点，意味着资源越是富集的地区"资源诅咒"效应越是严重，表明在空间视域下资源诅咒效应也是成立的。将表

3-5与表3-2进行比较发现自然资源丰裕度回归系数的绝对值均对应变小[①]，这也说明，空间溢出效应起了作用。从制度的三个指标的系数来看，$\ln MS$ 和 $\ln NS$ 的系数显著为负，$\ln MI$ 的系数为正。$\ln MS$、$\ln NS$ 和 $\ln MI$ 的系数及其变化情况揭示了制度供给质量对中国区域经济增长的空间溢出作用，说明一个地区的制度不仅对本区域的经济增长有影响，还会影响其他地区，因此，较低的市场分配资源程度与较低的产权多元化程度不仅给本地区的经济增长带来负面影响，同时也给邻近地区的经济增长带来消极影响，而市场开放度的提高则有相反的作用。模型（6）中的交叉项 $\ln MS \ln O$、$\ln NS \ln O$ 的系数均为负值，$\ln MI \ln O$ 的系数为正值，这表明市场分配能力的弱化和产权多元化发展的滞后性会通过空间的传递强化"资源诅咒"效应，而提高开放度可以弱化这种效应。

（3）资源丰裕度与制度的关系探讨

既然存在"资源诅咒"的潜在威胁，制度的弱化会诱发、加强"资源诅咒"效应，那么我们有必要继续探讨这样的问题：是否"资源诅咒"效应较为严重的地区制度质量更低。借鉴Papyrakis和Gerlagh（2004）的研究思路，我们建立如下的空间误差计量模型：

$$\ln \Phi_{it} = \beta_0 + \beta_1 \ln O_{it} + U_{it}$$
$$U_{it} = \delta \sum_{j=1}^{N} W_{it} U_{it} + \varepsilon_{it} \quad (3-31)$$

式（3-31）中各符号的含义与前面计量方程中的含义相同，制度变量 $\Phi$ 由 MS、NS、MI 三个指标来代理。本章将样本分为全国样本、东部地区样本、中西部地区样本3种类别，分别考察自然资源丰裕度与制度变量之间的关系，以便识别"资源诅咒"效应可能的传导路径。计量结果如表3-6、表3-7、表3-8所示。

表3-6 自然资源丰裕度与市场分配资源程度的回归结果

| 项目 | 全国样本 | 东部 | 中西部 |
|---|---|---|---|
| $\ln O$ | 0.0047*** <br> （4.52） | −0.0005*** <br> （−20.10） | 0.0337* <br> （1.96） |
| $C$ | −1.4196*** <br> （−16.51） | −1.9480 <br> （−0.039） | −1.5255 <br> （−11.98） |

---

① 表3-2模型（5）中 $\ln O$ 的系数不显著，因此，我们将模型（5）排除在外。

续表

| 项目 | 全国样本 | 东部 | 中西部 |
|---|---|---|---|
| $\sigma^2$ | 0.2079 | 0.1092 | 0.2045 |
| Log-likelihood | −362.4665 | −65.6409 | −226.6470 |
| $\bar{R}^2$ | 0.2037 | 0.1785 | 0.1673 |
| OBS | 570 | 209 | 361 |

表 3-7 自然资源丰裕度与产权多元化程度的回归结果

| 项目 | 全国样本 | 东部 | 中西部 |
|---|---|---|---|
| $\ln O$ | 0.07328*** <br>（9.2009） | 0.0584*** <br>（3.70） | 0.0223*** <br>（2.17） |
| $C$ | −0.4187*** <br>（−18.21） | −0.0668*** <br>（−16.45） | −0.5024* <br>（−9.06） |
| $\sigma^2$ | 0.1211 | 0.1902 | 0.0723 |
| Log-likelihood | −209.5710 | −123.7603 | −39.6990 |
| $\bar{R}^2$ | 0.3582 | 0.2504 | 0.2861 |
| OBS | 570 | 209 | 361 |

表 3-8 自然资源丰裕度与市场开放度的回归结果

| 项目 | 全国样本 | 东部 | 中西部 |
|---|---|---|---|
| $\ln O$ | −0.0929*** <br>（−4.90） | −0.0190 <br>（−0.79） | 0.0501 <br>（1.05） |
| $C$ | −4.1139*** <br>（−18.21） | −3.0749*** <br>（−16.45） | −3.9818*** <br>（−11.79） |
| $\sigma^2$ | 1.3948 | 0.4445 | 1.5661 |
| Log-likelihood | −903.7670 | −211.8590 | −593.2456 |
| $\bar{R}^2$ | 0.0651 | 0.0074 | 0.0064 |
| OBS | 570 | 209 | 361 |

表3-6、表3-7、表3-8分别展现了自然资源丰裕度与市场分配资源程度、产权多元化程度、市场开放度这三个制度变量的关系。首先，从表3-6来看，全国样本与中西部样本的资源丰裕度越高，市场分配资源程度越低，而东部样本的市场分配程度受其影响不大，这主要是因为中西部地区资源行

业产品的市场参与率比较低,从而拉低了整体的市场分配资源的能力。其次,从表3-7来看,无论是全国、东部地区还是中西部地区,自然资源丰裕度与产权多元化程度指标均表现出负的空间相关性,自然资源丰裕度高,意味着国有企业所占的比重大,从而使得产权多元化程度低。资源性行业多由国有企业"把控",垄断性非常强,产权发育滞后、低下,而且这种垄断行为具有"邻里效应",其他地区仿照其做法或者受其影响,导致一些资源丰富的地区成为垄断、腐败的"重灾区"。另外,从表3-8来看,以全国为样本,自然资源丰裕度与市场开放度之间呈现出负相关关系,表明从整体上讲,区域资源开发活动强度的增加,降低了该地区的市场开放度,而以东部、中西部地区为样本,得到的ln $O$ 系数不显著,这说明在更小的地理范围内,区域资源开发活动对市场开放度的影响不明显,这可能是由于随着地理范围的缩小,经济活动的空间外溢淡化了区域资源开发活动与市场开放度的关系。

总之,"资源福音""资源诅咒"效应的发生,都是有前提的,很大程度上取决于该地区的制度质量的高低,并且自然资源与制度的空间溢出效应明显。在因果循环机制的作用下,制度质量越低导致"资源诅咒"效应越严重,"资源诅咒"效应越严重导致制度进一步恶性发展,一些资源型地区在"资源诅咒"的泥淖中越陷越深,在所难免。

### 3.4 本章小结

完备的市场经济制度是转变经济增长方式的重要保障,低劣的制度不仅有损于区域经济发展,而且是新常态背景下促进经济结构转型的绊脚石,尤其是对制度质量相对较差的资源型区域而言,制度的弱化可能会增加资源型区域发生"资源诅咒"效应的风险,因此,在考虑制度的条件下对"资源诅咒"问题进行考察,无疑有助于加深我们对这一悖论现象发生机制的洞见和理解。我国自然资源开发起步较晚,对资源"相对有限性"的认识亦不够深入,在一定程度上忽视了自然资源对经济增长的促进与限制作用,因此有必要将资源要素纳入生产函数中。本章以新古典经济增长理论为基础,建立了包含自然资源要素的经济增长模型,同时也将制度因素纳入生产函数中,考虑制度的变迁过程，据此在理论层面探讨"资源福音"与"资源诅咒"的悖论问题，认为当制度质量高于某值时，丰裕的自然资源对经济增长而言是"福音"，反之则反。在理论分析的基础上，通过面板和空间计量分析，本章得出的实证结论主要有："资源诅咒"命题在中国省域层面上是成立的。低质量的市场分配资源制度和产权制度遏制了自然资源促进经济发展的潜在优势，引起"资源诅咒"效应，而市场开放度的提高能缓解"资源诅咒"效应；自然资源的空间集聚与经济增长之间存在着负向空间相关关系，资源越富集的地区"资源诅咒"效应越严重；自然资源禀赋会影响制度的质量，在因果循环机制的作用下，制度质量越低，"资源诅咒"效应越严重。为了避免我国区域经济发展中的"资源诅咒"困境，将负面的"资源诅咒"效应转变为积极的"资源福音"效应，本章以制度为基点，谨提出以下几点政策建议。

第一，应该降低政府对经济的干预力度，特别是中西部的资源型区域，要为资源型产品参与市场提供机会，促进市场分配资源深化和自由化发展，提高市场活力，增强资源生产要素的市场流动性，优化生产要素的投入结构，使资源开发行业与其他行业协调、有序、健康发展。第二，一些资源性行业的开发、生产活动关系到国家的战略问题，在不妨碍国家安全的情况下，可适当降低自然资源行业的准入门槛，提高资源领域体制制度的开放度，在吸收外国的资金和技术的基础上，提高资源开发和利用效率，降低环境污染程度，尽力避免自然资源开发过程中的资源漏损。第三，应该着力培育多元化产权，使各类产权主体发挥自身优势和潜能，特别是应当降低资源性行业的垄断性，提高自然资源开发行业的生产以及分配的透明化程度，避免出现资源领域的腐败寻租和不公平竞争等负面现象。

# 4 自然资源禀赋、劳动力结构与经济增长

自然资源是区域经济发展的物质基础，拥有丰裕的能源矿产等自然资源的国家和地区借助出口贸易等方式可以有效地将资源优势转化为该国家或地区的经济发展优势，比较优势理论、赫克歇尔—俄林理论以及大宗产品理论也都认为利用资源优势可以有效促进区域经济发展。但是，从现代经济发展实践来看，自然资源的作用似乎并非举足轻重，甚至在一些地区，自然资源对经济发展起着负面作用。例如，一些自然资源丰裕的国家（尼日利亚、委内瑞拉、荷兰等）的经济发展却不如自然资源相对稀缺的国家（瑞士、日本、韩国等），在中国也可以找到相似的佐证，自然资源丰富的山西、辽宁、黑龙江等地，经济增长率长期低于全国平均水平，而自然资源相对匮乏的江苏、浙江、广东等地，经济增长率位居全国前列。几十年来现代工业经济取得了长足的进展，人们在享受现代工业高速发展带来的好处的同时，空气污染、温室效应等环境灾难问题愈加严重，严重威胁着人类社会的生存和经济社会的可持续发展，自然资源与经济增长之间的关系重新进入人们的研究视野。作为自然资源与经济增长之间关系判定命题的重要内容，丰裕的自然资源对于区域经济发展是利还是弊？学术界众说纷纭，关于"资源福音"和"资源诅咒"的悖论命题已经成为区域经济学、发展经济学等学科持续关注和争论的一大焦点。

对"资源诅咒"与"资源福音"命题的剖析发端于对"荷兰病"（Dutch disease）问题的思考。"荷兰病"是指资源贸易活动导致国内制造业衰退的现象，这种现象吸引了大量的学者进行研究。Corden 和 Neary（1982）最早提出了"荷兰病"模型。在 Matsuyama（1992）模型的基础上，Sachs 和

Warner（1995）发展了动态的内生增长模型，该模型对"荷兰病"作了经典的诠释，认为自然资源部门贸易规模的扩大会导致进入制造业部门的资本和劳动规模减小，出口自然资源产品带来外汇收入的增加使得本币升值，再次降低了制造业的竞争力，在制造业部门具有"干中学"的假设条件下，这种"荷兰病"就妨碍了经济增长。实质上，"荷兰病"就是自然资源禀赋与经济增长之间的悖论关系问题，即"资源诅咒"问题（Auty，1994）。Sachs和Warner（1995）的研究引起了学者们的广泛关注，使得"资源诅咒"的研究工作相继展开。

究竟是什么原因导致了"资源诅咒"现象的发生？综观后续文献可发现，贸易、制度、波动性和人力资本四类因素可归结为"资源诅咒"的主要诱因。第一，贸易因素。Sachs和Warner（1995）的研究近似于从贸易的角度切入，有些文献延续了他们的思路，继续以贸易因素为出发点予以探究。Coxhead（2006）将中国、泰国、马来西亚等国家的石油、天然气、有色金属等的出口份额进行了对比，分析认为贸易模式影响了这些国家的能源产品的出口，导致了自然资源开发部门生产成本的下降，但是对于贸易如何导致资源开发部门和制造业部门的总体经济增长率降低，并没有提供详尽的答案。van der Ploeg和Poelhekke（2009）构建了一个"综合模型"来研究中东和北非等地区的资源型产品贸易问题，理论和实践均表明这些地区的非再生资源的贸易会产生腐败、宏观经济波动等多方面负面效应，进而对资源开发行业造成负面影响。Horvath和Zeynalov（2014）认为尽管贸易过程中会产生诸多负效应，对贸易活动予以政策干扰还是无助于促进"资源诅咒"向"资源福音"转变。第二，制度因素。Leite和Weidmann（1999）在这一领域进行了初步尝试，他们的实证研究表明丰裕的矿产资源会产生腐败，而腐败又会阻碍经济的发展，但不难看出其研究内容较为单一。Sala-i-Martin和Subramanian（2003）丰富了制度的内涵，其研究表明良好的制度能保证自然资源成为经济发展的"福音"，但是因为制度的缺陷，腐败、权力寻租等致使资源并没有发挥出促进经济增长的功效。那么为何有缺陷的、不合理的制度就导致了"资源诅咒"现象？中间的传导机制是什么？这显然需要先深究制度的内涵，汲取制度经济学的精粹，再深度挖掘其中究竟。王必达和王春晖（2009）采用了制度经济学中交易成本的概念，从不合理的制度及其变迁过程中的路径依赖角度回答了制度为什么会导致"资源诅咒"现象的产生，但其研究缺乏严谨的经济学分析思路。第三，波动性因素。Herbertsson等（1999）认为，资源产出的骤升骤降导致利率和汇率的波动，从而增加了本国和外国投资者面临的风险，经济增长所需的社会投资也就难以实现。Davis和Tilton（2005）在此基础上引入经济周期的概念作了进一步的说明。Mahmud和Basher（2014）则在此领域做了更深入的研究，不仅引入了"点源资源"（point-source resources）的概念，还分析了资源型产品的价格波动如何影响投资的机会成本，以及国家政治环境。第四，人力资本因素。Gylfason（2001）论证了除"荷兰病"、寻租等因素会减弱自然资源对经济的拉动作用外，大多数自然资源丰裕的国家缺乏培育劳动力的积极性，致使自然资本挤占人力资本，从而降低了经济增长的速度。但是对于自然资本和人力资本同为促进经济增长的要素，为何自然资本增多，人力资本减少，就会降低经济增长速度这一问题，该研究并未阐明。为了弥补其缺陷，Shao和Yang（2014）采用概念模型和数理模型相结合的方法，从人力资本的角度进行了深度的挖掘，研究表明：人力资本对"资源诅咒"的影响是有条件的，即资源产业部门生产要素替代弹性的大小是决定资源开发活动对人力资本积累和区域经济增长产生何种影响的关键因素。

客观来说，自然资源对经济增长的影响不是直接的，而是通过上述的贸易、制度、波动性、人力资本等中间渠道施加作用。不能否认这些研究基于不同的视角较好地回答了"资源诅咒"或者"资源福音"问题，但我们认为还有一个重要的原因未予以考虑，即劳动力，更加细致地讲是劳动力结构。这是因为人类的生产过程就是对自然资源的开发过程，自然资源的开发利用与劳动投入和配置存在着紧密的联系，马克思和恩格斯反复强调："劳动首先是人和自然之间的物质交换过程"[1]，"劳动和自然界一起才是一切财富的源泉"[2]，由此可见，劳动与自然资源、财富增长之间存在深刻的内在联系，

---

[1] 马克思恩格斯全集（第23卷）[M]. 北京：人民出版社，1975：201.
[2] 马克思恩格斯全集（第23卷）[M]. 北京：人民出版社，1975：56-57.

从劳动、劳动力的角度探析"资源诅咒"问题能切中"资源诅咒"命题的要害。

搜集国内外相关资料，可以发现从劳动力的角度分析"资源诅咒"问题的文献屈指可数，虽然有文献从人力资本角度进行了阐述，如 Gylfason（2001）、谢波和陈仲常（2011）及杨莉莉和邵帅（2014）等，但是由于人力资本具有资本属性，而劳动力有劳动属性，二者显然存在差异，所以，这些研究并未深入劳动力的领地[①]。进一步地，由于劳动力本身是一个抽象的概念，我们需要从更为细致的视角刻画"资源诅咒"的发生机制，其中劳动力结构隶属于劳动力的范畴，能较多维地反映劳动力的属性，从劳动力结构的角度入手分析核心命题，具备代表性。所谓劳动力结构，着重指参与生产的劳动力存在异质性，特别强调劳动力在教育背景、劳动技能和产业间的分布等方面的差异性。借鉴郭凯明等（2013）的做法，本章将劳动力结构定义为两个层面：第一，不同产业间的劳动力数量的比例关系，由此，本章用劳动力在制造业部门和自然资源开发部门的数量比例关系对其进行说明；第二，劳动力的技能差异，为了简化起见，理论部分将从熟练的劳动力与非熟练的劳动力两个层面来对技能差异进行说明，同时由于劳动力的流动，制造业部门的劳动力技能水平的高低也会对自然资源开发部门的产品市场造成影响，实证部分我们用劳动者受教育年限来衡量劳动力技能的高低。

另外，之所以从劳动力结构的角度分析"资源诅咒"的发生机制，还有以下几方面的原因：第一，主流的 S-W 模型[②]的理论假设认为自然资源开发不需要劳动力投入，但是实际上自然资源的开发离不开劳动力，同时也须注意到劳动力在资源部门与其他部门的多与寡、优与劣会成为影响资源型产品产出的要件，因此 S-W 模型的理论假设显然与现实世界有一定差距。第二，一些理论模型单一地强调劳动力在资源开发过程中的重要性，忽略了劳动力在其他部门如制造业部门中的作用，如 Matsuyama（1992）构

---

① 即使把从人力资本角度研究的文献归入这个范畴，这样的文献也不多见。
② 由 Sachs 和 Warner（1995）两位学者提出，并经过系列学者（Gylfason，2001；Sala-i-Martin and Subramanian，2003）发展的研究"资源诅咒"问题的基本理论模型。

建了包含劳动力要素的内生增长理论模型，但是其重点是阐述资源开发部门劳动生产率的提高对"资源诅咒"的影响，而较少论及制造业部门劳动力数量与质量对"资源诅咒"效应的影响。另外一些研究注意到劳动力在自然资源部门与制造业部门之间的流动、配置，如杨莉莉和邵帅（2014）分析了人力资本流动如何对资源型产业的发展施加作用，该研究近似于从劳动力的质量层面分析"资源诅咒"问题，但实际上劳动力投入的转移机制对"资源诅咒"的发生机制也具有影响（徐康宁、王剑，2006）。一些研究常常忽略劳动力在产业部门间的量化分配，因此，亟须将劳动力的数量层面和质量层面进行统一，即需要按照劳动力的结构方向对"资源诅咒"问题进行深层次的剖析。第三，学者们陆续从制度、人力资本等角度分析"资源诅咒"问题，然而较少深入要素结构内进行微观层面的分析，实际上，从要素结构角度分析问题更能把握问题实质。Isham等（2005）基于贸易结构，分析了包含外国援助、补贴等因素的资源型产品贸易结构如何制约经济体的增长，那么当把劳动力作为研究"资源诅咒"的切口时，我们也可以将劳动力结构化，细致地探讨资源开发部门和制造业部门的劳动力结构对"资源诅咒"产生的影响。

从现实来看，一些资源型区域的制造业发展不足，制造业和资源密集型行业互助、协同力度也不够，同时，在人口红利逐渐消失的情况下，劳动力资源出现相对短缺，如何向制造业和资源密集型行业配备劳动力，同样是一道难题。当前，我国供给侧改革主要还是结构层面的改革，结构改革最原始的意义就是通过比例的调整，实现提高效率、提高经济增长质量和效益的目的。因此，从劳动力结构的视角思考这些现实问题显然具有重要的现实价值。

为了探究劳动力结构如何对"资源诅咒"效应施加影响，本章拟采用理论与实证分析两类方法，双管齐下。首先，建立一个包含自然资源存量和劳动力结构因素的经济增长理论模型，通过均衡分析和平衡增长路径分析，首次在考虑劳动力结构异质性的情况下，阐明劳动力在制造业部门和自然资源开发部门的配置关系以及劳动力的技能差异对"资源诅咒"发生机制的作用。其次，采用计量实证对理论进行递进性的佐证，并通过实证分析对我国区域层面上是否存在"资源诅咒"现象进行深刻的探讨。最后，基于劳动力结构的视域，结合我国区域发展实际，分析"资源诅咒"现象为何在经济发展水平不同的地区存在异质性，并提出具有针对性的政策建议。

如此，本章的主要目标便为构建一个包含自然资源存量和劳动力结构因素的经济增长模型，通过理论推导解释劳动力结构差异与自然资源禀赋、经济增长率之间的内在关系。上文理论推导表明，在不同限制条件下，自然资源开发部门劳动力数量的增加对经济增长的作用不同，而劳动者素质的提高对缓解"资源诅咒"效应而言始终是一个利好因素。实证研究进一步表明，从总体上讲，我国省域层面的"资源诅咒"现象是存在的，但并非没有逆转的可能，避免"资源诅咒"问题的发生，使丰裕的自然资源成为地区发展的"福音"，关键在于劳动者素质的提高，资源开发部门劳动力数量的增加所起的作用有限。分地区讲，"资源诅咒"效应在经济发展水平不同的地区存在差异，而劳动力结构的异质性主导着这种差异。

本章可能的边际贡献在于：第一，将自然资源要素和劳动力结构要素同时引入经济增长理论模型当中，试图从理论上解释劳动力结构差异与自然资源禀赋、经济增长率之间的内在关系，分析劳动力结构的异质性引起"资源诅咒"或"资源福音"的机理，在一定程度上通过经济增长理论的创新扩展了"资源诅咒"的研究空间；第二，实证分析科学地回答了我国"资源诅咒"是否存在的问题，并从劳动力数量结构与劳动力质量的角度出发，较好地解释了"资源诅咒"向"资源福音"转化的条件，特别分析了不同区域的不同的劳动力结构对"资源诅咒"这一现象的作用机制，然后基于劳动力结构为东、中、西不同区域摆脱"资源诅咒"提出了针对性的政策建议。

## 4.1 理论模型分析

### 4.1.1 基本结构

许多文献中的经济增长模型都没有纳入自然资源这一重要要素，为了弥补这一缺陷，本章将其引入新古典增长模型中，试图解决"资源福音"与"资源诅咒"的悖论问题，同时本章借鉴 Romer（1990）的模型，做出了三个方面的改进：首先，修改了其封闭经济的假设，在开放经济背景下研究"资源诅咒"问题；其次，在劳动力的构成上做了一定的新假设，例如，我们假设劳动力在制造业部门、自然资源开发部门进行分配，而且制造业劳动力再细分为熟练的劳动力和非熟练的劳动力两大类；最后，我们将自然资源部门当作一个生产部门加以研究。

假设一个经济体由制造业部门、自然资源开发部门组成，制造业部门由最终产品生产部门、中间产品生产部门两个子部门构成。为了体现劳动力技能的差异性以及它对经济体产出的影响，本章将劳动力分为熟练工人和非熟练工人两大类，而且，根据劳动力的熟练程度，也可以将制造业部门分为运用熟练的劳动力生产部门和运用非熟练的劳动力生产部门两个子部门。在运用熟练的劳动力生产部门（我们不妨称之为第一生产部门），代表性企业运用熟练的劳动力和中间产品来生产最终产品，其生产函数为：

$$Y_{1t} = LS_t^{\alpha} \int_0^{M_t} x_i^{\beta} di \tag{4-1}$$

其中，下角标 $t$ 表示时间，$Y_1$ 表示第一生产部门的最终产出[①]，$LS$ 表示第一生产部门有效的劳动力投入总量，系数 $\alpha$、$\beta$ 表示要素的产出弹性，范围在 0 到 1 之间[②]。$M$ 表示第一生产部门的技术知识的总体存量，为避免整数约束，设它们是连续而非离散的，$x_i$ 表示中间产品 $i$ 投入的数量。借鉴 Aghion 和 Howitt（2004）对熟练工人在实施新技术中作用的分析，可将第一生产部门投入的有效劳动总量 $LS$ 表示为：

$$LS_t = A_{1t} L_{1t} \tag{4-2}$$

其中，$A_1$ 表示第 1 生产部门中间投入品生产率参数，$L_1$ 表示第一生产部门的劳动力投入总量。类似地，在运用非熟练的劳动力生产部门（我们不妨称之为第二生产部门），代表性企业的生产函数可设为：

$$Y_{2t} = LB_t^{\alpha} \int_0^{M_t^*} x_i^{*\beta} di \tag{4-3}$$

---

[①] 在不引起歧义的情况下，$Y_1$ 变量我们略去了下角标时间 $t$。本章中其他地方类似。

[②] 假设制造业部门的生产存在规模报酬递增的性质，即假设 $\alpha + \beta > 0$。

其中，$Y_2$ 为第二生产部门的最终产出，$LB$ 表示第二生产部门投入的有效劳动力总量，$x_i^*$ 为中间产品 $i$ 的投入数量，$M^*$ 为第二生产部门的技术知识的总体存量。同样，第二生产部门投入的有效劳动力总量 $LB$ 可表示为：

$$LB_t = A_{2t} L_{2t} \tag{4-4}$$

其中，$A_2$ 表示第二生产部门中间投入品生产率参数，$L_2$ 表示第二生产部门的劳动力投入总量。第一、第二生产部门投入的中间产品总量可设为 $X_t$ 和 $X_t^*$，则 $X_t = \int_0^{M_t} x_i \mathrm{d}i$，$X_t^* = \int_0^{M_t^*} x_i^* \mathrm{d}i$。

在劳动力的分层时期，熟练的劳动力由新部门（第一生产部门）雇用，非熟练的劳动力则在一般性技术部门（第二生产部门）工作，制造业部门的最终产出为 $Y$，它是第一生产部门和第二生产部门产出的总和，即 $Y = Y_1 + Y_2$。现在假设第一、第二生产部门不同种类的中间产品的数量都相同（稍后可以看到在生产均衡时确实如此），则有 $x_i = x = \dfrac{X}{M}$，$x_i^* = x^* = \dfrac{X^*}{M^*}$，分别代入式（4-1）、式（4-3），那么制造业部门生产最终产品的总的生产函数可以表示为：

$$Y_t = LS_t^\alpha M_t^{1-\beta} X_t^\beta + LB_t^\alpha M_t^{*1-\beta} X_t^{*\beta} \tag{4-5}$$

制造业部门、自然资源开发部门使用的劳动力总量为 $L_t$，假设 $L_t$ 保持不变，即 $L_t = L$，则根据劳动力市场的出清条件，有：

$$L_t = L_{1t} + L_{2t} + n_t = \frac{LS_t}{A_{1t}} + \frac{LB_t}{A_{2t}} + n_t = L \tag{4-6}$$

其中，$n$ 表示自然资源开发部门使用的劳动力数量，$n = \theta L$，$\theta \in (0,1)$。消费者需要按照效用最优化方式确定消费路径，假设 $c$ 代表人均消费的时间路径，以一个无限生存的代表性消费者为例，其生命效用为 $\int_0^\infty e^{-\rho t} u(c_t) \mathrm{d}t$，$\rho$ 表示消费者的时间偏好率，效用函数 $u(c_t)$ 采用经典的不变替代弹性函数形式，即 $u(c_t) = \dfrac{c_t^{1-\varepsilon}}{1-\varepsilon}$，当前消费和未来消费之间的替代弹性为 $\dfrac{1}{\varepsilon}$（$0 < \varepsilon < 1$）。

在自然资源开发部门，生产函数采用一般的固定替代弹性生产函数形式：

$$O_t = [\eta n_t^{\xi} + (1-\eta)\chi_t^{\xi}]^{\frac{\omega}{\xi}} \qquad (4-7)$$

其中，$O_t$表示在$t$时期自然资源开发部门（包括采矿业、资源初级加工业、以资源消耗为主的高耗能工业等）开发自然资源得到的资源型产品的总产出，$\chi$（$\chi>0$）为自然资源要素的投入量，即自然资源要素的投入价值[①]。可以证明，$\eta$越大（$0<\eta<1$），自然资源开发部门的劳动产出弹性越大，劳动的收入分配比重等于劳动的产出弹性，因此，$\eta$在一定程度上反映了自然资源开发部门的劳动产出弹性的大小，也在一定程度上反映了劳动收入所占的比重。类似地，$1-\eta$在一定程度上反映了自然资源要素的产出弹性的大小，也在一定程度上反映了自然资源要素所有者所获得的收入占总收入的比重，也可以这么讲，$1-\eta$在一定程度上反映了自然资源开发部门对自然资源要素的依赖程度。$0<\xi<1$，$\dfrac{1}{1-\xi}$为自然资源开发部门的劳动力与资源要素之间的替代弹性。$\omega$表示自然资源开发部门生产的规模报酬递增程度（$\omega>0$）。

自然资源开发部门需要对资源开发活动进行投资，投资量受资源和劳动力的影响，因此可设$t$时期的投资量为$I(O_t, n_t)$。$t$时期资源型产品的总产值变化轨迹可表示为：

$$\dot{E}_t = -\chi_t + I(O_t, n_t) \qquad (4-8)$$

其中，$E_t$表示$t$期资源型产品的产值，即$E_t = P_{O(t)}O_t$，$P_O$表示资源型产品的市场价格，$P_{O(t)}$表示$t$期资源型产品的市场价格。

### 4.1.2 均衡分析

（1）最终产品生产部门

设$W_{LB}$是第一生产部门工人的工资，$W_{LS}$是第二生产部门工人的工资，$p_i$、$p_i^*$分别表示第一生产部门、第二生产部门的中间产品的价格。生产部门处于完全竞争的市场状态，不妨假设最终产品的市场价格$P=1$，第一生产部

---

[①] 显然，自然资源分为不同的种类，不同种类的自然资源难以在量上进行加总，因此，我们可以用资源要素的投入价值来衡量资源要素的投入量。这样的改变只意味着资源要素投入量的衡量标准发生了变化，并不会对我们研究得出的结论产生实质性的影响。

门与第二生产部门生产最终产品获得的利润 $\pi$ 可表示为：

$$\pi = Y - (W_{LB}LB + W_{LS}LS) - \left( \int_0^{M^*} p_i^* x_i^{*\beta} di + \int_0^M p_i x_i^\beta di \right) \quad (4-9)$$

在生产均衡的条件下，我们有 $\frac{\partial \pi}{\partial LB}=0$，$\frac{\partial \pi}{\partial LS}=0$，$\frac{\partial \pi}{\partial x_i}=0$，$\frac{\partial \pi}{\partial x_i}=0$，从而可以得到：

$$W_{LS} = \alpha LS^{\alpha-1} \int_0^M x_i^\beta di, \quad W_{LB} = \alpha LB^{\alpha-1} \int_0^{M^*} x_i^{*\beta} di \quad (4-10)$$

$$x_i = \left( \frac{\beta LS^\alpha}{p_i} \right)^{\frac{1}{1-\beta}}, \quad x_i^* = \left( \frac{\beta LS^\alpha}{p_i^*} \right)^{\frac{1}{1-\beta}} \quad (4-11)$$

（2）中间产品生产部门

在完全竞争的市场条件下，每一种中间产品的价格都等于其边际产品价值，从而根据式（4-1）和式（4-3），我们不难得到：

$$p_i = \beta LS^\alpha x_i^{\beta-1}, \quad p_i^* = \beta LS^\alpha x_i^{\beta-1} \quad (4-12)$$

每一种中间产品都由其厂商垄断地进行生产，在给定 1∶1 技术的条件下，垄断者的收益就是价格乘以数量，而成本就等于产出。用 $\pi$ 和 $\pi^*$ 分别表示第一生产部门和第二生产部门中间产品生产企业的利润，则它们可以被表示为：

$$\pi_i = p_i x_i - x_i, \quad \pi_i^* = p_i^* x_i^* - x_i^* \quad (4-13)$$

在中间产品生产企业的生产均衡条件下，可以得到第一生产部门和第二生产部门生产的第 $i$ 种中间产品的数量：

$$x_i = \beta^{\frac{2}{1-\beta}} LS^{\frac{\alpha}{1-\beta}}, \quad x_i^* = \beta^{\frac{2}{1-\beta}} LS^{\frac{\alpha}{1-\beta}} \quad (4-14)$$

因此，生产均衡时企业生产的中间产品的数量与产品的种类无关，则有 $X=Mx$，$X^*=M^*x^*$，据此式（4-5）可以重新整理为：

$$Y = \beta^{\frac{2\beta}{1-\beta}} (MLS^{\frac{\alpha}{1-\beta}} + M^*LS^{\frac{\alpha}{1-\beta}}) \quad (4-15)$$

另外，将式（4-14）代入式（4-10），可推得熟练工人和非熟练工人的工资之比为：

$$\frac{W_{LS}}{W_{LB}} = \frac{MLS^{\alpha-1}}{M^*LS^{\alpha-1}} \frac{LS^{\alpha\beta}}{LB^{\frac{\alpha\beta}{1-\beta}}} = \left(\frac{M}{M^*}\right)\left(\frac{LB}{LB}\right)^{\frac{\alpha+\beta-1}{1-\beta}} = \left(\frac{M}{M^*}\right)\left(\frac{A_1 L_1}{A_2 L_2}\right)^{\frac{\alpha+\beta-1}{1-\beta}} \quad (4-16)$$

根据式（4-16）可知，熟练工人和非熟练工人的工资差异既跟要素的产出弹性有关，也跟部门间的工人技能差异、工人自身获取技术的能力有关。

（3）自然资源开发部门

资源型产品生产商的利润 $\pi_O = p_O[\eta n^\xi + (1-\eta)\chi^\xi]^{\frac{\omega}{\xi}} - W_O n - r_\chi \chi$，其中，$W_O$ 表示自然资源开发部门劳动者的工资，$r_\chi$ 表示自然资源要素的价格。在生产均衡的条件下，有 $\frac{\partial \pi_O}{\partial n} = 0$，由此可以得到自然资源开发部门劳动者的工资水平：

$$W_O = \eta \omega P_O O^{1-\frac{\xi}{\omega}} n^{\xi-1} \quad (4-17)$$

假设劳动力的充分流动使得制造业部门、资源开发部门具有相等的工资水平，即有 $W_{LS} = W_{LB} = W_O$，进一步可得自然资源开发部门产品的市场定价：

$$P_O = \frac{M\alpha LS^{\frac{\alpha+\beta-1}{1-\beta}} \beta^{\frac{2\beta}{1-\beta}}}{\eta \omega O^{1-\frac{\xi}{\omega}} n^{\xi-1}} \quad (4-18)$$

由此可见自然资源开发部门产品的市场价格跟要素的产出弹性、劳动力的部门间结构、自然资源的开发状态之间存在着紧密的联系，也与技术知识存量或劳动技能有关。资源投资力度越大，资源的消耗速率越大，另外在资源丰裕的情况下，资源再生能力也较强，能减缓资源消耗的速度，因此，我们可以假设资源消耗速率 $\gamma$ 与 $I$ 成正比，与 $O$ 成反比，则有 $\gamma = \gamma[\frac{I(O,n)}{O}]$。又因为 $\gamma = \frac{\partial \chi}{\partial O}$，从而 $\chi$ 也是 $O$ 与 $n$ 的函数，即有 $\gamma = \chi[\frac{I(O,n)}{O}]$，说明投入的自然资源要素价值同样与投资量呈正向关系，与资源型产品的产出呈反向关系。

### 4.1.3 平衡增长路径

消费者效用达到最大的汉密尔顿方程为①：

$$H=e^{-\rho t}u(c)+\mu_A[\beta^{\frac{2\beta}{1-\beta}}(MLS^{\frac{\beta}{1-\beta}}+M^*LB^{\frac{\alpha}{1-\beta}})+O-C]+\mu_B(-\chi+I)+\mu_C[(1-\theta)L-\frac{LS}{A_1}-\frac{LB}{A_2}]$$
（4-19）

其中，$\mu_A$、$\mu_B$ 和 $\mu_C$ 为描述相关变量之间关系的系数。一阶条件：$\frac{\partial H}{\partial C}=0$，$\frac{\partial H}{\partial O}=\mu_A$，$\frac{\partial H}{\partial L}=0$，$\frac{\partial H}{\partial LS}=0$，$\frac{\partial H}{\partial LB}=0$，经整理后可以分别得到式（4-20）至式（4-24）：

$$\frac{\dot{\mu}_A}{\mu_A}=-\rho-\varepsilon\frac{\dot{c}}{c} \quad (4-20)$$

$$-\dot{\mu}_A=\mu_A-(\gamma\frac{I-I_O}{O^2}+I_O)\mu_B \quad (4-21)$$

---

① 社会计划者将最大化其跨期的消费：$\max \int_0^\infty e^{-\rho t}u(c_t)dt$，但是其面临如下约束条件：

第一，最终消费等于最终产出，设最终总产出为 $R$，假设制造业部门的产出和自然资源开发部门的产出之间是线性关系，总的产出是制造业部门和自然资源开发部门的产出之和，则可得：

$C=R=Y+O$

第二，利润最大化的中间产品生产企业选择的产量：

$x_i=\beta^{\frac{2}{1-\beta}}LS^{\frac{2}{1-\beta}}$；$x_i^*=\beta^{\frac{2}{1-\beta}}LB^{\frac{\alpha}{1-\beta}}$

制造业部门生产最终产品的产出：

$Y=\beta^{\frac{2\beta}{1-\beta}}(LS^{\frac{2}{1-\beta}}M+LB^{\frac{\alpha}{1-\beta}}M^*)$

第三，自然资源的开发会造成资源的消耗，资源型产品的产值变化轨迹：

$\dot{E}=-\chi+I(O,n)$

第四，劳动力在制造业和自然资源开发部门进行分配，可知劳动力市场的出清条件：

$\frac{LS}{A_1}+\frac{LB}{A_2}+\theta L=L$

则上述问题的汉密尔顿方程：

$H=e^{-\rho t}u(c)+\mu_A[\beta^{\frac{2\beta}{1-\beta}}(MLS^{\frac{\alpha}{1-\beta}}+M^*LB^{\frac{\alpha}{1-\beta}})+O-C]+\mu_B(-\chi+I)+\mu_C[(1-\theta)L-\frac{LS}{A_1}-\frac{LB}{A_2}]$

$$\mu_B(-\theta\chi_L I_L + \theta I_L) = (\theta-1)\mu_C \qquad (4-22)$$

$$\mu_C = \frac{\alpha}{1-\beta}\beta^{\frac{2\beta}{1-\beta}} LS^{\frac{\alpha}{1-\beta}-1} MA_1 \mu_A \qquad (4-23)$$

$$\mu_C = \frac{\alpha}{1-\beta}\beta^{\frac{2\beta}{1-\beta}} LB^{\frac{\alpha}{1-\beta}-1} M^*A_2 \mu_A \qquad (4-24)$$

其中，$I$ 是 $I(O, \theta L)$ 的简写，$I_O$ 表示 $I(O,\theta L)$ 对 $O$ 求一阶偏导数，$I_L$ 表示 $I(O, \theta L)$ 对 $L$ 求一阶偏导数，$\chi_L$ 表示 $\chi(\frac{I(O, \theta L)}{O})$ 对 $L$ 求一阶偏导数，$\chi_L$ 在一定程度上体现了资源生产中劳动的边际产出能力。结合式（4-22）、式（4-23）可以推得：

$$\mu_B = \frac{(1-\theta)\Delta\mu_A}{\theta I_L \chi_L - \theta I_L} \qquad (4-25)$$

其中，$\Delta = \frac{\alpha}{1-\beta}\beta^{\frac{2\beta}{1-\beta}} LS^{\frac{\alpha}{1-\beta}-1} MA_1$。将式（4-20）、式（4-21）与式（4-25）相结合，可以得到稳态时消费 $C$ 的最优增长率 $g_C$ 为：

$$g_C = \frac{\dot{c}}{c} = \frac{O^2 - \frac{(1-\theta)\Delta}{\theta I_L \chi_L - \theta I_L}[\gamma(I-I_O) + I_O O^2] - \rho O^2}{\varepsilon O^2} \qquad (4-26)$$

因为总的产出 $R$ 是制造业部门和自然资源开发部门的产出之和，制造业部门的产出和自然资源开发部门的产出之间是线性关系，因此在稳态下有 $g_C = g_R = g_Y = g_O$，$g_R$、$g_Y$、$g_O$ 分别表示总产出增长率、制造业部门产出增长率与自然资源开发部门产出增长率，因此，经济体的产出增长率为：

$$g = \frac{O^2 - \frac{(1-\theta)\Delta}{\theta I_L \chi_L - \theta I_L}[\gamma(I-I_O) + I_O O^2] - \rho O^2}{\varepsilon O^2} \qquad (4-27)$$

根据式（4-27），我们有：

$$\frac{\partial g}{\partial O} = g'(O) = \frac{2(1-\theta)\Delta\gamma(I-I_O)}{\varepsilon\theta(I_L\chi_L - I_L)O^3} = \frac{\nabla}{O^3} \qquad (4-28)$$

式（4-28）中，$\nabla = \frac{2(1-\theta)\Delta\gamma(I-I_O)}{\varepsilon\theta(I_L\chi_L - I_L)}$，由于 $O>0$，所以 $g'(O)$ 的正负取决于 $\nabla$ 的符号。$LS(LB)$、$n$ 直接反映了制造业部门与资源开发部门的劳动力的

结构形态，显然∇与这些劳动力数量指标存在着紧密的联系，同时∇与劳动的产出弹性、劳动与资源要素之间的替代弹性等劳动力质量的衡量指标有关。当∇>0时，丰裕的自然资源对经济增长来说是"福音"，对经济增长有促进作用，$\theta$ 变大时，$\Delta$ 变小，并且由于 $\Delta = \frac{\alpha}{1-\beta} \beta^{\frac{2\beta}{1-\beta}} LS^{\frac{\alpha}{1-\beta}-1} MA_1 > 0$，所以 $\Delta$ 变大∇变大。当 $LS$、$M$ 与 $A_1$ 变大时，$\Delta$ 变大。因此，技能熟练的工人越多，其技能水平越高，越有利于经济的增长，而自然资源开发部门劳动力数量过多对经济增长不利。当∇<0时，丰裕的自然资源对经济增长来说是"诅咒"，对经济增长有抑制作用，当 $\theta$ 变小时，∇的绝对值变大，因此，这种结构形态下制造业工人数量过多、资源开发部门劳动力投入较少也会抑制经济增长。因此，在本章的理论模型分析框架下劳动力的结构形态（本章设定为数量和质量两个层面）是自然资源和经济增长之间的重要纽带，是解析"资源福音"和"资源诅咒"命题的关键所在。

## 4.2 计量模型的设立与实证分析

### 4.2.1 计量模型的设定

为了考察自然资源丰裕度对经济增长的影响，结合上述理论模型的经济含义，本章建立如下的基本计量模型：

$$G_{it} = C + a_1 NR_{it} + a_2 QF_{it} + a_3 EDU_{it} + dU_{it} + \varepsilon_{it} \quad (a)$$

其中，下标 $i$ 表示地区，$t$ 表示年份，$G$ 表示经济增长率，$NR$ 表示自然资源丰裕度，$QF$ 是劳动力数量结构的衡量指标，$EDU$ 是劳动力质量的衡量指标，$U$ 是控制变量集合，$C$ 是常数，$\varepsilon$ 是随机误差项，$a_1$、$a_2$、$a_3$、$d$ 以及后面公式的 $a_4$、$a_5$ 均表示变量的系数值。

观察式（4-27）可知劳动力结构与自然资源丰裕度的结合形态会对经济增长产生显著的影响，因此在计量模型（a）里面我们考虑二者形成的交叉项对经济增长的作用，于是便形成了另外两个基本的计量模型，即模型（b）与模型（c）。模型（b）考虑的是劳动力数量结构指标与自然资源丰裕度结合形成的交叉项对经济增长产生的影响，模型（c）考虑的是劳动力质量指标与自然资源丰裕度结合形成的交叉项对经济增长产生的影响。

$$G_{it} = C + a_1 NR_{it} + a_2 QF_{it} + a_3 EDU_{it} + a_4 QF_{it} NR_{it} + dU_{it} + \varepsilon_{it} \qquad (\text{b})$$

$$G_{it} = C + a_1 NR_{it} + a_2 QF_{it} + a_3 EDU_{it} + a_5 EDU_{it} NR_{it} + dU_{it} + \varepsilon_{it} \qquad (\text{c})$$

### 4.2.2 变量的说明及数据来源

自然资源丰裕度（$NR$）的衡量方法较多，考虑到数据的可得性，与Sachs和Warner（1999）、邵帅和齐中英（2009）等的衡量方法类似，本章采用自然资源开发行业工业产值[①]占工业总产值的比重来衡量自然资源丰裕度。经济增长率（$G$）即为与上年相比的实际国内生产总值增长率。在上述理论模型的建立过程中，我们讨论的是自然资源开发部门和制造业部门的劳动力构成对经济增长的影响，为了与理论模型相对应，用资源开发部门和制造业部门劳动力的数量比例关系来描述劳动力结构的数量指标（$QF$），即采用煤炭、石油、天然气三大行业从业人员人数除以制造业从业人员人数的值来表示$QF$。劳动力结构的质量指标（$EDU$）描述的是从业人员的技能和素质等，按照一般做法，我们以从业人员的平均受教育年限为代理变量来加以衡量[②]。

本章的控制变量集合包括市场开放度、财政支持力度、交通设施状况、期初的国内生产总值[③]4个控制指标。用进出口贸易额占GDP的比重来衡量市场开放度（$OPE$），用财政支出占GDP的比重来衡量财政支持力度（$FS$），用每万人拥有的公路里程来衡量交通设施状况（$TR$），期初的国内生产总值考虑的是对数形式。另外，还有一个工具变量指标（$NF$），该指标表示的是各个地区煤炭、石油、天然气三大自然资源开发行业的企业个数之和。

---

[①] 本章中自然资源开发行业的工业总产值主要是煤炭、石油、天然气三大行业的产值之和。

[②] 从业人员平均受教育年限的计算公式为：（小学文化程度人数 × 6 + 初中文化程度人数 × 9 + 高中文化程度人数 × 12 + 大专及以上文化程度人数 × 16）/六岁以上的各种受教育程度人口总数。

[③] 参考"荷兰病"的经典模式和相关经济理论，我们将GDP的初始（1994年）对数值纳入计量模型中，作为计量模型的一个控制变量。

研究样本为1994—2012年[①]各省（区、市）的相关数据资料，由于行政区划的历史变化，将重庆的数据并入四川省作为一个截面单位[②]，因此最终本章将30个省（区、市）样本作为研究对象。面板数据集囊括了30个截面单位在19年内的时间序列资料。实证分析的各种数据来源于《中国统计年鉴》《中国工业经济统计年鉴》《中国能源统计年鉴》《中国煤炭工业统计年鉴》《中国石油天然气工业年鉴》《中国劳动统计年鉴》以及中经网统计数据库等。

### 4.2.3 变量的描述性统计分析

各个变量的描述性统计如表4-1所示。

表4-1 变量的描述性统计

| 变量 | 样本数 | 单位 | 均值 | 标准差 | 最小值 | 最大值 |
| --- | --- | --- | --- | --- | --- | --- |
| $G$ | 570 | % | 11.5936 | 5.4820 | 3.800 | 23.8000 |
| $NR$ | 570 | % | 8.4743 | 2.4874 | 0.0011 | 94.6700 |
| $QF$ | 570 | % | 22.3553 | 19.4957 | 0.0246 | 128.8669 |
| $EDU$ | 570 | 年 | 7.9852 | 1.17821 | 3.8600 | 11.8693 |
| $OPE$ | 570 | % | 3.9865 | 4.1203 | 0.0014 | 24.2543 |
| $FS$ | 570 | % | 17.9884 | 14.2814 | 4.9171 | 129.1443 |
| $TR$ | 570 | 公里/万人 | 25.7928 | 29.0492 | 2.8649 | 211.9498 |
| $\ln GDP$ | 570 | 亿元 | 0.3697 | 1.5893 | 0.0020 | 8.8381 |
| $NF$ | 570 | 个 | 223.1039 | 320.4051 | 0 | 2111 |

### 4.2.4 面板的单位根检验

为了避免伪回归问题，在进行实证研究前，本章首先对被解释变量和主要的解释变量进行单位根检验，采用的是HT检验方法（Harris and Tzavalis，1999）。检验结果表明$G$和$NR$同阶单整，劳动力数量结构指标$QF$和劳动力

---

[①] 由于涉及较多的统计年鉴，作者无法收集到2013年以后的全部数据，因此，得到的研究结论可能不一定完全契合现实经济发展的需要，但也显然具有一定的参考价值。

[②] 重庆与四川的自然资源禀赋具有较大程度的相似性，因此，将重庆与四川合并在一起作为一个截面单位来处理也具有合理性。

质量指标EDU一阶单整，因而可以进行后面的计量分析。

表4-2 主要变量的单位根检验

| 变量 | $Z$ | $p$ | 结论 |
| --- | --- | --- | --- |
| $G$ | −6.7134 | 0.0000 | 平稳 |
| $NR$ | −24.3791 | 0.0000 | 平稳 |
| $QF$ | 0.8979 | 0.8154 | 非平稳 |
| $EDU$ | 3.3421 | 0.9996 | 非平稳 |
| $D.G$ | −30.6163 | 0.0000 | 平稳 |
| $D.NR$ | −42.7770 | 0.0000 | 平稳 |
| $D.QF$ | −35.8672 | 0.0000 | 平稳 |
| $D.EDU$ | −37.8232 | 0.0000 | 平稳 |

注：变量前加$D.$表示对变量取一阶差分。

### 4.2.5 计量结果分析

本章采用了混合回归分析、工具变量两阶段最小二乘法（OLS）以及面板分位数回归分析三种实证分析方法来剖析"资源福音"和"资源诅咒"命题[①]。

（1）总体混合回归分析

首先我们对样本数据进行豪斯曼检验来确定样本数据服从的是固定效应还是随机效应，豪斯曼检验值为20.31，伴随概率为0.0265，故认为固定效应优于随机效应。针对混合回归和固定效应的优劣比较，我们运用了虚拟变量最小二乘法（LSDV）进行检验，检验结果表明在30个省（区、市）中仅有

---

① 需要说明的是，本章的三种计量方法并不是随意选择的，首先在比较混合效应、随机效应和固定效应时发现使用混合回归分析比较恰当，但是回归结果表明劳动力结构的数量指标的系数总体上并不显著，其自身可能存在一定的内生性，于是我们为劳动力结构的数量指标寻找了工具变量，再对工具变量进行两阶段最小二乘法回归分析。这两种方法主要是检验我国省域层面上是存在"资源诅咒"还是存在"资源福音"，并初步判断劳动力结构是否是"资源诅咒"发生的原因，最后我们继续用分位数回归分析来讨论区域"资源诅咒"效应的差异以及劳动力结构的差异如何对"资源诅咒"的发生机制产生影响。可以说三种计量方法递进性地论证了本章的相关命题。

8个个体的虚拟变量显著（10%的显著性水平下），因此我们采用混合回归方法进行估计。为方便对计量结果进行比较分析，我们构建了9个计量模型，这9个计量模型均是在模型（a）、模型（b）、模型（c）的基础上衍生、展开的。9个计量模型的回归结果如表4-3所示：

表4-3　混合回归结果

| 项目 | （1） | （2） | （3） | （4） | （5） | （6） | （7） | （8） | （9） |
|---|---|---|---|---|---|---|---|---|---|
| $NR$ | −0.223** | −0.029** | −0.010 | 0.002 | −0.202** | −0.227** | −0.352*** | −0.482*** | −0.328*** |
|  | （−2.50） | （−2.46） | （−0.62） | （0.14） | （−2.42） | （−2.48） | （−3.77） | （−6.24） | （−3.50） |
| $QF$ |  | 0.003 | 0.0008 | 0.023** |  | −0.005 |  | 0.0126 | −0.020*** |
|  |  | （0.44） | （0.087） | （2.29） |  | （−0.66） |  | （1.28） | （−3.48） |
| $QF \times NR$ |  |  | −0.0004 | −0.001*** |  |  | −0.001*** | −0.002*** | −0.002*** |
|  |  |  | （−1.12） | （−2.71） |  |  | （−3.45） | （−3.92） | （−3.92） |
| $EDU$ |  | 0.475*** |  | 0.544*** | 0.350*** | 0.324*** | 0.263** |  | 0.318*** |
|  |  | （5.27） |  | （5.84） | （3.28） | （2.87） | （2.42） |  | （2.85） |
| $EDU \times NR$ |  |  |  |  | 0.022** | 0.026*** | 0.047*** | 0.065*** | 0.045*** |
|  |  |  |  |  | （2.13） | （2.19） | （3.11） | （6.24） | （3.58） |
| $OPE$ | 0.068** | 0.067** | 0.071*** | 0.074*** | 0.062** | 0.058** | 0.052** | 0.056** | 0.062** |
|  | （2.66） | （1.90） | （2.73） | （2.91） | （2.48） | （2.26） | （2.09） | （2.20） | （2.46） |
| $FS$ | −0.067*** | −0.053*** | −0.069*** | −0.058*** | −0.049*** | −0.047*** | −0.045*** | −0.050*** | −0.049*** |
|  | （−4.41） | （−3.57） | （−4.51） | （−3.86） | （−3.26） | （−3.10） | （−3.28） | （−3.29） | （−3.28） |
| $TR$ | 0.049*** | 0.049*** | 0.050*** | 0.050*** | 0.045*** | 0.045*** | 0.041*** | 0.039*** | 0.042*** |
|  | （6.53） | （6.67） | （6.59） | （6.89） | （5.92） | （5.92） | （5.43） | （5.14） | （5.60） |
| $\ln GDP$ | 0.184*** | 0.270*** | 0.181*** | 0.276*** | 0.272*** | 0.273*** | 0.282*** | 0.250*** | 0.285*** |
|  | （2.91） | （4.23） | （2.87） | （4.35） | （4.29） | （4.29） | （4.47） | （4.04） | （4.53） |
| $C$ | 11.372*** | 7.305*** | 11.238*** | 6.408*** | 8.390*** | 8.670*** | 9.052*** | 11.081*** | 8.304*** |
|  | （50.27） | （9.06） | （41.87） | （7.38） | （9.06） | （8.52） | （9.66） | （42.46） | （8.23） |
| $R^2$ | 0.10 | 0.15 | 0.11 | 0.16 | 0.15 | 0.15 | 0.17 | 0.16 | 0.18 |
| $F$ | 12.97 | 13.65 | 9.43 | 13.00 | 14.38 | 12.62 | 14.31 | 13.68 | 13.22 |
| OBS | 570 | 570 | 570 | 570 | 570 | 570 | 570 | 570 | 570 |

注：解释变量括号外数字表示系数，括号内数字表示$t$检验统计量。*、**、*** 分别表示通过10%、5%、1%的显著性检验。

上述计量模型表明，除了模型（4）$NR$的系数为正值但不显著外，其他8个计量模型$NR$的系数均为负值,并且基本都显著,因此,我们可以认为"资源诅咒"现象总体上是存在的。另外,$EDU$的系数均为正值,都在1%的水平下显著,这说明,劳动者素质的提高,能显著促进经济的增长。市场开放度、基础设施的变动与经济增长的变动也是显著的正相关关系,这说明,区域间联系的加强,交通等基础设施的深入发展,也能有力地促进区域经济增长。$FS$的系数均为负值,并且都显著,因此,地方政府干预经济力度的增大,会对区域经济增长带来负面影响。$\ln GDP$的系数符号都显著为正,说明我国区域增长不存在收敛现象,我国区域发展差距有扩大的趋势。$QF$的变动对经济增长的影响方向不能确定,因此,资源开发部门和制造业部门劳动力的比例值变大是增加还是减少"资源诅咒"的影响,在混合回归条件下结论尚不明朗,其可能原因为在模型中$QF$系数总体上并不显著,其自身可能存在一定的内生性,针对此问题,后文采取了一定的方法予以解决。

对比模型(1)与模型(2)、模型(3)与模型(4),我们发现,加入$EDU$后,"资源诅咒"效应在降低,因此,劳动者素质的提高能弱化"资源诅咒"效应,甚至有可能使这种效应发生逆转,将"资源诅咒"效应转变为"资源福音"效应。$QF \times NR$交叉项系数的符号为负,而$EDU \times NR$交叉项系数的符号始终显著为正值,这也说明,解决"资源诅咒"问题的"撒手锏"是劳动者素质的提高,资源开发部门劳动力数量增加的作用有限。

就我国经济发展的实践来讲,20世纪90年代以来,我国基本上进入了工业化的中期阶段,制造业与资源开发行业的发展不断相互推进,在资源丰裕的地区,进行简单粗暴的开发便可获得"飞来横财"。21世纪以来,我国经济发展的内、外客观环境发生了改变,粗放型增长方式日益被淘汰,生产技术和劳动者素质在经济增长当中的作用不断提高,而这正是资源丰裕地区经济发展的短板和软肋,从而导致"资源诅咒"问题在一些地方愈演愈烈,成为经济进一步发展的"掣肘"。当前,我国供给侧改革主要还是结构层面的改革,经济结构调整的重要性及意义不言自明。我国山西及东北等地区拥有丰裕的自然资源,本身无错可言,劳动力结构数量与质量的错配却在一定程度上削弱了资源的"福音",导致这些地区的经济发展陷入窘境。

（2）工具变量的两阶段最小二乘法（2SLS）估计

在总体混合回归分析中，模型（2）、模型（3）、模型（6）中QF的系数不显著，我们怀疑劳动力数量结构指标存在内生性，可能对一些模型当中自然资源丰裕度的系数产生了干扰，从而影响了计量分析结果，因此有必要为劳动力数量结构指标寻找工具变量。我们将各个地区自然资源开发行业中的企业个数作为劳动力数量结构指标的工具变量，使用这个工具变量的原因在于劳动力数量结构指标与自然资源开发行业的从业人数有关，而该行业从业人数与行业中的企业个数有关，并且企业个数与经济增长率之间并没有直接的关系，因此遵循这个逻辑及工具变量条件，本章将自然资源开发行业中的企业个数NF作为QF的工具变量，采用工具变量模型进行两阶段最小二乘法（2SLS）估计，估计结果如表4-4所示。

表4-4 工具变量两阶段最小二乘法（2SLS）估计结果

| 项目 | （1） | （2） | （3） | （4） |
|---|---|---|---|---|
| NR | −0.073*** <br> (−3.38) | −0.062** <br> (−2.70) | 0.243 <br> (0.18) | 0.208** <br> (1.86) |
| QF | 0.045** <br> (2.44) | 0.122*** <br> (2.69) | 0.049** <br> (2.09) | 0.123** <br> (2.92) |
| QF×NR | | −0.004*** <br> (−5.69) | | −0.004** <br> (−3.76) |
| EDU | 0.510*** <br> (5.46) | 0.263* <br> (1.03) | 0.584*** <br> (3.72) | 0.606*** <br> (3.66) |
| EDU×NR | | | 0.126 <br> (0.64) | 0.033** <br> (2.29) |
| OPE | 0.094*** <br> (2.99) | 0.100** <br> (4.48) | 0.099*** <br> (3.17) | 0.112*** <br> (3.36) |
| FS | −0.006*** <br> (−3.90) | −0.057*** <br> (−3.47) | −0.064*** <br> (−3.15) | −0.072*** <br> (−3.89) |
| TR | 0.048*** <br> (6.25) | 0.047*** <br> (6.17) | 0.052*** <br> (6.08) | 0.050*** <br> (5.73) |
| ln GDP | 0.270*** <br> (4.14) | 0.319*** <br> (4.88) | 0.269*** <br> (4.09) | 0.299*** <br> (4.40) |
| C | 6.498*** <br> (7.27) | 8.915*** <br> (8.69) | 5.810*** <br> (3.73) | 4.425** <br> (2.36) |

续表

| 项目 | （1） | （2） | （3） | （4） |
|---|---|---|---|---|
| $R^2$ | 0.10 | 0.13 | 0.10 | 0.12 |
| F | 13.65 | 14.11 | 12.15 | 11.73 |
| LM | 87.24 | 78.05 | 71.06 | 38.50 |
| Wald | 96.94 | 88.84 | 79.89 | 40.56 |
| OBS | 570 | 570 | 570 | 570 |

注：解释变量括号外数字表示系数，括号内数字表示 Z 检验统计量。*、**、*** 分别表示通过 10%、5%、1% 的显著性检验。

由此可见，得到的估计结果相对于混合回归估计结果更加显著，实证分析结果显示：第一，EDU、OPE、TR、ln GDP 的变动与经济增长的变动方向一致，FS 的变动与经济增长的变动方向相反，这与前面得到的结论一致；第二，QF 的变动与经济增长的变动方向一致，这说明，自然资源开发部门劳动力数量的增加，能在一定程度上促进经济增长，因此，我国省际范围内并不存在"荷兰病"现象，即劳动力向资源行业的适度转移不会"架空"制造业，不会抑制整体经济的增长，但是，EDU 的系数值显示，劳动力素质的提高，能更显著地促进经济增长，劳动力的数量与质量在经济增长中所起的作用不可同日而语，毕竟劳动力的数量增加有限，而劳动力质量的增加潜力大得多；第三，模型（1）至模型（4）NR 的系数逐渐由负变为正，说明随着自然资源开发部门劳动力投入数量的增加，劳动者素质的提高，会在一定程度上扭转"资源诅咒"的负面效应，甚至将"资源诅咒"转化为"资源福音"。对比模型（1）与模型（2），QF×NR 交叉项的引入，在一定程度上减少了"资源诅咒"的负面效应，模型（1）与模型（3）对比说明，EDU×NR 交叉项的引入，将自然资源对经济增长的消极作用转变为促进经济增长的"福音"，这也说明，避免"资源诅咒"问题的发生，使丰裕的自然资源成为地区发展的"福音"，关键在于劳动者素质的提高，而自然资源开发部门劳动力数量的增加所起的作用有限。

（3）自然资源丰裕度等要素对经济增长的分位数回归分析

无论是总体混合回归分析，还是工具变量的两阶段最小二乘法估计，实质上都是均值回归，我们有必要进一步分析整个条件分布下解释变量尤其是核心解释变量和经济增长率之间的动态关系，为此我们采用面板分位数回归方法，得到的结果如图4-1至图4-8所示。

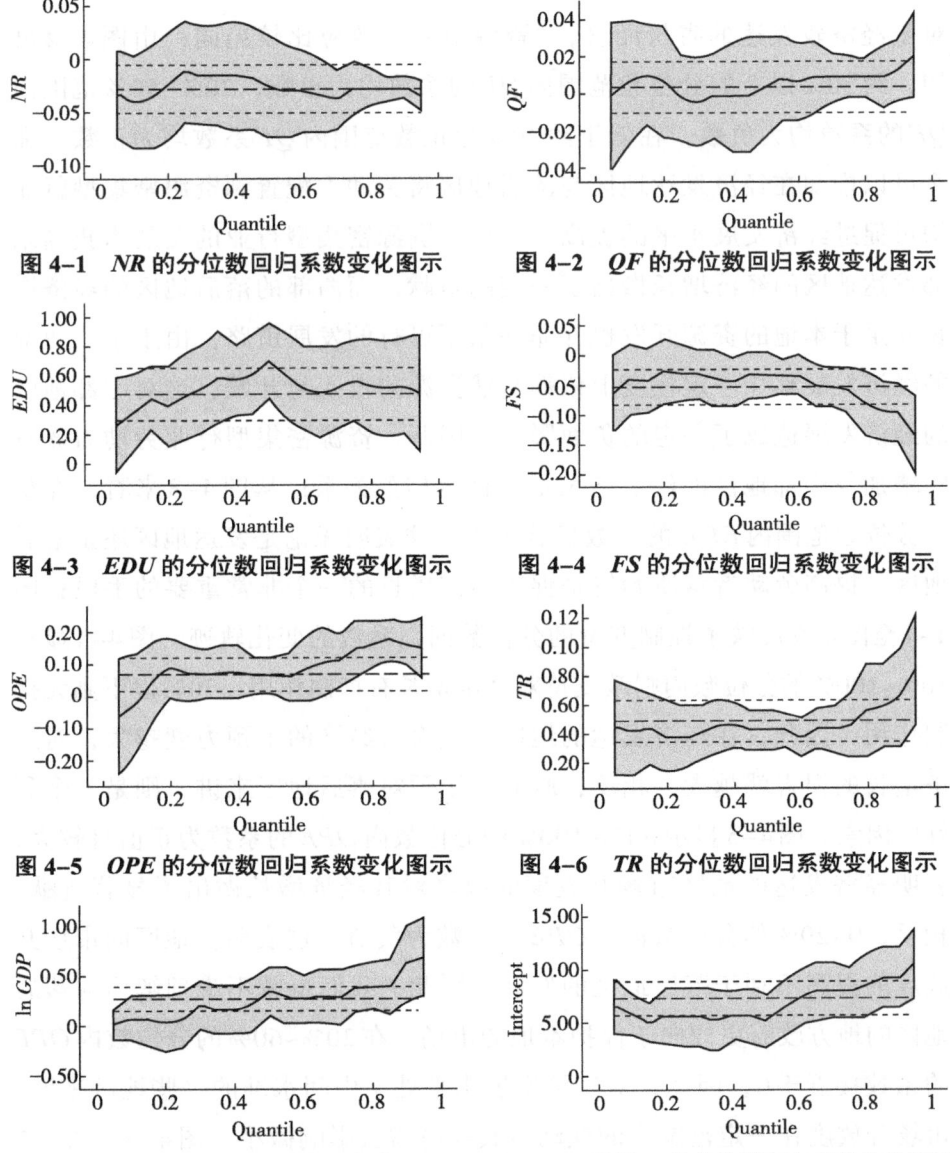

图 4-1　NR 的分位数回归系数变化图示　　图 4-2　QF 的分位数回归系数变化图示

图 4-3　EDU 的分位数回归系数变化图示　　图 4-4　FS 的分位数回归系数变化图示

图 4-5　OPE 的分位数回归系数变化图示　　图 4-6　TR 的分位数回归系数变化图示

图 4-7　ln GDP 的分位数回归系数变化图示　　图 4-8　常数 C 的分位数回归系数变化图示

图 4-1 表明，在不考虑交叉项的情况下，NR 的系数为负数，从而再次支撑了"资源诅咒"命题。在 0~70% 的分位数内自然资源丰裕度

的系数变化轨迹较为明显,并且基本上随着分位数的增加而降低,在70%~100%的分位数内NR的系数变化不明显,也就是说经济较为落后的地区"资源诅咒"效应较为显著,且不同地区存在较大的差异性,而对于经济较发达的省份而言,"资源诅咒"效应比较趋同;由图4-2可知,约50%以上的分位数范围内$QF$的系数均为正数,20%~50%范围内$QF$的系数均为负数,在低于约20%分位数范围内$QF$系数均为正数,那么可以推知在经济发达地区与落后地区将劳动力配置到资源密集型行业均可促进经济发展水平的提高,因此,资源密集型行业的发展为我国东部发达地区的经济增长做出了一定的贡献,而西部的落后地区的经济增长立足于本地的资源开发也并非一条不可行的发展道路,由于东、西部的经济发展都在一定程度上依赖自然资源的投入与开发,这对中部地区的经济发展造成了一定的负面影响,因此,资源密集型行业劳动力数量的增加与中部地区的经济增长是一种负相关关系;从图4-3来看,在整个分位数范围内$EDU$的系数显著为正,这表明无论是发达地区还是落后地区,提高劳动者素质始终是促进经济增长的一个非常重要的手段;图4-4至图4-7反映了控制变量的分位数回归系数的变化轨迹。图4-4显示70%~100%的分位数内财政支持对经济增长有抑制作用,70%以下则无抑制作用,因此,在经济发达的地区,政府对经济的干预力度越大,对经济增长的损害就越大,相反,政府的干预对落后地区来讲,则是一个利好的因素。图4-5显示60%~100%的分位数内$OPE$的系数为正值且较大,表明经济发达的地区市场开放度的提高对其经济增长做出了显著贡献,相反,0~20%的分位数内,$OPE$的系数为负值,这表明,地区间市场开放度的提高不利于落后地区的发展,因此,我们也就不难理解为何落后地区的地方政府更倾向于保护本地的市场。在20%~60%的分位数内$OPE$的系数接近于0,因此,对经济发展水平处于中间水准的一些地区来说,市场开放度在一定范围内的变动对其经济增长影响微小。图4-6、图4-7显示,$TR$、$\ln GDP$的分位数回归系数都为正值,因此,无论是对落后地区还是发达地区,$TR$、$\ln GDP$的变动均与经济增长的变动方向一致,只不过程度不同而已;图4-8反映了其他因素对不同地区经济增长的影响。

## 4.3 本章小结

对自然资源的认识、开发与利用过程是人类经济社会发展的重要历史线条，然而随着对自然资源开发利用的纵深化，在现代经济发展的实践中，人们开始质疑自然资源对经济发展的作用，提出了自然资源诅咒论。现实中很多资源丰裕的地区站在了经济增长的十字路口，丰裕的自然资源对经济发展而言是利还是弊？如何对资源密集型行业进行人力物力投资？众人莫衷一是。

基于此，本章构建了一个包含自然资源存量和劳动力结构因素的经济增长理论模型，通过均衡分析和平衡增长路径分析，探究劳动力结构如何与资源要素、经济增长率产生内在联系。理论研究发现，在不同限制条件下，自然资源开发部门劳动力数量的增加对经济增长的作用不同，而劳动者素质的提高对缓解"资源诅咒"效应而言始终是一个利好因素。实证研究进一步表明，从总体上讲，我国省域层面的"资源诅咒"现象是存在的，但并非没有逆转的可能，避免"资源诅咒"问题的发生，使丰裕的自然资源成为地区发展的"福音"，关键在于劳动者素质的提高，资源开发部门劳动力数量的增加所起的作用有限；分地区讲，经济落后地区"资源诅咒"效应较为显著，且不同地区存在较大的差异，而经济较发达的省份"资源诅咒"效应比较趋同。对东部地区与西部地区而言，将劳动力配置到资源密集型行业能够促进经济发展水平的提高，而资源密集型行业劳动力数量的增加与中部地区的经济增长是一种负相关关系。无论是发达地区还是欠发达地区劳动力素质的提高都可以减少"资源诅咒"效应。

在当前供给侧改革的时代背景下，经济结构调整的重要性及意义不言自明，本章的研究能为区域政策制定者基于区域间的发展差异和本区域发展的实际情况，为避免"资源诅咒"制定恰当的政策提供参考建议。基于本章的研究结论，我们提出如下政策建议：第一，建立和完善各地区劳动力培训机制，加强各行业劳动力的交流和互动，提高外溢性技术的吸收能力，特别要着力培育资源密集型行业部门工人的技能和素质，以匹配资源密集型行业的劳动力需求。作为减少产能的一种措施，我国将在煤炭和钢铁等资源密集型行业进行大裁员，但裁员不是解决问题的根本，解决问题的根本在于着力提升劳动力素质，促进产品优化升级，增强企业的市场竞争力，促进自然资源的合理有效开发与利用，减少自然资源开发过程中的资源漏损，避免环境污染问题。第二，东部、中部和西部地区的"资源诅咒"的缘由具有一定的差异性，因此需要对症下药，有的放矢，要根据各区域内企业属性和资源状况优化劳动力的配置，促进制造业和资源密集型行业协调联动发展。东部与西部要从本地的资源禀赋特征出发，适当引导劳动力向资源密集型行业转移，中部地区则需要限制资源密集型行业人员数量的过度膨胀，为劳动力迁向制造业甚至是现代服务业提供渠道。第三，结合当下的以经济结构调整为主线的供给侧改革，我们需要在资源生产、供给层面上下功夫，必须根据区域的自然资源的丰缺和供需平衡的不同情况以及制度、交通状况等有规律、有原则、有步骤地进行自然资源的利用与开发，提升资源供给端主体的供给质量和效率。并且，适当扩大对落后地区的财政支出，为资源密集型行业企业进行技术升级和产业转型提供资金支持，改善区域的交通设施条件，降低区域能源矿产的开发、运输成本，为区域间的贸易往来设计不同的制度安排，削减资源密集型行业的垄断势力，也是切断"资源诅咒"效应的负面传导途径的辅助力量，这些也应纳入资源开发的规划当中。

# 5 基于"资源诅咒"视角的环境污染与地区经济增长关系探讨

早期的经济学家认为,自然资源对经济发展是一种福祉,可以刺激经济的高速发展。然而,"二战"以后,现代经济发展的实践表明,丰裕的自然资源往往成为经济发展的一种诅咒,而不是福祉。荷兰发现大量的天然气后,经济便以出口天然气为主,虽然其经济在短时期内得到了迅速的发展,但是由于其他工业的萎缩,在天然气开采殆尽的时候,其经济也急剧地陷入危机。经典的发展经济学假说"荷兰病"便由此得名,这一假说表明资源匮乏的地区会为了摆脱资源对其发展的限制主动摒弃以投入拉动经济增长这一模式,去追求技术和制度的提升以实现产业结构的优化,而资源丰裕的地区的经济发展却过度依赖生产要素的投入,导致经济发展出现产业结构僵化、新兴产业停滞不前的局面(Auty,2007;贾雷德·戴蒙德,2017),这类问题也常常被称为"资源诅咒"。以自然资源为支撑的传统经济增长方式,使我国经济创造了多年持续增长的发展奇迹,但是在这一奇迹的背后,资源对经济发展的约束不断强化,中国经济进入发展的瓶颈期,并且还出现了严重的资源枯竭、环境污染等问题。虽然从2006年开始我国就已经在实行节能减排计划,在"十一五""十二五""十三五"各项规划中这一节能减排目标都得到了明确,但是各地的环境污染问题还是没有得到有效的治理,环境问题依然突出。党的十九大报告指出,"坚持节约资源和保护环境的基本国策,像对待生命一样对待生态环境",我们要"坚持全民共治、源头防治,持续实施大气污染防治行动,打赢蓝天保卫战""构建政府为主导、企业为主体、社会组织和公众共同参与的环境治理体系""积极参与全球环境治理,落实减排承诺"。由此,本章从资源禀赋的角度出发,研究环境污染与经济增长的关系,显然具有重要的意义。

一些学者对环境污染与经济增长以及资源禀赋与经济增长的关系进行了研究。在环境污染与经济增长关系这一论题的研究上,Smulders(1995)认为环境污染与经济增长关系主要受物质平衡理论的影响,生产、消费等一系列的经济活动就像物理、化学反应一样,遵循质量守恒定律,在其他条件不变的情况下,环境质量会随经济的增长而恶化,即环境质量与经济增长存在单调的反向关系。Grossman 和 Krueger(1993)将研究社会财富分配不平等的库兹涅茨曲线用于研究环境污染与经济增长的关系,选取二氧化硫、烟尘等空气质量数据作为环境污染的衡量指标,提出了环境库兹涅茨曲线假说,认为环境库兹涅茨曲线呈倒"U"形,即在经济发展的初期,环境质量会随经济的发展而逐渐恶化,但是环境质量最终会随着经济的发展而得到改善。之后有关环境污染与经济增长关系的研究,大多是围绕环境库兹涅茨曲线在各个国家的存在性进行的。有些研究表明许多发达国家与新兴发展中国家环境质量与经济增长之间的关系符合环境库兹涅茨曲线,只是不同国家、不同污染物倒"U"形曲线拐点出现的时机不同(List and Gallet,1999;Grossman and Krueger,2000),而有些研究则表明用水污染相关的指标测量环境质量时,经济增长与环境污染呈现单调的反向关系,而当用温室气体相关的指标衡量环境质量时,环境污染则与经济增长呈现单调的正向关系(Perman and Stern,1999;Aslanidis and Iranzo,2009)。李治国和周德田(2013)选取了山东省1981—2009年的人均GDP和衡量环境污染水平的相关数据建立VAR模型,发现环境库兹涅茨曲线的存在与否取决于环境污染水平衡量指标的选取。

在研究自然资源禀赋与经济增长关系的文献中,最早的是Habakkuk(1962),他利用美国的资源禀赋与经济数据研究发现美国的高生产率来源于美国丰裕的自然资源,并最终促成美国在19世纪的繁荣景象。但是在20世纪中期这一局面发生了戏剧性的转变,世界上多数具有丰裕自然资源的地区或国家走向衰退,据此多数学者转而研究资源的"诅咒"问题。Auty(1993)在研究产矿国经济发展问题时提出了"资源诅咒"这一假说,即丰

## 5 基于"资源诅咒"视角的环境污染与地区经济增长关系探讨

裕的资源制约经济的发展，资源相对丰裕的国家的经济发展速度显著低于资源匮乏的国家。Sachs 和 warner（1999）对多个发展中国家的经济增长速度进行了研究，结果表明以自然资源为基础出口农产品、矿产和化石能源等产品的国家，其出口与经济增长之间存在明显的负相关关系。Sachs 和 Warner（2001）对"资源诅咒"这一命题做了进一步实证检验，得到了同样的结论。

在资源开发引起环境污染的问题上，一些学者研究了资源开采引起的环境污染效应。最早研究资源开采引起的环境污染效应的是 Stephen（1994），他提出了资源开采理论分析模型的基本框架，之后其他学者将时间因素和空间因素纳入矿产资源开发的环境效应分析中，并利用罗马、澳大利亚等国家的数据对矿产开采所引发的水土流失、空气污染、水污染等问题进行了研究（Singh，1999；Capatina，2008）。相关的研究表明目前我国已成为世界上最大的资源开采国之一，并已因此引发了严重的环境污染问题（高苇、李永盛，2018）。随着我国生活水平的不断提高，人们的环保意识逐步增强，国内对资源开采引起的环境污染效应的研究也不断深入。闫军印和丁超（2008）研究了区域矿产资源开发对周围生态环境影响的方式和途径。也有不少研究从土地、水体、固体废弃物、地质灾害等方面探究我国地区资源开采对生态环境的影响，并对如何高效利用资源、促进矿产资源开发利用与经济社会持续健康发展等提出了建设性意见（张贤平、胡海祥，2011；赵淑芹、刘倩，2014）。以上的研究结论在一定程度上表明地区资源开采量越大，环境污染越严重，即从环境污染角度来审视资源诅咒的存在性，但是上述文献并没有直接对这种效应进行分析。

在现实中，多数资源丰厚地区凭借其资源优势以出口资源产品为主要经济来源，缺乏制度与技术创新，以粗放投入型产业为主，这种模式虽然能在短时间内拉动经济快速发展，但是从长期来看如果不进行产业的转型升级，这些地区的经济将缺乏发展活力，最终走向衰落；同样地，由于资源的过度开采以及粗放的发展模式会引发严重的生态环境问题，我们认为，这也是一种"资源诅咒"，在深入推进生态文明建设的新时代，我们对资源开发在环境污染这方面的体现更应有所警惕，这更进一步凸显了本章研究的重要价值。

与上述研究文献相比，本章所做的改进主要包括：第一，构建一个综合的环境污染指标，增大其对地区环境污染水平的代表性，以弥补历史研究中以单一的或者独立的环境污染指标进行实证分析所导致的误差。上述有关环境污染与经济增长的研究文献中，选取的环境质量衡量指标要么是水污染的衡量指标，要么是空气污染的衡量指标，但是由于各个地区产业结构以及主导产业不同，其空气污染物、废水污染物、固体污染物的排放是存在差异的，如果选取的指标较为单一，就不能充分衡量地区的环境污染程度。并且研究中选取的污染物不同，经济增长与环境污染的关系也不同，在不同的环境污染指标下，环境库兹涅茨曲线的存在性也就存在差异。第二，首次从环境污染角度来研究"资源诅咒"的存在性。在测量人们实际收入水平时，不仅应该考虑经济收入，还应该把美好的生态环境带来的隐性收入考虑在内。但是现有研究"资源诅咒"的文献只从经济收入的角度研究"资源诅咒"的存在性，而没有从环境污染的视角去研究。第三，考虑了地区自然资源禀赋的内生性，克服了以前大多数同类研究存在的估计识别问题。自然资源禀赋本身是外生决定的，多数研究的自然资源禀赋是用自然资源开发行业产值来衡量的，这一变量可能会受地方财政、地方政府竞争等因素的影响，从而影响地区的污染物排放，在这种情况下自然资源禀赋是具有内生性的，但是在相关的研究中鲜有学者对这一变量的内生性进行考虑。第四，结合自然资源禀赋探究地区环境污染与经济增长的关系。现有文献也对资源禀赋与经济增长、经济增长与环境质量的关系进行过一些理论与实证研究，但是多数研究只考虑两个因素的相互作用关系，鲜有将三者结合起来进行研究的，故本章将从环境污染角度来研究"资源诅咒"的存在性。由于资源分布、地理位置、历史发展等因素的影响，我国不同地区产业结构存在固有差异，而产业的异质性导致了地区经济增长对资源的依赖程度和对环境的污染程度的不同，如东北地区是传统的重工业区，是典型的"高投入、高消耗、高污染"的资源依赖型产业区，东北地区的一些资源枯竭型城市自20世纪90年代以来就不同程度地相继出现了经济效率低下、环境污染严重的问题，需要进行产业结构的升级与加强生态文明建设。因此，本章从"资源诅咒"的角度出发，研究由此引发的我国经济增长与环境冲突问题,并探究促进经济、资源与环境相互协调的可持续发展路径。

## 5.1 理论模型分析

借鉴 Antweiler 等（2001）的做法,我们假设社会效用函数为:

$$U(R, Z)=c_1-c_2e^{-R/\delta}-c_3Z \tag{5-1}$$

其中,$U$表示社会的总效用,$R$表示社会的实际收入或国民收入水平,$Z$表示总的污染排放,$c_1$、$c_2$、$c_3$、$\delta$都为大于零的常数。显然,随着国民收入水平$R$的增加,社会总效用也相应增加,另外,随着环境污染程度$Z$的增加,或$\delta$的增加,社会总效用相应降低。因此,我们可以这样认为,$\delta$越大,社会经济发展程度越低。环境污染的供给函数可由社会效用函数推出:

$$Z^S=\frac{\frac{\partial U(R, Z)}{\partial Z}}{\frac{\partial U(R, Z)}{\partial R}}=\frac{\lambda\delta e^{-R/\delta}}{c_2} \tag{5-2}$$

为了简化分析,假设只有一种商品,并且该商品的价格为$p$,那么,国民收入函数的表达式为:

$$R=p\lambda Z^{\alpha}F(K, L)^{1-\alpha} \tag{5-3}$$

其中,$\lambda$是收入的转换系数,$\alpha$为大于零的常数（$0<\alpha<1$）。由收入对环境污染求偏导可以得到环境污染的需求函数:

$$Z^D=\alpha p\lambda Z^{\alpha-1}F(K, L)^{1-\alpha}=\frac{\alpha R}{Z} \tag{5-4}$$

由环境污染的供给等于需求（$Z^D=Z^S$）得到环境库兹涅茨曲线:

$$Z=\frac{c_2\alpha R}{\lambda\delta}e^{-R/\delta} \tag{5-5}$$

由此,可以看出环境污染是有关经济发展水平的函数,而环境污染与经济发展水平的具体关系,可以通过环境污染对经济发展水平求导得出:

$$\frac{dZ}{dR}=\frac{c_2\alpha(\delta-R)}{\gamma\delta^2}e^{-R/\delta} \tag{5-6}$$

当 $\delta-R>0$ 时，$\dfrac{\mathrm{d}Z}{\mathrm{d}R}>0$，即社会经济发展水平较低时，随着国民收入水平的提高，环境污染也相应加剧，即环境质量会随经济的发展而恶化。当 $\delta-R<0$ 时，$\dfrac{\mathrm{d}Z}{\mathrm{d}R}<0$，即社会经济发展水平较高时，随着国民收入水平的提高，环境污染情况也有所缓解，也就是说，在这个阶段，环境质量会随经济发展水平的提高而得到改善。由此可知，当 $\delta-R=0$ 时，$\dfrac{\mathrm{d}Z}{\mathrm{d}R}=0$，即环境污染曲线到达倒"U"形曲线的拐点。这可能是因为在社会经济发展初期，经济发展水平的提升势必要通过能源的耗费、资源的大量开发等途径实现，从而引发环境污染问题。但是随着社会经济的发展，技术进步、产业结构升级优化、生产规模逐步扩大所带来的技术效应、结构效应以及规模效应将减少污染物排放，同时改善环境质量（占华，2018）。于是，本章提出H1：

H1：环境污染与经济发展水平呈现倒"U"形曲线关系，即符合环境库兹涅茨曲线。

图5-1的模拟数字分析表明，$Z$ 和 $R$ 关系曲线的拐点水平为 $\delta=24000$，当国民收入水平低于24000时，环境质量会随经济的发展而恶化，反之则反是。

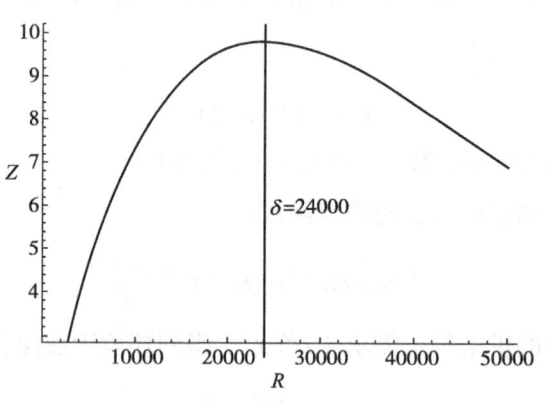

图5-1　$Z$ 和 $R$ 关系图示①

自然资源对一国原始财富的积累来说确实是一种福音，但当Auty（1993）首次提出"资源诅咒"后，学者们从各个角度验证了自然资源对经济发展的限制性（李江龙、徐斌，2018），且资源开发利用的效率低下是造

---

① 模型中其他参数取值为：$c_2=100$，$\alpha=0.4$，$\lambda=1.5$，$\delta=24000$。

成生态破坏和环境污染的主要原因（高苇、李永盛，2018）。同时自然资源的开发受地方政府发展规划、开发政策的影响，自然资源丰裕地区在地方政府竞争以及中国式财政分权下出现的政府短视行为（徐康宁、王剑，2006），会引发产业结构固化、抑制创新、人才流失等问题。在传导机制上，资源的过度开发本身会加剧生态环境的脆弱性并且影响经济发展的可持续性，加之产业结构的固化以及创新技术的欠缺，自然资源丰裕地区必然面临严重的环境污染问题。基于此，提出H2：

H2：自然资源越丰裕的地区环境污染问题越严重，即"资源诅咒"在环境污染视角下是成立的。

## 5.2 模型选择、变量描述与统计分析

本章借鉴研究环境库兹涅茨曲线的经验方程（Grossman and Krueger, 1993），并在考虑地区资源禀赋的基础上建立计量模型，选取合适的变量衡量指标。

### 5.2.1 计量模型的建立

为了分析经济增长对环境质量的影响，结合上述理论模型的经济含义，我们建立如下的基础计量分析框架：

$$pol_{it}=\alpha_0+\alpha_1 y_{it}+\alpha_2 y_{it}^2+\varepsilon_{it} \tag{5-7}$$

其中，$pol_{it}$、$y_{it}$、$y_{it}^2$分别表示$i$地区第$t$年的环境污染指标、实际人均收入、实际人均收入的平方项，$\varepsilon_{it}$表示独立同分布的随机扰动项，$\alpha_0$表示常数项，$\alpha_1$、$\alpha_2$表示各解释变量所对应的系数。

基于上述的分析，考虑到其他因素对环境污染的影响，再将地区资源禀赋、工业发展水平、环境规制等变量加入方程中，并且考虑到环境污染的滞后效应，把环境污染指数的滞后项加入其中，得到如下的计量方程：

$$pol_{it}=\alpha_0+\alpha_1 L.pol_{it}+\alpha_2 y_{it}+\alpha_3 y_{it}^2+\alpha_4 res_{it}+\alpha_5 reg_{it}+\alpha_6 L.reg_{it}+\alpha_7 ind_{it}+\varepsilon_{it}$$

$$\tag{5-8}$$

其中，$\alpha_0$表示常数项，$L.pol_{it}$、$res_{it}$、$reg_{it}$、$L.reg_{it}$、$ind_{it}$分别表示$i$地区第$t$年的环境污染指数滞后一期变量以及资源禀赋、环境规制水平、环境规制水平

滞后一期、工业化水平，$\varepsilon_{it}$表示独立同分布的随机扰动项。

### 5.2.2 变量的说明与数据来源

实际GDP能较为准确地反映一个地区的真实生活水平与发展状况，因此本章选取以2000年为基期计算而得的各地区实际人均GDP来衡量地区的经济发展水平。

根据相关的研究文献可知，自然资源种类繁多，内容庞杂，用一个或几个变量难以完整地反映出来，但是我们在选取变量时应该尽量契合实际。自然资源丰裕度的衡量指标比较多，Rappaport和Sachs（2003）以初级产品出口占GDP的比重作为各国自然资源水平的代理变量，徐康宁和王剑（2006）以采掘业的投入水平代表自然资源的拥有情况。参照何雄浪和姜泽林（2017）的做法，考虑到数据的可得性与科学性，本章采用各地区历年自然资源开发行业的工业产值（主要是煤炭、石油、天然气三大行业的产值之和）占工业总产值的比重来衡量自然资源的丰裕度。借鉴俞雅乖等（2013）的做法，用各地区历年的工业增加值占地区生产总值的比例衡量地区的工业发展水平，用各地区环境治理投资总额占地区生产总值的比例来表示环境规制变量。而本章中的环境污染变量则是根据各地区历年的工业废水排放量、工业废气排放量、工业固体废弃物产生量，利用改进的熵值法计算得到的环境污染指数来衡量。另外，本章后面也将引入财政分权、技术水平这两个工具变量。各变量的具体描述如表5-1所示。

表5-1 变量的相关描述

| 变量 | 名称 | 计算方法 |
| --- | --- | --- |
| $pol_{it}$ | 环境污染指数 | 以根据各地区历年的工业废水排放量、工业废气排放量、工业固体废弃物产生量，利用改进的熵值法计算得到的环境污染综合指数来表示 |
| $y_{it}$ | 实际人均GDP | 以2000年为基期计算而得的各地区历年的实际人均GDP（元） |
| $y_{it}^2$ | 实际人均GDP平方 | 以2000年为基期计算而得的各地区历年的实际人均GDP（元）的平方 |
| $res_{it}$ | 自然资源丰裕度 | 以各地区历年自然资源开发行业工业产值占工业总产值的比重来表示 |
| $reg_{it}$ | 环境规制变量 | 以各地区历年的环境治理投资总额占地区生产总值的比例来表示 |

续表

| 变量 | 名称 | 计算方法 |
|---|---|---|
| $ind_{it}$ | 工业发展水平 | 以各地区历年工业增加值占地区生产总值的比例来表示 |
| $fd_{it}$ | 财政分权度 | 以各地区历年地方人均本级预算支出占中央和地区人均预算支出的比例来表示 |
| $rd_{it}$ | 技术水平 | 以各地区历年的科技与研发经费（万元）来表示 |

本章以中国大陆30个省（区、市）样本作为研究对象，以2000—2015年作为样本区间①，面板数据集囊括了30个截面单位在16年内的时间序列资料，样本观察值共计480个。数据来源于《中国统计年鉴》《新中国60年统计资料汇编》《中国环境统计年鉴》以及中经网统计数据库等相关数据终端，部分数据是笔者根据相关公式计算整理而得，缺失的部分数据是笔者根据统计方法外推而得。

### 5.2.3 变量的统计分析

各变量的描述性统计如表5-2所示：

表5-2 变量描述性统计

| 变量 | 均值 | 标准差 | 最小值 | 最大值 |
|---|---|---|---|---|
| $pol_{it}$ | 6.240 | 0.974 | 4.606 | 8.411 |
| $y_{it}$ | 10819.560 | 7133.557 | 2759.000 | 40259.160 |
| $res_{it}$ | 0.208 | 0.234 | 0.00002 | 1.213 |
| $reg_{it}$ | 1.288 | 0.659 | 0.380 | 4.240 |
| $ind_{it}$ | 39.248 | 8.007 | 13.000 | 53.000 |
| $fd_{it}$ | 76.858 | 8.176 | 55.443 | 93.247 |
| $rd_{it}$ | 190.434 | 296.744 | 0.831 | 1801.200 |

为了探究收入水平、自然资源丰裕度与地区环境污染之间可能存在的相关关系，给出变量间的散点关系图示（见图5-2、图5-3）。图5-2给出了地区环境污染指数与实际人均GDP的散点图，可以发现环境污染随实际人均

---

① 由于统计资料的限制，笔者无法获取2015年以后的相关统计数据，这不利于本章得出更加精确的实证分析结论，但这并不妨碍本章得出的研究结论仍然具有一定的参考价值。

GDP的变化呈现出先增后减的趋势，即二者呈现出倒"U"形曲线关系，符合环境库兹涅茨曲线假说。这表明了后续实证分析中引入收入水平的二次项进行回归分析的合理性。图5-3给出了地区环境污染指数与自然资源丰裕度散点图，表明地区资源越丰裕环境污染越严重，这在一定程度上证明了本章变量选取的合理性。

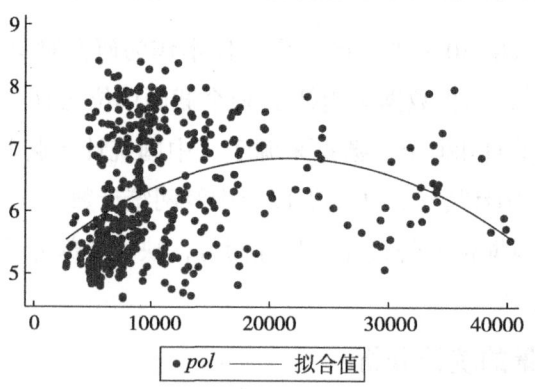

图5-2 环境污染指数与实际人均GDP散点图

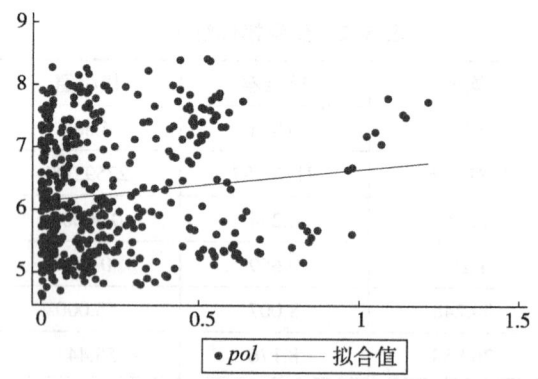

图5-3 环境污染指数与自然资源丰裕度散点图

计量模型中各变量的组间异方差、组间同期相关以及组内自相关的检验结果如表5-3所示。检验结果表明，Wald检验的$p$值为0.0000，强烈拒绝了同方差的原假设，认为选取的面板数据存在组间异方差，这表明为了提高估计的准确性我们需要考虑地区间的异质性。Pesaran检验的$p$值为0.0000，同样也强烈拒绝了无同期相关的原假设，认为存在同期相关，而同期相关在某种程度上说明了我们控制变量的选取是合理的。Wooldridge

检验的 $p$ 值为 0.0000，也强烈拒绝了不存在一阶组内自相关的原假设，说明选取的变量有明显的时间趋势，但是考虑到本章实证分析所采用的数据是包含 30 个截面 16 期的短面板数据，因此我们可以不考虑面板自相关的问题。由此，我们在下面的计量分析中要在考虑组间异方差的基础上进行回归分析。

表 5-3 变量数据性质的检验

| 检验类别 | 检验值 | $p$ 值 |
| --- | --- | --- |
| 组间异方差检验（Wald 检验） | 1042.83 | 0.0000 |
| 组间同期相关检验（Pesaran 检验） | 28.346 | 0.0000 |
| 组内自相关检验（Wooldridge 检验） | 91.838 | 0.0000 |

## 5.3 计量分析

本章首先利用普通的面板最小二乘法给出初步的估计结果作为参照系，在估计的过程中为消除面板组间异方差的影响将使用异方差—稳健的标准差对回归的估计结果进行稳健性的修正，为消除变量的内生性影响，我们将运用工具变量二阶段最小二乘法对回归结果作进一步的校正分析，最后进行稳健性检验。

### 5.3.1 初步估计结果

在利用面板数据进行估计时，所涉及的信息较横截面数据和时间序列数据更复杂，如果在实证中设置的模型不恰当，会使分析的结果与经济现实之间存在较大的偏差。因此，在进行正式的回归分析之前需要对实证模型进行检验，以期得到更为精确的回归结果。首先要对面板数据是否存在个体效应进行检验。如果检验结果表明，面板数据不存在个体效应，则进行混合回归分析，如果存在个体效应，则要进一步检验是存在个体固定效应还是存在个体随机效应。

作为一个参照组，先对模型进行混合回归，考虑到同一个省不同年份之间的扰动项可能存在自相关，而普通的标准差假设扰动项是独立同分布的，因此在回归时以省份为聚类变量的聚类稳健标准差对模型进行修正，回归结果如表5-4中的第（1）列所示，随机效应模型、固定效应模型的回归结果分别见表5-4的第（2）、第（3）列。对于是使用混合回归模型还是使用随机效应模型进行检验，LM检验 $p$ 值为0.000，认为随机效应模型优于混合回归模型。对于是选用混合回归模型还是使用固定效应模型进行检验，$F$ 检验结果的 $p$ 值为0.0019，表明固定效应模型明显优于混合回归模型。为了进一步探究本章究竟应该使用随机效应模型还是固定效应模型，进行Hausman检验。该检验结果的 $p$ 值为0.0000，因此强烈拒绝"存在随机效应的原假设"，认为应该使用固定效应模型而不是随机效应模型。由此，本章认为应该选取固定效应模型进行回归分析，在后续的分析中我们以固定效应模型为基础进行分析。

表5-4回归结果的第（3）列表明，滞后一期的环境污染指数对上一期的环境污染指数具有显著的正向影响，因此环境污染是具有滞后效应的，这进一步证明了本章在模型中加入环境污染指数滞后项的合理性。实际人均GDP的系数显著为正，实际人均GDP平方项的系数显著为负，这说明收入水平与环境污染之间的关系并不是简单的线性关系，环境污染与人均收入水平呈倒"U"形曲线关系。并且该倒"U"形曲线的拐点数值为32229[①]，这表明当人均收入低于32229元/年时，环境质量会随实际人均GDP的提高而恶化，但是当实际人均GDP达到32229元/年之后，环境质量会随实际人均GDP的提高而得到改善。环境污染指数与实际人均GDP之间的这一关系与环境库兹涅茨曲线假说相吻合。可以直观感受环境污染指数与地区实际人均GDP的相关关系，样本数据中环境污染指数与实际人均GDP的拟合关系如图5-2所示。图5-2表明，环境污染指数与实际人均GDP呈现倒"U"形的关系，即环境污染指数随实际人均GDP的提高先增后减，并且目前我国各省（区、市）的实际人均GDP大多分布在曲线的左端，只有少数地区部分年份的实际人均GDP超过环境库兹涅茨曲线的拐点。地区自然资源丰裕度对环境污染指数具有正向的影响，即自然资源的开发导致了地区环境污染指数的上升，环境污染的加剧对社会来讲，显然是一种负效用，我们认为，这也是一种"资源诅咒"效应，由于估计系数

---

① 根据二次曲线 $f(x)=ax^2+bx+c$，拐点的计算公式为 $x_0=-\dfrac{b}{2a}$。

不显著，我们认为，这可能与自然资源丰裕度这一解释变量存在内生性有关，我们将在后面的分析中引入工具变量予以解决。环境规制变量的滞后一阶对环境污染水平具有反向影响作用，但是这种抑制效应不显著，并且环境规制的当期项对地区的环境污染指数表现出恶化效应，这可能是模型存在内生性引发的估计偏误，我们同样将在后面的分析中加以解决。地区工业发展水平对环境污染指数具有显著的正向作用，这表明地区的工业产值占地区生产总值的比重越大，该地区的环境质量就越恶劣。因此，工业的发展是造成我国环境污染的重要影响因素之一。

表 5-4 回归结果

| 估计方法 | OLS 估计 | | | IV 估计 |
|---|---|---|---|---|
| 模型 | 混合回归（1） | RE（2） | FE（3） | 2SLS（4） |
| $L.pol$ | 0.858*** <br> （0.012） | 0.858*** <br> （0.012） | 0.680*** <br> （0.093） | 0.846*** <br> （0.022） |
| $y$ | 2.00e−05** <br> （9.58e−06） | 2.00e−05** <br> （9.58e−06） | 0.0002*** <br> （9.12e−05） | 3.20e−05** <br> （1.42e−05） |
| $y^2$ | −5.00e−10** <br> （2.46e−10） | −5.00e−10** <br> （2.46e−10） | −3.50e−09*** <br> （1.37e−09） | −6.90e−10* <br> （3.96e−10） |
| $res$ | 0.111* <br> （0.062） | 0.111* <br> （0.062） | 0.115 <br> （0.141） | 0.833*** <br> （0.227） |
| $reg$ | 0.0921* <br> （0.054） | 0.0921* <br> （0.054） | 0.098* <br> （0.056） | 0.044 <br> （0.064） |
| $L.reg$ | −0.109** <br> （0.050） | −0.109** <br> （0.050） | −0.083 <br> （0.059） | −0.155** <br> （0.062） |
| $ind$ | 0.699** <br> （0.298） | 0.699** <br> （0.298） | 1.162** <br> （0.489） | 0.544 <br> （0.362） |
| 截距项 | 0.587*** <br> （0.111） | 0.587*** <br> （0.111） | −0.271 <br> （0.258） | 0.593*** <br> （0.142） |
| F 检验 | | | 2.00 <br> [0.0019] | |
| LM 检验 | | 0.00 <br> [1.000] | | |

续表

| 估计方法 | OLS 估计 | | | IV 估计 |
| --- | --- | --- | --- | --- |
| 模型 | 混合回归（1） | RE（2） | FE（3） | 2SLS（4） |
| Hausman 检验 | | | 49.28<br>[0.000] | |

注：表中小括号内的数值为回归系数的稳健标准差，中括号内的数值表示相应检验所对应的 $p$ 值，*、**、*** 分别表示 10%、5%、1% 的显著性水平，下文同。

### 5.3.2 内生性的处理以及 2SLS 估计

固定效应模型虽然能有效剔除地区的个体效应得到参数的一致估计，但是固定效应模型估计系数的一致性前提是解释变量与随机扰动项无关，即要求解释变量都是外生的。在本章关键的解释变量中，自然资源丰裕度这一解释变量可能存在内生性，如果不对其进行处理，估计的系数将可能是有偏误的。自然资源丰裕度本身是由外生因素决定的，但是考虑到本章中是用地区的煤炭、石油、天然气三大自然资源开发行业产值占工业总产值的比重来衡量的，这一变量可能会受地方财政、地方政府竞争等因素的影响，并且也影响了地区的污染物排放，因此在这种情况下自然资源丰裕度是具有内生性的，但是在相关的研究中鲜有学者对这一变量的内生性进行考虑。

本章利用 Durbin-Wu-Hausman Test 对自然资源丰裕度的内生性进行检验，在辅助回归的结果中第一阶段回归的残差的系数对应的 $t$ 值为 $-2.65$，在 1% 的显著性水平下拒绝资源丰裕度变量是外生的原假设，这表明自然资源丰裕度变量确实为内生变量。因此为降低内生性对估计所引发的偏误，需要进行工具变量估计。本章选取的第一个工具变量是财政分权度（$fd$）。财政分权是指中央政府给予地方政府一定的税收权责，以更好地服务于地方的公共政策。对于财政分权与环境污染的关系，闫文娟（2012）从财政分权的角度出发研究地方的环境污染问题，认为财政分权会提高地方政府间的竞争进而减少环境治理投资，从而会对地方的环境造成不良影响，张克中、王娟和崔小勇（2011）的研究也发现财政分权会降低地方政府对碳排放的管制。借鉴王文剑和覃成林等（2007）的做法，对财政分权的衡量我们用地方人均本级预算支出占中央和地区人均预算支出的比例来表示。在大样本的情况下,增加工具变量能提高估计的有效性,因此本章还选取了地区的技术水平($rd$)作为资源丰裕度的工具变量,并用各地区每年的科技与研发经费来衡量地区技术水平。

值得注意的是,有效的工具变量必须满足两个条件,其一是工具变量的外生性,即工具变量与扰动项不相关;其二是工具变量与内生变量的相关性(毛其淋、盛斌,2012)。由此,第一,我们进行过度识别检验,考察所选择的工具变量是否都为外生的。以财政分权度、技术水平作为资源禀赋的工具变量时,检验的 $p$ 值为 0.105,因此在 10% 的显著性水平下也不能拒绝"所有工具变量均外生"的原假设,即认为本章选取的工具变量在外生性方面是合格的。第二,对工具变量与内生变量的相关性进行考察。检验的结果表明 Shea's partial $R^2$ 值为 0.171,$F$ 统计量也为 53,能强烈拒绝"存在弱工具变量"的原假设,即认为本章选取的工具变量与内生变量是相关的。因此,本章选取的两个工具变量都是有效的,并且模型的选取也是可靠的。

表5–4第(4)列报告了工具变量2SLS回归的结果,相较于固定效应模型的回归结果,在对模型的内生性进行处理之后发现,资源丰裕度变量的系数上升到0.833,并且在1%的显著性水平下显著,这表明资源丰裕度变量的内生性使得固定效应模型大大低估了资源丰裕度在环境污染方面的效应,从而低估了地区的资源禀赋对环境质量的消极影响,因此,我们采用工具变量法进行估计是很有必要的。可以看出对资源丰裕度变量的内生性进行控制后,"资源诅咒"在环境污染方面的存在性得到了强化。这可能是因为,随着各地方政府财政分权度的提高,地方政府间的竞争也逐渐增强,为提高本地区的经济发展水平,一些拥有丰裕自然资源的地区便转向开发自然资源,自然资源的开发通常伴随着严重的环境污染,而那些自然资源较为匮乏的地区为发展经济便注重高科技的研发、注重低污染的新兴产业的发展。在控制模型中的内生性之后,地区人均收入水平的估计系数依然为正,其平方项的估计系数也依然为负,并且这两个变量在10%的显著性水平下也都是显著的,这证明在进一步有效估计的前提下,环境污染指数与实际人均GDP关系的库兹涅茨曲线依然是存在的。只是环境库兹涅茨曲线的拐点发生了变化,其拐点由人均收入32229元/年,下降到人均收入23188元/年,并且在控制内生性之后,我们有理由相信新拐点值23188是更

为合理的,这也与图 5-2 中所显示的拐点位置更为接近。

从表 5-5 所列的各地区人均收入情况可知,无论从全国总体来看,还是从东部、中部、西部分地区来看,人均 GDP 都远远低于达到拐点所需的收入水平。并且从全国总体来看达到拐点收入水平的样本点数量占比仅为 7.5%,东部地区达到拐点收入水平的样本点数量占比也只有 16.07%,并且中、西部地区没有人均 GDP 的样本点数量超过拐点收入水平,这表明我国的人均 GDP 基本上还处于环境库兹涅茨曲线的左端。环境规制变量的滞后项的系数从 -0.083 上升到 -0.155,并且滞后项的系数变得显著,这说明固定效应模型受内生性问题的影响而低估了环境规制对环境的改善效应。在控制内生性变量之后,工业发展水平这一变量的估计系数变得不显著,但是其系数的符号依然为正,说明工业发展带来了环境污染这一结论是正确的。

表 5-5 各地区人均收入情况

| 项目 | 均值 | 最大值 | 最小值 | 人均 GDP 的样本点数量超过拐点占比(%) |
|---|---|---|---|---|
| 全国 | 10819.56 | 40259.16 | 2759 | 7.5 |
| 东部 | 23188.41 | 40259.16 | 4779.46 | 16.07 |
| 中部 | 7543.69 | 10622.40 | 4843.23 | 0 |
| 西部 | 6734.60 | 12278.41 | 2759 | 0 |

### 5.3.3 稳健性检验

为了确保本章实证分析结果的可靠性,从以下几方面进行稳健性分析:

(1)稳健性检验:广义矩估计(GMM)方法

如果估计的模型中存在异方差问题,那么二阶段最小二乘法的估计结果可能会存在偏误,在这种情况下,GMM 估计比最小二乘法更有效率。首先进行两步最优 GMM 估计,估计的结果如表 5-6 中的第(1)列所示。通过与表 5-4 中 2SLS 的估计结果进行比较发现,两者所有系数的估计结果与显著性非常相近。其次进行迭代 GMM 估计,估计结果如表 5-6 中的第(2)列所示。可以看出两种 GMM 方法的估计结果相差无几,并且其结果与 2SLS 也很接近,这说明本章的估计结果并没有受异方差的影响,因此回归结果是稳健的。

（2）稳健性检验：动态面板估计方法

在本章的模型设置中，考虑到环境污染的滞后效应，在计量模型中加入了环境污染的滞后项，滞后项的加入可能会使计量模型存在自相关的问题，用2SLS法可能会使估计的结果出现偏误，因此本章利用动态面板估计法对上述的回归结果进行稳健性分析，估计的结果如表5-6中的第（3）列所示，从中可以看出环境污染确实存在滞后效应，即上一期的环境污染直接影响下一期的环境污染水平。虽然地区自然资源丰裕度变量变得不显著，但是其系数依然为正。地区人均收入水平及其平方项的系数、显著性水平都有所提高，环境污染指数与实际人均GDP之间仍然呈现出倒"U"形的曲线关系。环境规制滞后变量的系数与2SLS的估计结果相近，并且显著性水平有一定的提升。工业发展水平的估计系数为正，并且系数与显著性水平都有所提升。此外，Arellano-Bond检验的结果表明不能拒绝扰动项无自相关的原假设，同时Sargan检验的结果也表明模型中选取的所有工具变量都是有效的，因此本章的回归结果具有较好的稳健性。

表 5-6 稳健性检验结果

| 稳健性检验方法 | GMM 估计方法 | | 动态面板估计方法 |
|---|---|---|---|
| 模型 | （1） | （2） | （3） |
| L.pol | 0.855848*** <br> （0.0215486） | 0.855935*** <br> （0.0215636） | 0.7924372*** <br> （0.0140365） |
| y | 0.0000345** <br> （0.0000142） | 0.0000346** <br> （0.0000142） | 0.0001167*** <br> （0.0000135） |
| $y^2$ | $-7.53 \times 10^{-10}$* <br> （$3.97 \times 10^{-10}$） | $-7.56 \times 10^{-10}$* <br> （$3.98 \times 10^{-10}$） | $-2.23 \times 10^{-9}$*** <br> （$3.24 \times 10^{-10}$） |
| res | 0.8402198*** <br> （0.2264625） | 0.8437341*** <br> （0.2265636） | 0.340007 <br> （0.304372） |
| reg | 0.0478669 <br> （0.0643412） | 0.0479365 <br> （0.0643947） | 0.1131488*** <br> （0.0258934） |
| L.reg | -0.157917** <br> （0.0624022） | -0.1583493** <br> （0.0624628） | -0.1424984*** <br> （0.0333672） |

续表

| 稳健性检验方法 | GMM 估计方法 | | 动态面板估计方法 |
| --- | --- | --- | --- |
| 模型 | （1） | （2） | （3） |
| ind | 0.4906447<br>（0.363047） | 0.486375<br>（0.3637384） | 1.85729***<br>（0.3428546） |
| 截距项 | 0.5316877***<br>（0.1381313） | 0.5318692***<br>（0.1382711） | −0.2677296***<br>（0.0855564） |
| Sargan test | | | 29.60724<br>[1.0000] |
| Arellano–Bond test | | | −1.5187<br>[0.1288] |

## 5.4 本章小结

本章通过理论梳理，构建了一个基于地区自然资源丰裕度视角的环境污染与地区经济增长的计量模型，在此基础上以中国2000—2015年的省级面板数据为样本，采用普通面板最小二乘法、工具变量二阶段最小二乘法进行分析，并对计量结果进行了稳健性检验。由此，本章得到的研究结论主要有：第一，在控制了其他影响环境污染指数的因素之后，自然资源丰裕度对环境污染指数具有显著的正向影响，即拥有丰裕自然资源的地区开发自然资源会带来严重的环境污染，这说明"资源诅咒"从环境污染的角度来说是存在的。并且三个角度的稳健性检验都表明该结论是稳健的，这一假说在实证上和经验上都得到了强有力的支持。第二，在用环境污染指数来衡量环境质量的情况下，环境库兹涅茨曲线在中国省级数据上是存在的，并且数据显示我国的经济发展水平还处于环境库兹涅茨曲线的左端。第三，工业发展水平的提高是造成我国环境污染严重的重要因素之一。加大环境治理力度对当期的环境质量没有改善作用，但是环境治理具有显著的滞后效应，这表明长期稳定的环境治理对环境质量的改善具有显著的作用。

贾雷德·戴蒙德（2017）指出，"生态体系从根本上为我们提供了干净的水而不是脏水，干净的空气而不是不洁的空气，肥沃的土壤而不是贫瘠的土壤。河里的水之所以健康，是因为有水生植物和微生物，以及生长在河流两岸的森林。自然界为我们提供了生态体系服务，净化我们的水和空气，保持我们的土壤肥沃"。当前，伴随着人们生活水平的提高，人们对环境质量的要求越来越高，这也是经济可持续发展的必然要求。因此，本章的研究对如何平衡环境污染与经济增长之间的关系、地区资源的开发利用、环境规制等方面都具有重要的政策启示：

第一，坚定走生态良好的文明发展道路，逐步提高环境标准。确保经济的可持续发展需要处理好经济发展与环境保护之间的矛盾。虽然本章的分析结果表明，中国经济的增长对环境污染的影响呈现出先恶化后改善的态势，符合传统的环境库兹涅茨曲线的特征，但是环境质量的改善并非由单一的经济增长这一因素决定，还受到技术水平的提高、经济结构的改善等多方面的影响。如果坚持认为当经济水平发展到一定的程度之后环境质量就会自动改善，坚持走西方国家"先污染，后治理"的道路，而不及时采取环境保护措施，一旦污染超过环境的承受值，将会造成生态失衡，严重阻碍经济的可持续发展（陈向阳，2015）。因此，要主动采取环境保护措施，提高技术的创新能力，坚定走生产发展、生活富裕、生态良好的文明发展道路，建设美丽中国。环境规制对环境质量改善的效果具有滞后性，因此政府应该长期实行严格的生态环境保护制度，由于中国各省市、地区的经济发展、自然条件存在着巨大的差异，所以环境保护制度在各地区应因地制宜、有所差别，禁止环保"一刀切"，坚决避免以生态环境为借口紧急停工、停业、停产等简单粗暴行为。

第二，推进能源转型和消费革命，从源头上扼制环境污染。不可再生能源的开采与消费会引致严重的生态恶化问题，并且本章的实证分析表明资源丰裕度越高的地区环境污染越严重，即"资源诅咒"这一现象从环境污染角度来说是存在的。党的十九大报告指出，要"加快建立绿色生产和消费的法律制度和政策导向，建立健全绿色低碳循环发展的经济体系。推进能源生产和消费革命，构建清洁低碳、安全高效的能源体系。推进资源全面节约和循环利用，实施国家节水行动，降低能耗、物耗，实现生产系统和生活系统循环链接"，而推进能源生产和消费革命的关键在于开发绿色清洁能源，因此重要的是加大绿色能源生产技术的开发投入、加快绿色低碳能源的技术创新。当前，工业基本上是资源丰裕地区的主要经济来源，也是环境污染的主要来源，故环境治理与经济增长的重点应该放在工业上，坚持走新型工业化的发展道路。

　　第三，优化产业结构，做好工业布局。工业部门是环境污染的主要来源，在工业企业的选址方面要做好上中下游企业的合理布局，提高生态环境的自我净化能力。同时，要提高地区间工业产业的协调发展，对各地区工业企业的构成及功能加以区分，形成地区间优势产业互补的工业体系，从而提高资源的利用效率。

# 6　环境规制促进还是抑制了技术创新

改革开放以来，中国经济高速平稳发展，取得了举世瞩目的成就，但资源枯竭、生态破坏和环境污染等问题日益受到社会各界的广泛关注。严重的环境污染不仅降低了社会福利，长远来看，更是阻碍中国经济可持续发展的"达摩克利斯之剑"。在这样的背景下，党的十九大报告提出"既要金山银山，也要绿水青山"，意味着未来中国不仅要创造经济红利，也要创造环境红利。因此，如何在促进经济持续健康增长的前提下提高环境质量是急需解决的重大问题。

解决污染问题的有效手段就是技术创新，而环境规制与技术创新之间到底能否实现"双赢"在学术界一直都是备受争议的问题。传统的新古典主义理论认为环境规制能提升社会整体的福利，但同时会提高企业的产出成本，降低企业的创新能力（Gary，1987）。但是，此后有学者从动态角度证明了环境规制与技术创新具备"双赢"的可能性。Porter（1995）指出，合理的环境规制约束能倒逼企业进行生产技术创新，而技术进步带来的"创新补偿"收益会超过"遵循成本"的负面影响，实现技术进步和环境质量改善的"双赢"。Hamamoto（2006）以美国和日本的工业企业数据实证检验环境规制对技术创新的影响，证明"创新补偿"效应在发达国家确实存在。Acemoglu等（2012）从理论和实证两方面分析了环境规制对研发创新的激励效应，发现污染税和创新补贴相结合的政策能促进企业进行清洁技术创新，改善环境质量。目前，此类文献主要关注环境规制对生产技术创新或者清洁技术创新的影响（Brunnermeier and Cohen，2003）。虽然不同的研究在指标选取上存在差异，但是多数研究结论都认为环境规制对技术创新具有正向的影响。事实上,这一正向影响是"成本遵循"和"创新补偿"两方面共同作用产生的结果;更重要的是"成本遵循"和"创新补偿"的影响并不同步,"成本遵循"更多的是当前产生的影响,而"创新补偿"效应所需要的时间相对较长,这决定了环境规制的正向影响滞后于负面效应。因此环境规制水平与研发创新在时间维度上呈现先降低后提高的"U"形特征(张华,2016;董直庆和王辉,2019;Melo et al.,2009;Rachel et al.,2009)。

这类文献对环境规制的"创新补偿"效应进行了讨论,却忽略了地区环境规制水平加强以后,企业可能会搬迁到规制相对较弱的区域。实际上,企业在面临不断强化的环境规制时,不仅有进行技术创新以寻求降低治污费用的可能,还会有通过搬迁来规避上升成本的动机,这就是"污染避难所效应"(Copeland and Taylor,2004;List et al.,2003)。遗憾的是不同学者对于污染避难所效应进行实证检验的结论并不一致,部分学者发现国际资本显著偏向于环境规制较弱的发展中国家,提供了污染避难所效应存在的证据(Javorcik and Wei,2004),也有学者指出国际贸易能提升发展中国家的技术水平(Xing and Kolstad,2003)。适度的环境规制政策虽然能促进技术进步,但不同地区环境规制强度的不同会引致污染产业跨地区转移,容易导致环境规制较弱的地区出现"逐底竞争"(李胜兰等,2014)。

仅有少数文献关注环境规制对邻地研发创新所产生的影响。金刚和沈坤荣(2018)的研究显示本地趋于强化的环境规制,会加剧企业的空间自选择效应,部分企业选择迁移到邻地而非研发创新,从而阻碍了邻近地区生产率的提高;Wu等(2017)研究发现沿海省份提高环境标准之后,出现大量企业迁往西部内陆省份的趋势。Redding(2009)认为环境污染的跨界转移能解释为什么发达地区加强环境规制之后仍然不能有效治理污染。与以往文献相比较,本章可能有以下几点贡献:第一,本章研究依然属于环境规制对创新影响的范畴,但是考虑到不同类型的环境规制对创新活动产生的影响不同,所以选取两类环境规制指标,同时将公众环保诉求视为隐性环境规制,有助于全面考察环境规制的技术创新效应;第二,重点关注环境规制的本地和邻地技术创新效应,从而弥补现有文献中仅关注环境规制的本地"创新补偿"效应,特别重视环境规制是否会改变邻地研发创新活动;第三,研究方法上，以往研究多采用门槛模型、GMM动态模型，本章可能是国内少有的应用空间杜宾模型的研究文献，该模型能简捷地处理变量的内生性问题，此外，相比部分文献只采用简单的0-1权重矩阵，本章选取了四种空间权重矩阵，并对权重矩阵的标准化等细节问题进行了着重处理；第四，以往文献多从空间维度将我国划分为东、中、西部，本章根据中央政府对环境规制政策的变动，结合断点回归图，从时间维度上分两个阶段进行检验，证明了政绩考核的变动对技术创新产生的积极影响。本章结构如下：理论分析，实证策略，实证结果与分析，以及结论和政策启示。

## 6.1 理论分析

现有环境经济学的研究多侧重对地方政府环境政策执行问题的理论研究，而忽略了对政府之间博弈过程的分析。Barrett（1994）从外商直接投资（FDI）与环境规制交互影响的视角，研究了不完全竞争市场下政府之间环境规制政策的非合作性博弈问题。本章受此启发，构造一个本地政府与邻地政府之间的静态博弈论模型来揭示环境规制、技术研发和政府行为之间的影响机理。

考虑有两个相邻的地区，即本地政府（1）与邻地政府（2）。两个地区的政府在环境规制的策略性选择中有强化环境规制和弱化环境规制两种。政府选择强化环境规制可以遏制污染问题，使环境质量得到提升；反之，政府选择弱化环境规制时，环境质量将不断恶化。当然，政府在强化环境规制时需要承担经济成本以及执行成本；经济成本主要指强化环境规制给地区经济带来的不利影响，执行成本指政府实施环境规制的费用。$C_{1A}$、$C_{1B}$和$C_{2A}$、$C_{2B}$分别表示$A$、$B$两个地区的经济成本和执行成本。$M_1$和$M_2$分别表示强化环境规制后环境质量的改善程度；同样，$E_1$和$E_2$表示环境质量的恶化程度。

需要指出的是，地方政府之间的环境规制效果存在溢出效应，即本地政府在加强（放松）环境规制政策的同时，还会在一定程度上提升（恶化）邻地的环境质量。因此，本地政府对邻地政府的溢出效应记为$W_1$，邻地政府对本地政府的溢出效应记为$W_2$。政府作为地方利益的主体，不仅要实现自身政绩，还要实现提高地区居民社会福利的目标。因此，将本地和邻地从环境规制中获得的社会福利的权重记为$\beta_1$和$\beta_2$，将地区经济和执行成本的权重记为$\theta_1$

和 $\theta_2$。本地政府和邻地政府的环境规制政策的静态博弈论模型如表 6-1 所示。

表 6-1 本地政府和邻地政府的环境规制政策的静态博弈

|  |  | 邻地政府（2） | |
|---|---|---|---|
|  |  | 规制强化 | 规制弱化 |
| 本地政府（1） | 规制强化 | $\beta_1(M_1+W_2M_2)-\theta_1(C_{1A}+C_{1B})$, $\beta_2(M_2+W_1M_1)-\theta_2(C_{2A}+C_{2B})$ | $\beta_1(M_1-W_2E_2)-\theta_1(C_{1A}+C_{1B})$, $\beta_2(W_1M_1-E_2)$ |
|  | 规制弱化 | $\beta_1(W_2M_2-E_1)$, $\beta_2(M_2-W_1E_1)-\theta_2(C_{2A}+C_{2B})$ | $-\beta_1(W_2E_2+E_1)$, $-\beta_2(W_1E_1+E_2)$ |

本地政府选择强化环境规制政策的概率为 $x$，弱化环境规制政策的概率为 $(1-x)$；邻地政府选择强化环境规制政策的概率为 $y$，选择弱化环境规制政策的概率为 $(1-y)$。根据纳什均衡可以得出政府的混合策略博弈均衡：

$$U_1(x=1,y)=y[\beta_1(M_1+W_2M_2)-\theta_1(C_{1A}+C_{1B})]+(1-y)[\beta_1(M_1+W_2E_2)-\theta_1(C_{1A}+C_{1B})] \quad (6-1)$$

$$U_1(x=0,y)=y\beta_1[(W_2M_2-E_1)-(1-y)]\beta_1(W_2E_2+E_1) \quad (6-2)$$

$$U_2(x,y=1)=x[\beta_2(M_2+W_1M_1)-\theta_2(C_{2A}+C_{2B})]+(1-x)[\beta_2(M_2-W_1E_1)-\theta_2(C_{2A}+C_{2B})] \quad (6-3)$$

$$U_2(x,y=0)=x[\beta_2(W_1M_1-E_2)]-(1-x)\beta_2(W_1E_1+E_2) \quad (6-4)$$

本地政府的最优函数为：

$$f_1(y)=0, \beta_1M_1+\beta_1E_1<\theta_1(C_{1A}+C_{1B}) \quad (6-5)$$

$$f_1(y)=(0,1), \beta_1M_1+\beta_1E_1=\theta_1(C_{1A}+C_{1B}) \quad (6-6)$$

$$f_1(y)=1, \beta_1M_1+\beta_1E_1>\theta_1(C_{1A}+C_{1B}) \quad (6-7)$$

邻地政府的最优函数为：

$$f_2(x)=0, \beta_2M_2+\beta_2E_2<\theta_2(C_{2A}+C_{2B}) \quad (6-8)$$

$$f_2(x)=(0,1), \beta_2M_2+\beta_2E_2=\theta_2(C_{2A}+C_{2B}) \quad (6-9)$$

$$f_2(x)=1, \beta_2M_2+\beta_2E_2>\theta_2(C_{2A}+C_{2B}) \quad (6-10)$$

根据以上博弈模型可以看出，本地政府和邻地政府都以绝对占优的策略来寻求最优，即地方政府可以通过衡量自身的收益与成本来进行环境规制的策略选择。一旦政绩考核体系偏向于经济指标，本地政府和邻地政府在环境规制的支付意愿上就会表现为愿意接受高的环境规制成本和低的环境规制收益。我们有理由相信，在此情况下，无论是本地政府还是邻地政府都倾向于弱化环境规制，采取"搭便车"的策略享受邻地强环境规制的溢出效应，以减少本地环境治理成本。当然，如果本地政府充分考虑整体居民的社会福利，无论邻地政府采取何种环境规制策略，其策略都是强化环境规制。中央政府可以通过制定不同的政绩考核指标促使地方政府强化环境规制后的收益大于成本，在这种情况下，强化环境规制是占优策略。本地政府的规制策略选择可以独立于邻地政府行为，由自身的参数决定，但环境规制带来的收益与邻地政府的行为有关。因此，我们提出如下命题：

当 $\beta_1 M_1 + \beta_1 E_1 > \theta_1(C_{1A} + C_{1B})$ 和 $\beta_2 M_2 + \beta_2 E_2 > \theta_2(C_{2A} + C_{2B})$ 同时成立时，或者当 $\beta_1 M_1 + \beta_1 E_1 < \theta_1(C_{1A} + C_{1B})$ 和 $\beta_2 M_2 + \beta_2 E_2 < \theta_2(C_{2A} + C_{2B})$ 同时成立时，本地政府放松（收紧）环境规制时，邻地政府会采取"模仿"行为，即邻地在制定环境规制政策时会充分考虑本地政府的环境标准。

## 6.2 实证策略

本章将考虑变量是否存在空间相关性，从而为选择合适的计量模型提供依据。空间相关性检验表明，技术创新等变量具有显著的空间相关性和异质性，因此，传统的面板计量模型并不适用，我们有必要采用空间计量模型进行估计。

### 6.2.1 计量模型的建立

空间面板计量模型不仅可以分析因变量受本地自变量的影响效果，还可以识别因变量受邻地自变量的影响效果，从而使得模型的估计结果更加有效。空间面板模型包括空间面板滞后模型、空间面板误差模型和空间面板杜宾模型，考虑到环境规制对本地技术创新具有非线性影响，同时也会引致邻地技术创新处于"搭便车"或者"搭黑车"的境地，本章采用空间面板杜宾模型。本章构建的环境规制与技术创新的非线性空间面板杜宾模型如下：

$$TI_{it} = \delta_0 + \alpha_1(ER_k)_{it} + \alpha_2(ER_k)_{it}^2 + \alpha_3 X_{it} + \gamma_0 W \times TI_{it} + \beta_1 W \times (ER_k)_{it} + \beta_2 W \times X_{it} + \varepsilon_{it} \quad (6\text{–}11)$$

其中，$i$ 表示地区，$k$ 表示环境规制种类，$TI_{it}$ 表征技术创新，$(ER_k)_{it}$ 为第 $i$ 省份在 $t$ 年的环境规制，$X_{it}$ 表示影响技术创新的控制变量，$\delta_0$ 为反映个体变化的截距项，$\alpha$ 为各个解释变量对应的系数，$\gamma_0$ 为被解释变量的空间滞后系数，$\beta$ 为空间效应系数，$\varepsilon_{it}$ 为模型的随机扰动项。$W$ 为空间权重矩阵，其元素 $w_{ij}$ 表示邻地 $j$ 对本地 $i$ 的相对重要程度。需要说明的是，在处理空间权重标准化问题上，本章对所构造的空间权重矩阵均采用行标准化方法，从而避免了可能导致的偏误问题。

### 6.2.2 空间权重矩阵

空间权重矩阵描述变量间空间相关性的来源以及强弱，一般从地理或经济差别角度来考虑个体的空间距离，本章分别构造了四种空间权重矩阵：第一，"0-1型"邻接矩阵（$W_1$）。这是最简单也是文献中最为常用的设定方法，本地只与有相邻边界的邻地进行互动，即两地区有共同边界时为1，否则为0。第二，地理距离空间权重矩阵（$W_2$）。权重的设定方法为 $w_{ij}=(1/d_{ij})/(\sum_{j=1}^{n}1/d_{ij})$，其中 $d_{ij}$ 为两省区省会城市之间的直线距离。相比于"0-1型"权重矩阵，该矩阵假定本地区与距离更近的省区具有更为显著的互动行为。第三，经济距离空间权重矩阵（$W_3$）。权重元素的设定为：$w_{ij}=(1/|pgdp_i-pgdp_j|)/\sum_{j=1}^{n}(1/|pgdp_i-pgdp_j|)$，其中 $pgdp_i$ 为样本区间人均实际GDP均值，该矩阵以地区经济距离衡量省区之间的邻近程度，即经济发展水平越相近的省区，其环境规制的执行程度越具有比较意义（Fredriksson and Millimet，2002；Konisky，2007）。第四，经济地理距离加权矩阵（$W_4$）。本章在稳健性检验中构造一个空间加权矩阵，该矩阵能同时体现出经济距离和地理距离的影响。首先分别计算两省会城市之间直线距离的倒数 $1/d$，作为地理距离的衡量标准；其次分别计算两省区之间的人均实际GDP差额的倒数 $1/g$，作为经济距离的衡量标准；最后将两者相乘得到 $e=1/(d\times g)$，标准化后作为空间权重个体的比重（Madariaga，2007）。

### 6.2.3 变量与数据说明

（1）技术创新（$TI$）

如何度量技术创新是学界的一个难题，现有文献通常采用全要素生产率或者研发创新支出作为技术进步的替代变量。但全要素生产率不仅包含了技术创新对经济增长的贡献，也包含了企业规模优化、管理效率改善等对经济增长的实质贡献（其没有体现在生产函数中）；而尽管研发创新支出与产出高度相关，但是企业研发活动的不确定性、失败的风险以及创新效率的差异使得该衡量指标存在一定的问题（Jess et al.，2015；Jia et al.，2016；Hall et al.，2010；李兵等，2016；余明桂等，2016）。本章从生产投入端和产出端两个视角考虑构建技术创新，将RandD支出作为投入指标，专利申请数作为产出指标，采用各省份历年专利申请数和RandD支出的比值来衡量技术创新水平，同时考虑到投入与产出存在一个时间滞后效应，因此将RandD支出费用滞后一期。

（2）环境规制（$ER$）

环境规制的准确测度存在较大挑战，限制了相关研究的开展。目前，国内外学者主要从以下几个角度来衡量环境规制：一是以出台的环境规制文件数量来衡量地方政府的环境规制强度（王兵等，2010）；二是用治理污染设施的费用和排污费的收入来衡量环境规制的强度（Levinson，1996；Busse，2004）；三是用企业治理污染投资支出占生产成本或产值的比重来衡量（Lanoie and Patry，2008）；四是用地区经济发展水平或污染的排放量变化作为环境规制的内生变量来衡量（Cole et al.，2005；傅京燕、李丽莎，2010）。本章从政府角度和市场角度考虑构建两类环境规制替代指标，具体指标如下：①政府型环境规制指标（$ER_1$），用环境污染治理投资占GDP比重作为衡量政府主导的环境规制的工具，该指标反映政府在环境治理方面的决心和努力。其中环境污染治理投资包括环境基础设施建设投资、工业污染源治理投资以及当年完成环保验收项目的环保投资。②市场化环境规制（$ER_2$），强调以市场为导向用经济手段来规范企业的排污行为，进而实现将污染的外部成本内部化，激励企业在实现自身利益最大化的同时完成政府设定的环保目标。本章采用各省份规模以上工业企业污染投资完成额与规模以上工业企业的主营业务成本的比例来测度环境规制。

（3）控制变量

参考以往学者的相关研究（Melo et al.，2009；张华，2016；金刚和沈坤荣，2018；董直庆和王辉，2019），在控制变量中引入如下变量：

①经济发展水平（$ED$）：我国不同地区经济发展存在较大差距，使得区域内企业的技术创新水平也存在较大差异；同时，大量学者的研究证明了环境库兹涅茨曲线的存在，因此本章采用人均实际GDP的对数衡量区域经济发展水平。

②公众环保诉求（Pub）：众所周知，"公众环保诉求"并不存在直接测度的指标，现有文献均使用替代指标进行衡量；而替代指标的测度主要从公众的抱怨行为、环境信访总数、来访人次以及政协提案等维度来进行。本章以环境信访量来衡量，该变量能表达出公众对于环境的直接诉求，其中2000—2010年的数据是来信数；随着网络的发展与普及，2011—2016年的数据为来信数与网络投诉的总和。

③腐败（Corr）：目前，国外学者测度腐败的常用指标为透明国际组织的"腐败感受指数"，国内学者则青睐于司法指标。张军（2007）认为以上替代指标反映的不是腐败程度，而是反映反腐败的力度。鉴于此，在查阅众多文献后发现隐性经济与腐败呈现显著的正相关关系，具体来说，腐败越严重，地区隐性经济的规模就越大，由此本章借鉴杨灿明和孙群力（2010）的做法，选取税收负担、居民收入、政府管制和失业率作为原因变量，并将实际GDP增长率作为指标变量，通过建立多指标多因素模型（MIMIC模型）测算出隐性经济指数作为腐败的替代变量。

④产业结构（Indu）：目前学者一般简单采用工业增加值占GDP的比重来粗略度量产业结构升级，该测算指标仅能反映产业升级的某一阶段。本章借鉴王庆丰和党耀国（2010）、张勇和蒲勇健（2015）、付凌晖（2010）等的研究，测算Moore值重新定义产业结构指标，该指标能更确切地反映区域各个产业的分布情况。本章首先将产业结构划分为3个部分，定义空间向量中的分量为每个部分占GDP的比重，得到一组三维向量$X=(x_{1,0}, x_{2,0}, x_{3,0})$，然后计算$X$与向量$X_1=(1, 0, 0)$，$X_2=(0, 1, 0)$，$X_3=(0, 0, 1)$的夹角$\theta_1$，$\theta_2$，$\theta_3$：

$$\theta_j = \arccos \frac{\sum_{j=1}^{n}(x_{i,j} \times x_{i,0})}{\sqrt{(\sum_{i=1}^{3} x_{i,j}^2) \times (\sum_{i=1}^{3} x_{i,0}^2)}}, (i,j=1, 2, 3) \quad (6-12)$$

Moore值定义如下：

$$M = \sum_{k=1}^{3} \sum_{j=1}^{k} \theta_j = 3\theta_1 + 2\theta_2 + \theta_3 \quad (6-13)$$

$M$值越大，地区产业结构水平越高。

⑤地区开放水平（$FDI$）：采用各地区外商直接投资额占当年GDP百分比表示地区开放水平，验证"污染避难所假说"在中国是否存在。张华（2016）认为市场化程度越高，地区的开放水平越高，因此本章用的地区开放水平指标也衡量了市场化因素的影响。

⑥自然资源禀赋（$Natu$）：采用各省历年采掘业从业人员占地方总从业人员的比例作为代理变量。采掘业是与自然资源直接关联的细分行业，能够全面代表当地的自然资源状况。

⑦企业规模（$As$）：企业规模会在一定程度上影响企业的技术创新能力，选取规模以上工业企业的总资产除以规模以上工业企业数量来衡量。

⑧所有制结构（$Os$）：国有企业与非国有企业的产权不同，研发活动所面临的约束和优势也不相同，选取规模以上国有及国有控股工业企业资产总计占各地区规模以上工业企业资产总计的比重来衡量。

本章采用2000—2016年中国30个省份（不含港澳台、西藏）的面板数据，所有数据来源于历年《中国统计年鉴》《中国环境统计年鉴》《中国环境年鉴》，价格型变量均调整为以2000年为基期的不变价格。变量的描述性统计见表6-2。

表6-2 变量描述性统计

| 指标名称 | 变量 | 均值 | 标准差 | 最小值 | 最大值 | 样本数量 |
| --- | --- | --- | --- | --- | --- | --- |
| 技术创新 | $TI$ | 0.0195 | 0.0099 | 0.0047 | 0.0826 | 510 |
| 政府型环境规制 | $ER_1$ | 0.0022 | 0.0019 | 0.0001 | 0.0128 | 510 |
| 市场化环境规制 | $ER_2$ | 1.2957 | 0.6759 | 0.3000 | 4.2400 | 510 |
| 经济发展水平 | $ED$ | 9.1489 | 0.5221 | 7.9226 | 10.6641 | 510 |
| 公众环保诉求 | $Pub$ | 9.3280 | 1.4326 | 3.9120 | 12.5559 | 510 |
| 腐败 | $Corr$ | 3.4239 | 0.7076 | 1.7871 | 6.2215 | 510 |
| 产业结构 | $Indu$ | 6.4716 | 0.3165 | 5.8452 | 7.6001 | 510 |
| 地区开放水平 | $FDI$ | 0.4395 | 0.5556 | 0.0478 | 6.1771 | 510 |
| 自然资源禀赋 | $Natu$ | 0.0393 | 0.0381 | 0.0001 | 0.2219 | 510 |
| 企业规模 | $As$ | 2.0471 | 1.9224 | 0.2627 | 12.9023 | 510 |
| 所有制结构 | $Os$ | 0.49125 | 0.1971 | 0.1073 | 0.9056 | 510 |

## 6.3 实证结果与分析

2000—2016年的样本期间内，中国的城市化和工业化高速发展，同时频发的环境污染问题也引起了政府和民众的重视。随着政府经济发展理念的变化，中央政府对地方政府的政绩考核更趋向于多元化和绿色化，促使地方政府更加重视环境治理和保护，同时对环境规制的执行也更加严格。基于此，本章在全样本期估计之后，根据中央政府对地方政府的政绩考核变化，将样本时期分为两个阶段；在摒弃控制变量后，试图解释政绩考核体系变动前后，环境规制对技术创新的影响是否发生显著变化。

### 6.3.1 全样本时期检验结果分析

目前已有的研究环境规制与技术创新的文献，常常忽略控制变量的内生性。本章从两个方面解决这一问题，首先，时空固定效应模型解决了部分因省略变量带来的内生性问题，空间面板固定效应控制了不随时间变化的异质性因素；其次，误差项的空间自相关很大程度来源于遗失变量的空间自相关，而滞后解释变量与遗失变量相关，从而在一定程度上解决了空间自相关问题。空间相关性的存在表明采用普通的最小二乘法将产生偏误，因此将空间溢出效应纳入模型的分析中，同时为了避免个体差异和时间因素对计量回归结果有效性的影响，本章采用固定时间效应和个体效应的空间面板杜宾模型进行估计。

表6-3报告了全样本时期的检验结果。我们首先讨论环境规制的本地效应。在三类空间权重矩阵下，$ER_1$的本地效应线性系数是负的，但平方项系数是正的，并且均通过了显著性检验，这表明，政府型环境规制的本地技术创新呈现出正"U"形特征，即整体上表现出"先抑后扬"的特征，说明政府型环境规制在短期内抑制了本地技术创新，即短期内无法激励企业进行有效的创新活动，这可能源于政府加强环境规制，导致短期内企业的生产成本过高，进而降低了企业的技术创新的研发投入。长期来看政府型环境规制则有利于企业的技术创新，这可能是因为企业一旦意识到政府将长期严格执行环境规制，在自身利益最大化条件下企业有充分的动机进行研发投入。在三类权重矩阵中，$ER_2$的本地效应线性系数是正的，但平

方项系数是负的,并且,大部分检验结果在5%的显著性水平下显著,这说明,市场化环境规制对企业技术创新的影响整体上表现为"先扬后抑"的特征,即倒"U"形特征,这意味着短期内市场化环境规制能倒逼企业从事技术创新,进而提升企业的生产效率,但长期来看,市场化的环境规制引致了企业的自选择效应,使得一些企业最终迁址到环境规制较弱的邻地,削弱了市场化环境规制倒逼企业进行研发投入的波特效应,长此以往将不利于企业整体的技术创新。

我们接着讨论环境规制的邻地效应。在三类空间权重矩阵下,政府型环境规制的邻地技术创新效应整体上呈现出正"U"形特征,即整体上表现为"先抑后扬",这与本地政府型环境规制效应表现基本一致,表明地区间的政府型环境规制存在相互模仿的行为,某一地区的环境规制行为会"传染"给邻地。邻地的市场化环境规制在三类空间权重矩阵下的技术创新效应表现并不一致,可能的原因是市场化环境规制的邻地技术研发效应大小在不同空间权重矩阵下还需要满足一些其他条件,诸如环境规制的就近性以及经济的集聚特征。

表6–3 环境规制的技术创新效应

| 项目 | | $TI$ $W_1$ | $TI$ $W_2$ | $TI$ $W_3$ | $TI$ $W_1$ | $TI$ $W_2$ | $TI$ $W_3$ |
|---|---|---|---|---|---|---|---|
| 本地 | $ER_1$ | −1.7463*** (−3.10) | −1.8737*** (−3.38) | −1.8749*** (−3.41) | −1.0617* (−1.90) | −1.3842** (−2.47) | −1.3893** (−2.52) |
| | $ER_2$ | 0.0043** (2.04) | 0.0053** (2.55) | 0.0054*** (2.59) | 0.0033 (1.49) | 0.0057*** (2.58) | 0.0059*** (2.76) |
| | $(ER_1)^2$ | 208.52*** (4.06) | 229.44*** (4.57) | 231.19*** (4.63) | 173.974*** (3.39) | 207.19*** (4.04) | 202.57*** (4.03) |
| | $(ER_2)^2$ | −0.001** (−2.05) | −0.0014*** (−2.80) | −0.0011** (−2.28) | −0.0006 (−1.02) | −0.0012** (−2.25) | −0.0012** (−2.37) |
| | $ED$ | | | | 0.0217*** (3.45) | 0.0131** (2.10) | 0.0215*** (3.79) |
| | $Pub$ | | | | 0.0008 (1.61) | 0.0005 (1.15) | 0.0010** (2.11) |

续表

| 项目 | | $TI$ $W_1$ | $TI$ $W_2$ | $TI$ $W_3$ | $TI$ $W_1$ | $TI$ $W_2$ | $TI$ $W_3$ |
|---|---|---|---|---|---|---|---|
| 本地 | $Corr$ | | | | −0.0026*** (−2.80) | −0.0022** (−2.32) | −0.0026*** (−2.81) |
| | $Indu$ | | | | −0.0109** (−2.27) | −0.0160*** (−3.46) | −0.0130*** (−2.95) |
| | $FDI$ | | | | 0.0013 (1.34) | 0.00171* (1.90) | 0.0021** (2.30) |
| | $Natu$ | | | | 0.0155 (0.57) | 0.02954 (1.24) | 0.0472** (2.02) |
| | $As$ | | | | −0.0010*** (−2.78) | −0.001*** (−3.10) | −0.0008*** (−2.58) |
| | $Os$ | | | | 0.0255*** (4.71) | 0.0256*** (4.97) | 0.0201*** (3.91) |
| 邻地 | $W \times ER_1$ | −1.8459 (−1.58) | 0.7230 (0.36) | −4.8281*** (−3.05) | −2.0716* (−1.82) | −0.7035 (−0.36) | −2.7621* (−1.70) |
| | $W \times ER_2$ | −0.0071 (−1.40) | 0.0192** (2.31) | −0.0005 (−0.08) | −0.0107* (−1.92) | 0.0056 (0.53) | 0.0032 (0.46) |
| | $W \times (ER_1)^2$ | 198.94* (1.77) | −67.2154 (0.37) | 542.66*** (3.45) | 225.5496** (2.04) | 195.4912 (1.06) | 310.757** (1.97) |
| | $W \times (ER_2)^2$ | 0.0010606 (0.83) | −0.0071*** (−3.30) | 0.0018364 (1.11) | 0.0025679* (1.72) | −0.0028 (−1.01) | 0.000717 (0.39) |
| | $W \times ED$ | | | | −0.00728 (−0.61) | −0.00148 (−0.08) | 0.010856 (0.65) |
| | $W \times Pub$ | | | | 0.001904* (1.87) | 0.000444 (0.24) | 0.00333* (1.89) |
| | $W \times Corr$ | | | | −0.002343 (−1.12) | −0.00783** (−2.32) | −0.00129 (−0.52) |
| | $W \times Indu$ | | | | 0.01327 (1.19) | −0.00271 (−0.14) | 0.02074 (1.44) |
| | $W \times FDI$ | | | | 0.01559*** (2.77) | 0.01558*** (2.96) | 0.00583** (2.32) |
| | $W \times Natu$ | | | | 0.08880 (1.53) | 0.26302*** (2.83) | −0.18024** (−2.11) |

续表

| 项目 | | $TI$ | $TI$ | $TI$ | $TI$ | $TI$ | $TI$ |
| --- | --- | --- | --- | --- | --- | --- | --- |
| | | $W_1$ | $W_2$ | $W_3$ | $W_1$ | $W_2$ | $W_3$ |
| 邻地 | $W \times As$ | | | | −0.000757<br>(−1.14) | −0.00136<br>(−1.53) | −0.00133*<br>(−1.76) |
| | $W \times Os$ | | | | 0.01353<br>(1.26) | 0.009175<br>(0.52) | 0.04931***<br>(3.05) |
| Spa-rho | | −.0891821<br>(−1.50) | −0.0904<br>(−0.83) | 0.001013<br>(0.01) | −0.18512***<br>(−2.95) | −0.20325*<br>(−1.78) | −0.10896<br>(−1.23) |
| $\sigma^2$ | | 0.00004***<br>(15.95) | 0.00004***<br>(15.96) | 0.00004***<br>(15.97) | 0.000037***<br>(15.87) | 0.00004***<br>(15.93) | 0.00004***<br>(15.95) |

注：括号内为 Z 值，***、**、* 分别表示 1%、5%、10% 的显著性水平，下同。

经济发展水平对技术创新表现出显著的促进作用，这说明随着经济发展水平的不断提升，技术创新效应也会不断提升。公众环保诉求在经济距离矩阵中通过了5%的显著性检验，这可能是由于地区公众较强的环保意识和诉求驱使政府加强环境规制监察，进而激励企业通过技术创新适应政府的环境规制，我们认为公众环保诉求作为隐性的环境规制，能够凸显"自下而上"的推力作用。腐败对技术创新表现出显著的抑制作用，这说明腐败制约了企业的研发技术投入。产业结构显著地制约了区域技术创新，这说明单纯的数量上的产业结构高级化并不意味着企业技术水平的提升。地区开放水平对技术创新的影响为正，在地理距离和经济距离中都通过了显著性检验，这表明我国在对外贸易中通过引进、模仿和消化发达国家的先进技术，实现了本地更快的技术进步。自然资源禀赋的影响为正，在经济距离空间权重矩阵中通过了显著性检验，这说明良好的自然资源禀赋确实对技术创新有明显的促进作用。企业规模显著与研发创新活动负相关，这意味着虽然大企业具有人力和资本上的优势，但是其创新体制比较僵化。所有制结构在三类权重矩阵下对技术创新均产生了显著的正向促进作用，表明国有企业的组织架构和资源配置效率更有利于研发创新。

邻地控制变量的检验结果中，经济发展水平与技术创新相关性不明显，这说明经济发展水平主要影响的是本地技术创新效应，而外溢效应不明显。自然资源禀赋在不同的空间权重矩阵下对邻地技术创新的影响存在明显差异，这显然是由不同的空间属性造成的。公众环保诉求、腐败、企业规模和所有制结构与本地的实证结果方向一致，但显著性水平有明显的下降，这说明空间产生了影响。需要说明的是对外开放水平依然表现为显著地促进邻地技术进步，这意味着外资在促进当地技术创新的同时，其扩散效应也能提升邻地生产技术。

### 6.3.2 政绩考核视角下环境规制对技术创新的影响

基于模型将数据分为2000—2006年和2007—2016年两个时间段进行估计。这种划分时间段的方法是否合适？抑或说在2000—2006年、2007—2016年两段时间中模型是否发生显著的结构变化？首先，我们在查阅相关文件后发现，2007年中央政府明确要求将单位GDP能耗降低20%和主要污染物排放总量减少10%纳入各地经济社会发展综合评价体系中去，作为对政府领导干部综合考核评价的重要内容，对没有达标者实行严格的问责制，这释放出中国的政绩考核从单一的唯GDP论转向经济与环保多元化考核的信号①。政绩考核的"指挥棒"将督促地方政府实行严格的环境规制，重塑地方政府的行为选择。其次，本章借助断点回归散点图来检验两类环境规制在临界值处是否存在明显的断点。图6-1与图6-2显示，政府型环境规制和市场化环境规制在2007年的临界值处均有明显的断点存在②，即规制在边界线临界值处是不连续的，这也说明以2007年为界限对模型分段进行回归分析是有必要的。

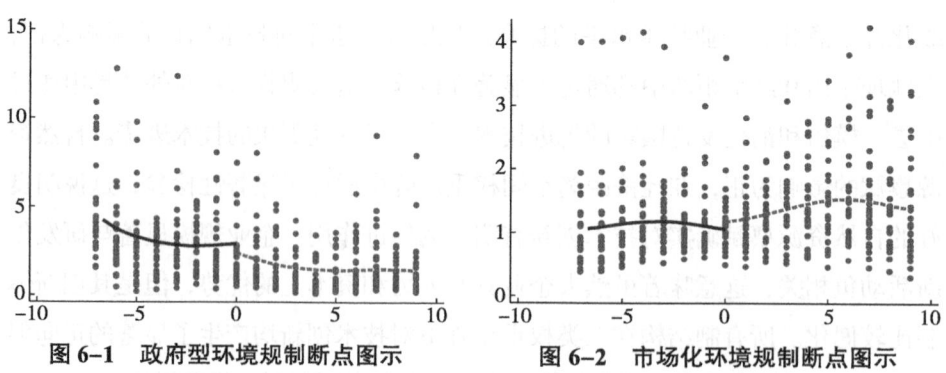

图6-1　政府型环境规制断点图示　　　图6-2　市场化环境规制断点图示

---

① 2007年国务院同时制定和实施了《单位GDP能耗统计指标体系实施方案》《单位GDP能耗监测体系实施方案》《单位GDP能耗考核体系实施方案》和《主要污染物总量减排统计办法》《主要污染物总量减排监测办法》《主要污染物总量减排考核办法》。

② 图6-1与图6-2中，横坐标上的"0"表示分界线，即2007年。

采取不引入控制变量的形式进行分析，方便从整体观察环境规制对研发创新的影响。表6-4报告了2000—2006年和2007—2016年两个样本期检验的结果，可以发现两种环境规制的线性及其平方项影响效应大小皆发生了明显的变化。2000—2006年，无论是政府型环境规制，还是市场化环境规制，在本地和邻地的影响总体上均不显著。2007年以后，政府型环境规制在本地和邻地的影响皆为正"U"形，并在统计意义上显著，市场化环境规制在本地和邻地的影响皆为倒"U"形，在本地统计意义上显著。整体来看，2000—2006年环境规制的空间溢出效应并不明显，意味着地方政府在实施环境规制时不存在策略性博弈；而2007年以后对地方政府的考核标准由唯GDP论转向绿色多元化考核体系，导致地方政府的行为转变为"策略性的逐顶竞争"（Wheeler，2001；Woods，2006；Konisky，2007），这意味着中央政府将环境保护纳入绩效考核中，矫正了地方政府唯GDP的政绩观。政绩考核的变化，促使地方政府重视环境规制的制定、实施和监督，严格的环境规制使得地区技术创新的效率得到提高。总而言之，将"环保指标"因素纳入对地方政府的政绩考核后，环境规制的实施能促进企业的技术创新，说明区域环境规制的竞争形态逐渐向"逐顶竞争"方向转变。

表6-4 政绩考核视角下环境规制的技术创新效应再检验

| 项目 | | 2000—2006年 | | | 2007—2016年 | | |
|---|---|---|---|---|---|---|---|
| | | $W_1$ | $W_2$ | $W_3$ | $W_1$ | $W_2$ | $W_3$ |
| 本地 | $ER_1$ | 0.9875<br>（1.18） | 0.5549<br>（0.67） | 0.3834<br>（0.45） | −1.8798**<br>（−2.51） | −2.1506***<br>（−2.91） | −2.3413***<br>（−3.14） |
| | $ER_2$ | −0.0083*<br>（−1.83） | −0.0061<br>（−1.34） | −0.0053<br>（−1.14） | 0.0053***<br>（2.59） | 0.0054***<br>（2.60） | 0.0052**<br>（2.53） |
| | $(ER_1)^2$ | 20.0433<br>（0.29） | 44.2438<br>（0.66） | 55.735<br>（0.81） | 213.99**<br>（2.33） | 237.378***<br>（2.59） | 277.22***<br>（3.04） |
| | $(ER_2)^2$ | 0.0011<br>（1.13） | 0.0007<br>（0.69） | 0.0010<br>（0.94） | −0.0010**<br>（−2.05） | −0.0011**<br>（−2.17） | −0.0009**<br>（−2.03） |
| 邻地 | $W \times ER_1$ | −2.7117<br>（−1.57） | 0.1304<br>（0.04） | −0.0617<br>（−0.02） | −4.8022***<br>（−2.88） | −7.8797***<br>（−3.11） | −7.0832***<br>（−3.12） |
| | $W \times ER_2$ | 0.0036<br>（0.28） | 0.0059<br>（0.34） | −0.0208<br>（−1.57） | 0.0026<br>（0.56） | 0.0020<br>（0.23） | 0.0173**<br>（2.29） |

续表

| 项目 | | 2000—2006 年 | | | 2007—2016 年 | | |
|---|---|---|---|---|---|---|---|
| | | $W_1$ | $W_2$ | $W_3$ | $W_1$ | $W_2$ | $W_3$ |
| 邻地 | $W \times (ER_1)^2$ | 204.224<br>(1.39) | −49.2080<br>(−0.20) | 33.7513<br>(0.15) | 844.357***<br>(3.32) | 923.009***<br>(2.89) | 652.313**<br>(2.29) |
| | $W \times (ER_2)^2$ | −0.0019<br>(−0.52) | −0.0026<br>(−0.68) | 0.0067**<br>(2.32) | −0.0008<br>(−0.74) | −0.0021<br>(−0.90) | −0.0043**<br>(−2.20) |
| | Spa-rho | −0.2628***<br>(−2.84) | −0.5741***<br>(−3.15) | −0.3082**<br>(−2.03) | −0.09086<br>(−1.25) | −0.04315<br>(12.25) | 0.04050<br>(0.38) |
| | $\sigma^2$ | 0.0000***<br>(10.11) | 0.0000***<br>(9.96) | 0.0000***<br>(10.16) | 0.0000***<br>(12.25) | 0.0000***<br>(12.25) | 0.0000***<br>(12.25) |

### 6.3.3 稳健性检验

为了保证统计结果的稳健性，本章采用空间加权矩阵对模型进行进一步检验，该矩阵能同时体现出经济距离和地理距离的影响。从表6-5中不难看出，无论采用何种矩阵进行检验，回归结果的显著性均变化不大，结论相当稳健。

表 6-5 空间加权矩阵下环境规制对技术创新影响的稳健性检验

| 项目 | | $ER_1$ | $ER_2$ | $(ER_1)^2$ | $(ER_2)^2$ |
|---|---|---|---|---|---|
| 本地 | 2000—2006 年 | 0.452<br>(0.53) | −0.0061<br>(−1.32) | 53.0479<br>(0.77) | 0.0009<br>(0.92) |
| | 2007—2016 年 | −1.9515***<br>(−2.65) | 0.0053**<br>(2.48) | 225.905**<br>(2.49) | −0.0010**<br>(−1.98) |
| 邻地 | 2000—2006 年 | 0.1289<br>(0.06) | −0.0167<br>(−1.39) | 18.8617<br>(0.10) | 0.0044*<br>(1.71) |
| | 2007—2016 年 | −5.5236***<br>(−2.87) | 0.01651***<br>(2.57) | 578.18**<br>(2.47) | −0.0044**<br>(−2.53) |

## 6.4 本章小结

本章通过构建理论模型，基于中国2000—2016年30个省（区、市）的面板数据，运用空间杜宾模型检验环境规制的本地和邻地技术创新效应。通过分析发现：第一，政府型环境规制对本地和邻地技术创新效应的影响整体上呈现出正"U"形特征,即政府型环境规制在短期内抑制了企业技术创新,在长期则有利于企业技术创新。地区间的政府型环境规制存在相互模仿的行为,某一地区的环境规制行为会"传染"给邻地。第二,市场化环境规制对技术创新效应的影响在本地表现出倒"U"形特征,在邻地市场化环境规制技术创新效应的大小跟空间属性有关。第三,整体看来,2000—2006年环境规制的空间溢出效应并不明显,这表明地方政府在实施环境规制时不存在策略性博弈。2007年以后,政府型环境规制在本地和邻地的影响皆显著为正"U"形,市场化环境规制在本地和邻地的影响皆为倒"U"形,这说明将"环保指标"因素纳入对地方政府的政绩考核后,区域环境规制的竞争形态逐渐向"逐顶竞争"方向转变;另外,经济发展水平、公众环保诉求、腐败、产业结构、地区开放水平、自然资源禀赋、企业规模、所有制结构等因素对本地和邻地的企业技术创新也存在着不同的影响。

党的十九届四中全会指出:"建立生态文明建设目标评价考核制度,强化环境保护、自然资源管控、节能减排等约束性指标管理,严格落实企业主体责任和政府监管责任。"通过本章研究,我们得出的政策启示主要有:首先,结合地区经济发展阶段的不同,谨慎适度适宜地实施环境规制。新常态下中国面临经济与环境的双重下行压力,而长期以来非清洁性的生产技术一直占据主导地位,若无有效的环境规制激励措施,技术进步很难朝绿色方向转变。因此地方政府在制定、实施和监督环境规制时,要通过环境规制引导企业技术进步向绿色方向转变;为此,政府一方面要提出对技术创新的要求,谨慎地确定区域环境规制的力度,以及对创新的影响程度,选择合适的时机和强度发挥最优的环境规制效果;另一方面,要精确把握不同地区环境规制的差异化效果,为环境规制的适度调整提供政策空间。其次,转变地方政府考核体系,引导环境规制良性竞争。当前中国经济面临着潜力缺失和动力不足的问题,要充分认识到环境规制对促进技术进步的作用。政绩考核是推动政府实施环境规制的重要导向,因此,要促使地方政府摒弃唯GDP论,重构其在环境规制中有序竞争的行为选择,注重经济绩效与环境绩效的有机统一,构建兼容发展经济和保护环境的均衡的考核体系,推动环境规制向"逐顶竞争"转变。

# 7 高质量发展视角下我国环境规制减贫脱困效应研究

党的十九届五中全会提出"我国已转向高质量发展阶段,制度优势显著"。高质量发展成为当前和今后经济发展的基础性和关键性指导思想。高质量发展以人民美好生活需要为核心,既重视经济社会发展给人民带来的收入、福利等方面的客观获得,又强调实现以资源节约和环境友好为主要特征的绿色发展,以增强人民的获得感、幸福感、安全感等方面的主观感知。因此,实现脱贫致富和改善环境质量的双重诉求是高质量发展的应有之义。我们要秉承"创新、协调、绿色、开放、共享"的新发展理念,坚持脱贫致富与环境保护相协调。

由于环境污染产生的负外部性和环保产品的公共品属性,仅靠市场难以有效降低污染,需要依靠政府的环境规制政策对"市场失灵"加以矫正。环境规制作为一项政策工具,目的是促进环境质量的改善,提升人民的获得感、幸福感。但是日趋加强的环境规制也会对企业生产成本、用工需求、经济增长效率等方面产生较为广泛的影响,可能会阻碍反贫困进程。高质量发展要求我们不能以牺牲生态环境换取经济的一时增长,但我们也不能以保护生态环境为由,阻断经济发展和减贫脱困之路。特别是随着2020年全面建成小康社会时间节点的到来,困扰中华民族千百年的绝对贫困即将结束,取而代之的是隐蔽性更强的相对贫困,而相对贫困问题是传统贫困问题与新型贫困问题的交织叠加,涉及政治、经济、社会、文化、生态"五位一体"的多元问题,对政策制度的敏感性日益增强,环境规制政策稍有偏差便会对脱贫致富产生明显约束。因此,研究环境规制在优化环境的同时对经济发展和减贫脱困的影响,寻找适中的环境规制强度,制定合理的环境规制政策,对

## 7 高质量发展视角下我国环境规制减贫脱困效应研究

实现高质量发展具有重大的意义。

环境规制会对减贫脱困产生怎样的影响？环境规制对减贫脱困的作用机理是什么？本章以上述问题为导向，力求提出合理的环境规制建议促进减贫脱困，实现脱贫致富和环境质量改善的"双赢"。现有研究主要集中于环境规制与经济发展、环境规制与环境污染、环境规制与企业选址、环境规制与资源禀赋、环境规制与生产效率等方面。

有关环境规制对经济增长影响的观点主要有三类。第一类观点认为环境规制能够促进经济增长。"创新补偿假说"提出适当的环境规制不仅能够提升环境质量，还能够激励企业技术创新，提高生产效率，降低生产成本，进而弥补甚至超过环境规制成本，实现经济增长和环境保护的"双赢"（Porter，1991；Hamamoto，2006；夏海力、叶爱山，2020；史贝贝等，2017）。第二类观点认为环境规制会对经济增长产生抑制作用。"遵循成本说"提出环境规制将负外部性成本内部化，将引致污染治理成本和环境服从成本的增加，迫使企业改变最优生产决策，导致企业开展技术创新活动的动力不足，降低企业生产率，抑制经济增长（Gollop and Roberts，1983；Blackman and Kildegaard，2010；张林姣，2015）。此外，"污染天堂说"认为环境规制强度的差异将带来污染密集型行业的转移，从而对经济发展产生不利影响（Kheder and Zugravu，2012；张红凤，2008）。第三类观点认为环境规制与经济增长之间并非纯粹的线性关系。环境规制的经济效应主要取决于"创新补偿效应"和"遵循成本效率"两者谁更占优势，因此，环境规制和经济增长之间可能存在"U"形（熊艳，2011）或倒"U"形（Boyd and Mcclelland，1999）关系。同时，环境规制工具的差异（王小宁、周晓唯，2015；原毅军、刘柳，2013）、区域异质性（孔祥利、毛毅，2010；谢娟等，2012；李胜兰等，2014）使得环境规制对经济增长产生不同的作用。

学者们研究发现环境规制主要通过技术创新、就业、产业结构等对经济增长产生影响。第一，环境规制通过促进技术创新来影响经济增长。"引致创新假说"提出，生产要素的相对价格为生产者提供了创新所需的信号，并激励生产者通过技术创新节约相对昂贵的投入要素。由此可知，环境规制将引发技术创新（Hicks，1932）。同时，技术创新通过提高生产要素的质量和改进生产要素的组合方式，提升生产效率，推动经济发展。第二，环境规制通过影响就业对经济增长产生影响。环境规制对就业有两个方面的影响。一是负向的"规模效应"和"创新经济"的就业冲击效应。环境规制会削弱企业的竞争优势，导致企业规模缩小，降低行业就业吸纳水平。同时，环境规制会引发新一轮的产业革命，催生出众多新产业和新业态，如人工智能、机器人等，对就业产生冲击，引发对"机器替代人"的恐慌（朱金生、李碟，2020）。二是正向的替代效应。在环境规制提高资源类生产要素价格时，企业会倾向于劳动密集型的生产性投入，从而增加劳动力要素，产生替代效应。"劳动创造财富"，就业是经济增长、保障民生的重要手段，充分、稳定的就业是实现经济增长的关键因素。因此，环境规制可以通过就业对经济增长产生影响。第三，环境规制将影响产业结构进而作用于经济增长。环境规制通过提高生产成本、设置进入壁垒等措施倒逼企业创新，创新会通过"创造性破坏"的过程影响产业结构变化（袁晓玲等，2019）。环境规制将对高污染、高能耗的企业形成资金或者技术壁垒，但对污染较低行业的限制较少并使得这些行业获得更多的进入机会，从而推动产业结构优化升级。产业结构升级会加速资源要素向高效行业流动，实现资源的优化配置，提升生产效率。

环境规制会影响经济发展，从而也会对减贫脱困产生影响。学者们对环境规制的反贫困效应存在不同观点。索朗杰措（2020）认为由于生态脆弱地区和贫困地区呈现"两区高度耦合"的特征，使得生态环境保护能够推动脱贫减困。一方面，实施环境规制，改善生态环境，能够直接助力反贫困。研究发现，良好的生态环境是实现减贫脱困的关键（张义丰等，2000）。环境绿化能够持续改善贫困地区拥挤、被占据的自然环境，为贫困家庭提供一张安全网（Song et al.，2014；Gopal et al.，2014）。另一方面，实施环境规制，改善生态环境，能够通过影响身体健康状况、新增就业等方式间接助力反贫困。环境污染导致部分群体因病致贫（程欣等，2018），如癌症村。但环境质量的提升会增加贫困群体的健康福利，增加人们有效劳动时间，提高其收入水平和生活水平。环境规制政策的推行将推动环保项目的实施，因此，会新增岗位吸纳贫困人口参与风沙治理、天然林保护、退耕还林还草等生态工程建设或管护工作，使得贫困对象获得工资性收入（胡钰等，2019）。另外，由于环境保护与经济增长存在矛盾关系，部分学者认为严格的环境规制政策会对反贫困工作产生阻碍作用。梁流涛和翟彬（2016）认为对于生态环境脆弱的欠发达地区而言，实现经济快速发展通常依赖于资源开发，农户落后的生产行为会造成不同程度的生态环境问题。因此，在这些地区实行环境规制会对经济发展和反贫困造成负面影响。苏冰涛和李松柏（2013）认为实施生态环境保护措施不可避免地会导致区域内产生部分"生态贫困"群体，从而造成"摆脱贫困"和"生态环境保护"相互掣肘的局面。

上述相关文献为本章研究提供多维视角和丰富的启示，但是现有研究尚有三个方面需要完善：一是现有研究主要关注环境规制与经济发展、环境规制与就业等方面的关系，鲜有文献直接关注高质量发展视角下环境规制对减贫脱困的影响，忽视了生态环境和减贫脱困的关系。二是现有的研究大多选取省级层面的数据为研究对象。由于地区之间的地理禀赋、污染排放、发展模式存在差异，因此，以省级层面的数据为研究对象不能全面、客观地反映环境规制对减贫脱困的影响。三是现有研究忽视了地区之间不同环境规制政策及其强度所产生的不同作用效果，只得出环境规制与经济发展两者之间的定性结论。

本章在充分借鉴现有研究成果的基础上，从以下几个方面进行拓展研究：一是以高质量发展为统揽，将环境保护与经济发展、脱贫致富纳入一个研究框架中，全面、系统地研究环境规制对减贫脱困的影响，从考察环境规制对经济、环境影响的单一维度拓展到对创新、效率、结构、对外开放等多层次的经济社会影响，补充完善研究体系；二是以推动经济高质量发展为出发点和着力点，从创新、协调、绿色、开发、共享等维度阐述环境规制与减贫脱困的作用机理；三是根据经济高质量发展的五大发展理念构建减贫脱困综合评价体系，利用主成分分析法测算减贫脱困综合指数，同时，依托2005—2018年我国大陆284个地级城市面板数据，实证考察环境规制对反贫困的作用方向和大小；四是从东部、中部、西部不同区域的视角出发探讨环境规制的异质性，同时，利用门槛模型探究高质量发展视角下环境规制与减贫脱困的非线性关系。

## 7.1 机理分析

为实现经济效益、社会效益、生态效益三者的有机结合，获得最大的民生效益，我们以高质量发展为统揽，紧扣"创新、协调、绿色、开放、共享"的发展理念，分析环境规制对减贫脱困的作用机理。

### 7.1.1 从创新发展角度探讨环境规制与减贫脱困

传统的"高消耗、高排放、高污染"的粗放型经济发展方式使我国经济总量跃居全球第二位。但是，在经济发展繁荣的同时，我们也付出了生态恶化、环境污染的巨大代价。我们必须转变经济增长方式，将要素驱动转变为创新驱动、人才驱动，进而实现高质量发展视角下的经济增长和减贫脱困。不可否认，环境规制会增加排污企业的污染治理成本，从而对企业技术创新产生资金"挤出效应"（Gray, 1987; Kemp et al., 2011）。但是，严格而适当的环境规制会对企业绿色技术创新产生激励作用（Porter and Claas, 1995）。这是因为，一方面，环境规制通过市场准入、技术标准、排污许可等方式制约企业生产、经营，而企业在面对严格环境规制的情况下，为了让自己的产品上市并实现进一步的生产经营，势必会通过技术创新研发新材料、新动能，进而减少环境污染。另一方面，在利润最大化的驱动下，当企业环境合规成本增加时，他们改进生产技术和生产工艺来降低成本的意愿和动机就会增强，进而推动企业新旧动能转换、产品结构调整和经济结构升级，不断激发企业创造力，最终通过"创新补偿效应"增加企业利润，提升企业竞争力。

创新是经济发展的原动力，只有坚持创新发展，才能激活贫困地区生产要素，增强脱贫攻坚的内生动力。受经济基础、技术水平、思想观念等因素的影响，贫困地区大多采用粗放式开发的发展模式，在生产过程中对原材料和能源的利用不充分，资源浪费问题较为严重。贫困地区应通过工艺改进和技术创新，如资源循环再利用技术、节能技术、智能技术等，对现有资源进行深度加工和开发，提升资源的利用率，提高贫困地区资源的经济附加值，增强经济发展的内生动力和韧性，加快贫困地区脱贫进程，降低返贫风险。同时，在环境规制下的创新可以促进企业有针对性地为贫困群体提供创新产品，使贫困群体可以享受到创新成果，缓解由于自然环境、基础设施等因素的限制而形成的贫困，促进贫困地区居民生活水平的改善。"草根创新"活动让贫困人口根据自身优势创新、创造，能够为低收入群体创造更多的就业机会，使其享有平等的就业权利，增加贫困家庭收入，提升其购买能力，使得贫困群体能够享受经济增长的福利，从而减少贫困。

### 7.1.2 从协调发展角度探讨环境规制与减贫脱困

环境规制作为社会型规制的一项重要内容，是指政府通过制定相应的环保政策和措施对企业经济活动进行调节，是实现环境和经济发展相协调的有效举措（张红凤、张细松，2012）。一方面，环境规制会通过节能减排实现环境和经济发展相协调。企业为了追求自身利益最大化会根据市场环境和政策变化适时调整投资计划、生产计划。当政府的环境规制强度增加时，企业为了达到规定的排污标准，要么淘汰掉高能耗、高污染的产品和项目，产生"优胜劣汰"的效果；要么加大对污染的治理力度，走出一条绿色发展道路，实现经济增长和环境保护的"双赢"。另一方面，环境规制会通过技术创新、产业结构升级使环境和经济发展相协调。在日益严格的环境规制的影响下，企业会适时调整投资行为，通过改变投资方向削减环境规制成本，促进生产要素从污染密集型产业转移到清洁生产型产业，带来"结构红利"，以更低的要素投入和环境代价获取最佳的经济绩效和环境绩效。政府推行的相关产业政策将为企业带来创新契机，激励企业开发绿色环保材料和技术、购置治污设备、改进生产工艺、引入清洁产业和新兴产业，由此，产生创新补偿，提高产品的附加值和市场竞争力。低碳环保技术创新活动有助于研制降低污染排放的清洁设备和清洁技术，进而推动整个产业的生产技术进步和环保技术升级，带动以服务业为代表的清洁环保产业快速发展，助推产业结构向高级化转变，实现绿色发展。

环境保护和经济发展相协调会提高产业间投入要素和产出结构的耦合协调水平，提高产业部门的生产效率，促进区域经济增长。经济增长的"涓滴效应"可以通过就业、消费、财政资金安排等渠道缓解贫困。经济增长将会增加贫困人口的就业机会，提升他们的收入水平，也会促进贫困人口的流动和城市化进程，进而缓解贫困。同时，经济增长还会增加政府的财政收入，让政府有更雄厚的财力来完善基础设施、改善生活环境、健全社会保障体系，以加快减贫脱困进程。

### 7.1.3 从绿色发展角度探讨环境规制与减贫脱困

目前，资源节约和环境友好是我国经济高质量发展的主要特征，也是缓解以往粗放型经济增长模式所造成的环境污染的有效手段。绿色发展的本质是处理好人与自然和谐共生的问题，显然，环境规制的政策导向和绿色发展的本质是一脉相承的。环境规制可以通过以下几个方面促进绿色发展：一是相继颁布的环境保护、节能减排等相关法律法规将会对企业、市民产生引导作用，企业逐渐重视治污减排，市民也更加倾向于绿色环保的产品和生活方式，崇尚绿色消费、循环消费、低碳消费；二是严格的环境规制会对高能耗、高污染的企业形成市场准入壁垒，从而抑制低生产率企业进入并促使其退出；三是环境规制能够通过激励企业增加技术研发投入，创新低碳环保技术，改进生产工艺和流程，用环境友好型产品去替代非清洁产品，从而提高资源能源利用率，实现清洁生产，降低污染排放，实现经济发展和环境质量改善的双赢（周清香、何爱平，2020）。

良好的生态环境是贫困地区最大的优势和财富。绿色发展俨然成为经济高质量发展背景下的首要发展理念和势在必行的发展方式。要打赢脱贫和污染治理两大攻坚战，必须在推进贫困地区群众致富的同时打好生态牌，实施绿色发展和经济社会协调发展的可持续性生态扶贫路线。正所谓"绿水青山就是金山银山"，绿色发展就是要做好"经济生态化，生态经济化"，兼顾好环境保护和经济增长。一方面，虽然高能耗、高污染项目能够带来短期经济效益，但是生态环境恶化会带来持久性伤害，使得产业发展难以为继。因此，激活贫困地区内生动力实现扶贫产业持续发展，必须依靠自身资源发展绿色生态产业，创造新的经济增长点，打造绿色生态扶贫品牌，赋能特色产业扶贫优势，推进资源向资产变资本、资本变财富转变，增加劳动者长期就业机会，提升其收入水平。在保持"绿水青山不变色"的同时，通过生态扶贫创造无限的绿色"金山银山"。另一方面，良好的生态环境是最普惠的民生福祉。"绿水青山"是人民幸福生活的自然平台和前提条件，是金钱不能替代的刚需。绿色发展能够提供更多的优质生态产品，营造优美的生态环境，以满足人民对美好环境的需要，让人民在良好的生态环境中工作生活，提高居民幸福感和获得感（石华平、易敏利，2020）。

### 7.1.4 从开放发展角度探讨环境规制与减贫脱困

经济一体化程度的深入使环境问题成为需要全球共同面对的问题。产业发展的环境成本势必会影响一国在国际贸易中的比较优势。环境规制对国际贸易、吸引外资起着两方面的作用。一方面，根据"成本效应"和"污染避难所效应"，环境规制可能会阻碍我国经济对外开放。环境规制会提高企业的生产成本，导致产品的竞争力下降，影响产品出口。同时，在贸易自由化的今天，环境规制强度的提高会使高污染企业从环境规制较高的国家和地区转移到环境规制较低的国家和地区。因此，环境规制强度的提高会使部分外资和外企流出我国。另一方面，环境规制会促进我国经济对外开放。根据"创新效应"，环境规制会给企业带来竞争和压力，"倒逼"企业增强创新能力，降低环境成本，以提高产品在国际市场的竞争力，增加产品出口。同时，实施环境规制政策不仅是优质生态环境的保障，也是优良产业环境的保障。优质的生态环境和优良的产业环境能够吸引外资，培育优质生态产品，扩大对外贸易，提升国际市场竞争力（石华平、易敏利，2020）。

习近平总书记多次指出，没有哪个国家能够独自应对人类面临的各种挑战，也没有哪个国家能够退回到自我封闭的孤岛。因此，解决贫困问题需要携手合作、集思广益、开放发展。贸易开放能够促进资本、人才的自由流动，加快城镇化进程，改善贫困人口的生活条件。开放也会加剧市场竞争，减少生产扭曲和资源错配，促进专业化分工和资源的优化配置。要将贫困地区的资源优势和劳动力优势与经济发达地区的技术优势和资金优势相结合，实现贫困地区和发达地区的"共赢"，助力脱贫攻坚。同时，规模经济、中间品贸易、人力资本和生产技术的研发与扩散等能优化企业产品质量、扩展企业生产范围、提升企业生产率，从而促进经济增长。贸易开放引致的经济增长能够提高社会生产力、加大物质财富积累、增加人力资本、推动技术进步和促进经济结构转型升级，进而削减贫困。

### 7.1.5 从共享发展角度探讨环境规制与减贫脱困

2020年对贫困治理的最终目标从"两不愁三保障"转变为以给予平等劳动和平等享受劳动成果的权利为主要特征的生活质量提高与发展前景平等（秦慧，2020）。因此，共享发展成果是实现经济高质量发展和消除相对贫困的最终目标。由于环境资源具有公共品属性以及环境问题的负外部性，环境治理的市场机制失灵，因此，实施环境规制是实现全社会共享发展成果的必要举措。环境质量关乎群众的身体健康和美好生活环境。研究表明，环境污染不仅会影响人民的情绪，显著降低居民的幸福感和主观满意度（Rehdanz and Maddison，2008），而且会对公众健康造成严重威胁并产生巨大的医疗负担（陈硕、陈婷，2014）。环境规制是治理、优化环境的重要手段之一。环境规制能够提升环境质量，改善群众的生活条件和生活环境，增强群众幸福感，是提高群众福利公平性的突破口（李梦洁，2015）。同时，环境规制还会刺激企业创新技术，优化产业结构，促进经济增长和群众收入水平提升，促使基础设施、公共服务体系等福利更加完善，让群众享受到环境规制所带来的经济价值。因此，环境规制不仅能够留住"绿水青山"，还能够创造"金山银山"。

综上所述，我们以高质量发展为统揽，发现环境规制会从创新、协调、绿色、开放、共享等几个维度影响减贫脱困（见图7-1）。

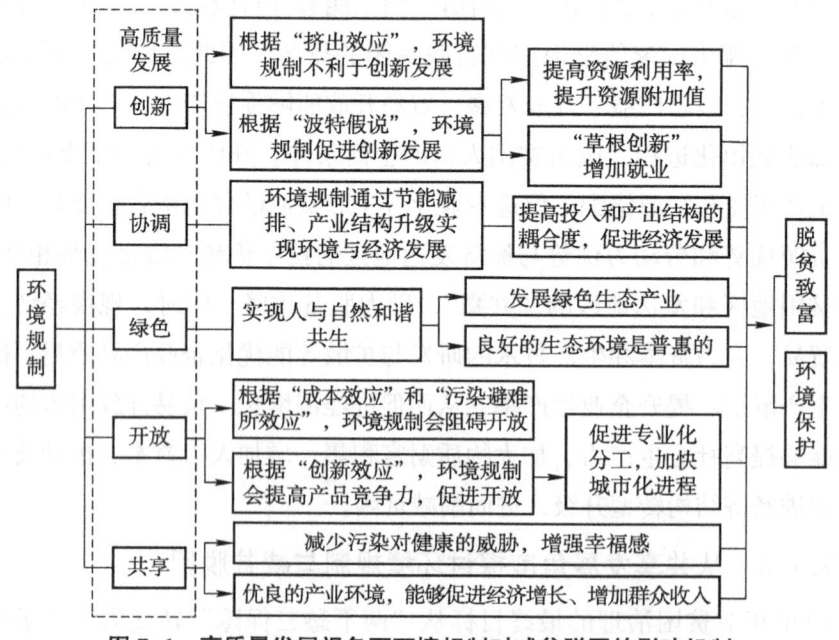

图7-1 高质量发展视角下环境规制对减贫脱困的影响机制

## 7.2 实证分析

基于上述理论分析，在充分借鉴已有相关研究的基础上，我们构建了计量模型实证分析高质量发展视角下环境规制对减贫脱困的影响。

### 7.2.1 计量模型

由于面板数据比横截面数据和时间序列数据包含更大的样本容量，不仅能够获得更多的样本动态行为信息，有效解决遗漏变量问题，而且能够在一定程度上降低变量间的多重共线性，提高计量分析的准确性。故在此采用面板计量模型分析环境规制对减贫脱困的影响。本章构建如下面板回归模型：

$$pov_{i,t}=\alpha_0+\alpha_1 ER_{i,t}+\beta X_{con}+\varepsilon_{i,t} \tag{7-1}$$

其中，$i$ 表示地区，$t$ 表示时间，$pov$ 表示减贫脱困综合评价指数，$ER$ 表示环境规制，$\varepsilon_{i,t}$ 表示地区 $i$ 在时期 $t$ 遇到的随机性因素，即随机扰动项。$\alpha_0$ 为常数项，$\alpha_1$ 表示环境规制对应的回归系数。为了尽可能控制其他因素对减贫脱困的影响，我们在模型中加入了一系列控制变量 $X_{con}$，这些控制变量包括城市基础设施水平、劳动力数量、人力资本水平、固定资产投资情况、城市经济发展情况、政府干预、工业发展水平等。

由于经济、政策等存在惯性，各地区的减贫脱困是一个动态积累的过程，本期的减贫脱困情况不仅受到本地区内当期的政策、经济发展、收入水平等因素的影响，还会受到本地区上期减贫脱困情况的影响，环境规制与减贫脱困之间可能存在一定的路径依赖。因此，我们在计量模型（7-1）中引入被解释变量的一阶滞后项 $pov_{i,t-1}$，构建起动态面板模型：

$$pov_{i,t}=\alpha_0+\alpha_1 ER_{i,t}+\alpha_2 pov_{i,t-1}+\beta X+\varepsilon_{i,t} \tag{7-2}$$

由于各地区的经济基础存在差异，减贫脱困难度和情况不同，环境规制的强度也不尽相同，从而使得环境规制与减贫脱困之间可能存在非线性关系。因此，本章在模型（7-2）的基础上引入环境规制的平方项，构建如下动态面板模型：

$$pov_{i,t}=\alpha_0+\alpha_1 ER_{i,t}+\alpha_2 pov_{i,t-1}+\alpha_3 ER_{i,t}^2+\beta X+\varepsilon_{i,t} \tag{7-3}$$

### 7.2.2 变量选取

**(1) 被解释变量——减贫脱困综合评价指数 ($pov$)**

学术研究中测度贫困主要有三种方法：一是直接运用贫困发生率。贫困发生率的测度首先要选定贫困线，然而学术研究中并未采用一致的贫困线，故所得的研究结论不尽相同。同时，贫困发生率不能反映不同地区贫困情况的详细信息。二是以家庭人均纯收入来度量。这种测度方法的主要理念是从满足个人基本生活需要的角度来看待贫困。事实上，收入不足只是贫困的结果而不是贫困的根源。被称为社会"癌症"的贫困是一种复杂的社会现象，因此，不能仅从收入维度来衡量。三是采用综合指标，通过构建综合评价体系来反映地区减贫脱困情况。这种测度方式能够反映贫困的广度、深度和脱贫的质量。因此，我们通过构建综合评价体系测算减贫脱困指数。

在理论分析的基础上，我们紧扣新发展理论，以高质量发展视角下的减贫脱困综合评价指标为目标层，选取创新、协调、绿色、开放、共享5个指标为一级指标层，9个单项指标为二级指标层，构建起高质量发展视角下的减贫脱困综合评价指标体系（见表7-1）。①创新驱动衡量减贫脱困进程中的创新贡献率，从效率和创新两个维度对其进行度量。其中，用劳动生产率和资本生产率表示要素投入效率，用科技经费投入表示创新投入情况。②协调衡量高质量发展视角下减贫脱困的结构化问题，从结构优化和稳定性两个维度对其进行度量。其中，用产业结构、金融结构、城乡结构、收入分配结构来表示结构优化，用就业波动情况表示稳定性。③绿色发展衡量高质量发展视角下减贫脱困的绿色发展理念，从资源禀赋、环境代价两个维度对其进行度量。其中，用人口密度和人均绿地面积表示资源禀赋，用单位产出二氧化硫排放量、单位产出烟尘排放量表示减贫脱困的环境代价。④对外开放衡量高质量发展中外资的贡献度，从外资依赖度这个维度对其进行度量。⑤共享衡量高质量发展视角下减贫脱困的共享发展理念，从经济产出和成果分享两个维度对其进行度量。其中，用人民收入水平表示经济产出，用消费能力、物资保障、医疗保障、文化保障等表示成果分享情况。

表 7-1 高质量发展视角下的减贫脱困综合评价指标体系

| 一级指标 | 二级指标 | 基础指标 | 度量方法 | 指标属性 |
| --- | --- | --- | --- | --- |
| 创新 | 效率 | 劳动生产率 | GDP/劳动投入量 | 正 |
| | | 资本生产率 | 全市规模以上工业总产值/规模以上工业企业总资产 | 正 |
| | 创新 | 科技经费投入 | 科技经费支出/财政支出 | 正 |
| 协调 | 结构优化 | 产业结构 | 第三产业产值/GDP | 正 |
| | | 金融结构 | 存贷款余额/GDP | 正 |
| | | 城乡结构 | 居民城镇化率 | 正 |
| | | 收入分配结构 | 劳动者报酬/GDP | 正 |
| | 稳定性 | 就业波动 | 城镇登记失业率 | 负 |
| 绿色 | 资源禀赋 | 人口密度 | 户籍人口数/行政区域土地面积 | 正 |
| | | 人均绿地面积 | 人均绿地面积 | 正 |
| | 环境代价 | 单位产出二氧化硫排放量 | 二氧化硫排放量/GDP | 负 |
| | | 单位产出烟尘排放量 | 工业烟尘排放量/GDP | 负 |
| 开放 | 对外开放度 | 外资依赖度 | 实际利用外资金额/GDP | 正 |
| 共享 | 经济产出 | 人民收入水平 | 职工平均工资 | 正 |
| | 成果分享 | 消费能力 | 人均社会消费品零售总额 | 正 |
| | | 物资保障 | 居民生活用电量 | 正 |
| | | | 居民生活用水量 | 正 |
| | | | 互联网用户数 | 正 |
| | | 医疗保障 | 床位数 | 正 |
| | | | 医生数 | 正 |
| | | 文化保障 | 公共图书馆藏书量 | 正 |

关于减贫脱困综合评价指数的测算，本章首先对原始数据进行标准化处理，以消除各指标不同的量纲和数据级的影响。鉴于主成分分析法在确定指标权重和反映基础指标贡献方面更具优势。因此，我们采用主成分分析法确定基础指标的权重，综合测算 2005—2018 年 284 个地级城市减贫脱困指数。

（2）核心解释变量——环境规制强度（ER）

目前，环境规制的量化指标不统一，我们大致可以将测量方法从三个角度进行划分：一是从环境污染治理投入的角度来测度环境规制强度。污染治理的主体包括政府和企业，因此，环境污染治理投入包括政府投入和企业投入。现有研究大多采用企业治理污染投资支出占生产成本或产值的比重、治理污染设施费用、环境污染治理投资占 GDP 比重、单位工业废气治理投资额、单位工业废水治理投资额、单位工业固体废物治理投资额等指标来表征环境规制强度（陈斌、李拓，2020）。二是从环境规制手段的角度来衡量环境规制强度。环境规制的政策工具主要通过制定污染排放限额、执行环境标准等方式对企业施加强制性减排目标、环境标准等，现有研究采用环境规制条例的数量、排污费收入、厂商受到监察的严厉程度、政府和相关规制机构对企业排污的检测次数（Brunnermeier and Cohen，2003）等指标表征环境规制强度。当然，环境规制不仅体现为政府在环境治理方面的决心和努力，也表现为公众对环境污染的忍耐度和环保诉求，如环境信访总数（蔡乌赶、周小亮，2017）、环境信访来访人次（高明、陈巧辉，2019）、政协和人大提案建议等。三是从环境规制成效的角度来测度环境规制强度。学者们主要运用工业废水达标率、一般工业固体废物综合利用率、二氧化硫去除率、烟（粉）尘去除率、污水处理厂集中处理率（林弋筌，2020；安海彦、姚慧琴，2020）、"三废"排放量、单位产值的能源消耗量（Kheder and Zugravu，2008）来衡量。

基于我国各类污染物排放治理强度和数据的可得性，我们借鉴林弋筌（2020）和原毅军、谢荣辉（2014）的研究思路，选择工业固体废物综合利用率、城镇生活污水处理率、生活垃圾无害化处理率三个指标构建环境规制强度综合指标来反映政府和企业对环境保护和环境治理的重视程度。由于没能找到对上述三个指标进行赋值的科学方法，因此我们对其分别进行[0，1]线性标准化后再进行等权平均处理，作为本章的环境规制强度指标。

（3）控制变量

除上述核心解释变量外，我们还在分析中纳入其他一些变量，以控制不同经济体的异质性所带来的影响。具体而言，我们参考已有研究，主要加入以下可能对地区减贫脱困产生影响的因素作为控制变量：

第一，城市基础设施水平（$inf$）。完善的城市基础设施是人才集聚、要素流动的重要前提，将带来创新发展的活力，有利于实现高质量发展视角下的减贫脱困。我们以人均城市道路面积表示城市基础设施水平。

第二，劳动力数量（lab）。劳动是价值的唯一源泉。在这个意义上讲，经济增长就是劳动积累的过程，因此，劳动力资源是实现地区经济发展和减贫脱困的重要推动力。我们以就业人数表示劳动力数量。

第三，人力资本水平（edu）。人力资本水平反映劳动者的学习能力、创新能力，是影响劳动生产率的关键因素。教育培训、医疗保健、劳动力转移是优化人力资本结构、提升人力资本水平的有效途径。其中，教育是提升人力资本水平最为核心的方式。教育不仅能够直接为劳动者提供知识技能，而且还会影响劳动者的健康意识，增加劳动者的就业选择机会，促进劳动者在地区间、产业间转移流动。因此，我们以教育人力资本水平指代人力资本水平，并用财政教育支出占财政支出的比重来表示。

第四，固定资产投资情况（inv）。固定资产投资能够通过优化结构、提高效率和扩大规模来促进经济增长，进而加快减贫脱困进程，降低地区返贫风险。本章用固定资产投资额与地区生产总值的比值表示固定资产投资情况。

第五，城市经济发展情况（pgdp）。各地区的经济发展情况会影响贫困者的发展机会和收入。虽然地区生产总值是一个平均概念，受收入分配结构的影响，但已有研究表明人均GDP能够对减缓贫困产生正向影响。因此，我们用人均GDP来表示城市经济发展情况。

第六，政府干预（gov）。地方政府在减贫脱困中扮演着重要角色，能够通过建立社会保障体系、对口帮扶、财政转移支付等政府调节手段为经济协调发展提供重要基础保障。但过多的政府行为可能会影响市场正常秩序，对地区经济增长和减贫脱困产生负面影响。我们以财政支出占地区生产总值的比重表示政府干预。

第七，工业发展水平（ind）。工业产业的发展将有效吸纳贫困群体劳动力，为贫困家庭提供长期的收入来源。同时，工业产业的发展也将为地区发展创造税收收入，为地区基础设施建设、民生体系完善等奠定财力基础，进而改善贫困人口的生产、生活和学习条件。因此，工业发展水平是推动减贫脱困的重要因素。我们以规模以上工业企业数量表示工业发展水平。

### 7.2.3 数据来源

本章以中国大陆284个地级城市作为研究对象,以2005—2018年作为样本区间进行研究。本章各种数据来源于《中国城市统计年鉴》《中国区域经济统计年鉴》《中国统计年鉴》以及各省统计年鉴和统计局网站,采用线性插值法和均值替换法对缺失数据和异常数据进行替换和补全,部分数据由笔者根据公式计算得出。为保持数据平稳性,消除异方差,我们对绝对指标作自然对数处理。各变量的描述性统计结果如表7-2所示。

表7-2 计量模型中各变量的描述性统计结果

| 变量 | 样本数 | 均值 | 标准差 | 最小值 | 中位数 | 最大值 |
| --- | --- | --- | --- | --- | --- | --- |
| $pov$ | 3976 | −0.008 | 0.361 | −0.370 | −0.120 | 1.962 |
| $ER$ | 3976 | 0.547 | 0.343 | 0.000 | 0.650 | 0.979 |
| $inf$ | 3976 | 4.685 | 5.546 | 0.007 | 2.732 | 32.120 |
| $\ln lab$ | 3976 | 5.306 | 3.871 | 1.936 | 3.543 | 14.505 |
| $edu$ | 3976 | 0.173 | 0.062 | 0.001 | 0.180 | 0.297 |
| $\ln inv$ | 3976 | 15.382 | 1.185 | 12.72 | 15.473 | 17.943 |
| $\ln pgdp$ | 3976 | 10.106 | 0.831 | 8.184 | 10.146 | 11.872 |
| $\ln gov$ | 3976 | 0.184 | 0.157 | 0.052 | 0.140 | 1.100 |
| $\ln ind$ | 3976 | 6.434 | 1.115 | 3.871 | 6.382 | 8.981 |

### 7.2.4 特征性事实

在进行实证分析以前,本章先以图表的形式直观地分析和观察环境规制与减贫脱困之间的关系。我们分别用贫困发生率、环境污染治理投资额作为减贫脱困和环境规制的粗略衡量指标。

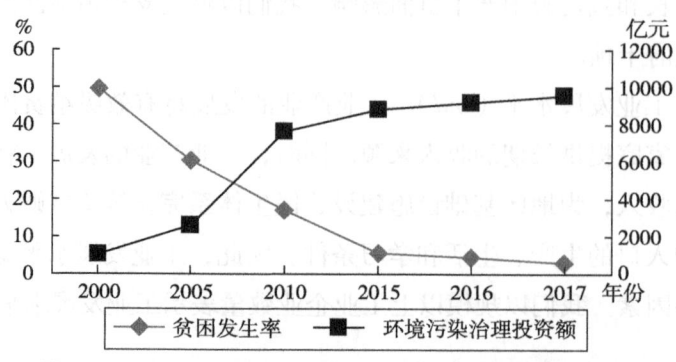

图7-2 2000—2017年环境规制与减贫脱困的特征性事实

从图7-2可以看出，表征环境规制强度的环境污染治理投资额从2000年的1010亿元上升到2017年的9539亿元，说明我国的环境污染治理投资在逐年增加，环境规制强度也在不断提高。与此同时，按照现行标准测算的贫困发生率从2000年的49.8%下降到2017年的3.1%，说明我国在稳步推进减贫工作，脱贫致富的成效显著。这意味着环境规制和减贫脱困之间存在着某种同步关系。

### 7.2.5 相关变量数据性质检验

为了得到更为精准的回归结果，我们需要在进行回归分析之前检验数据的性质。计量模型中各变量的组间异方差、组间同期相关以及组内自相关的检验结果如表7-3所示。Wald检验的 $p$ 值为0.0000，强烈拒绝原假设，认为选取的面板数据存在组间异方差，这表明为了提高估计的准确性我们需要考虑地区间的异质性。Pesaran检验的 $p$ 值为0.0000，强烈拒绝原假设，认为存在组间同期相关，而同期相关在某种程度上说明了控制变量选取是合理的。Wooldridge检验的 $p$ 值为0.0000，拒绝不存在组内自相关的原假设，这说明选取的变量有明显的时间趋势，因为本章实证分析所采用的数据是含267个截面16期的短面板数据，所以我们可以不考虑面板自相关的问题。故此，我们在下面的计量分析中要在考虑组间异方差的基础上进行回归分析。

表7-3 变量数据性质的检验

| 检验类别 | 检验值 | $p$ 值 |
| --- | --- | --- |
| Wald检验 | 962.33 | 0.0000 |
| Pesaran检验 | 305.18 | 0.0000 |
| Wooldridge检验 | 0.053 | 0.0000 |

### 7.2.6 变量相关关系

统计学中主要使用皮尔森相关系数、斯皮尔曼相关系数和肯德尔相关系数来测度和反映两个变量之间变化趋势的方向和程度。相关系数为正数表示两个变量之间呈正相关，反之则呈负相关。相关系数为0则表示不相关，相关系数绝对值越大表示变量间的相关性越强。我们选用皮尔森相关系数、斯皮尔曼相关系数来测度变量之间的相关关系。变量之间的相关系数如表7-4

所示，对角线以下为皮尔森相关系数，对角线以上为斯皮尔曼相关系数。表7-4反映，环境规制与减贫脱困指数在1%的显著性水平下斯皮尔曼相关，相关系数为0.21，同时，两个变量在1%的显著性水平下皮尔森相关，相关系数为0.113。由此说明环境规制和减贫脱困之间有着较强的相关关系，本章构建的模型合理。

表 7-4　相关系数矩阵

| | pov | ER | inf | ln lab | edu | ln inv | ln pgdp | gov | ln ind |
|---|---|---|---|---|---|---|---|---|---|
| pov | 1 | 0.210*** | 0.361*** | 0.732*** | −0.087*** | 0.570*** | 0.437*** | 0.106*** | 0.470*** |
| ER | 0.113*** | 1 | 0.304*** | 0.289*** | −0.098*** | 0.276*** | 0.230*** | −0.084*** | 0.236*** |
| inf | 0.332*** | 0.241*** | 1 | 0.395*** | −0.248*** | 0.523*** | 0.726*** | 0.005 | 0.290*** |
| ln lab | 0.429*** | 0.248*** | 0.323*** | 1 | −0.02 | 0.704*** | 0.582*** | 0.049*** | 0.579*** |
| edu | −0.080*** | −0.096*** | −0.098*** | 0.016 | 1 | 0.016 | −0.162*** | −0.022 | 0.066*** |
| ln inv | 0.550*** | 0.191*** | 0.397*** | 0.473*** | 0.120*** | 1 | 0.759*** | 0.064*** | 0.712*** |
| ln pgdp | 0.438*** | 0.149*** | 0.585*** | 0.494*** | −0.013 | 0.765*** | 1 | 0.032*** | 0.487*** |
| gov | 0.173*** | −0.098*** | −0.075*** | 0.357*** | 0.014 | 0.007 | 0.036** | 1 | −0.318*** |
| ln ind | 0.489*** | 0.180*** | 0.231*** | 0.241*** | 0.088*** | 0.718*** | 0.501*** | −0.235*** | 1 |

注：*、**、*** 分别表示变量通过了10%、5%、1%的显著性检验。

## 7.3　回归分析结果

在理论分析的基础上，我们对高质量发展视角下我国环境规制对减贫脱困的影响进行了实证分析。

### 7.3.1　高质量发展视角下环境规制的减贫效应：静态面板估计

单位根检验、格兰杰因果关系检验、协整检验均表明，减贫指数和环境规制之间存在着稳健的相关关系，因此，可以进行回归分析。本章以静态面板线性回归作为实证分析的起点。静态面板数据模型通常包括固定效应模型、随机效应模型和混合效应模型。

我们使用 $F$ 检验和豪斯曼检验筛选使用的模型。从检验的结果来看，$F$ 检验统计量为112.4，$p$ 值为0，拒绝使用混合效应模型的原假设。豪斯曼检验统计量为711.03，$p$ 值为0，强烈拒绝使用随机效应模型的原假设。因此，

## 7 高质量发展视角下我国环境规制减贫脱困效应研究

我们以固定效应模型为基础进行分析。

根据表7-5可知，环境规制的回归系数为-0.009，但未能通过显著性检验，说明环境规制对减贫脱困的影响不显著。这可能有以下几个原因：一是环境规制的"遵循成本效应"和"创新补偿效应"恰好抵消；二是环境规制对地区环境、经济、人民生活的影响可能存在滞后性，这些作用无法在当期体现出来；三是可能与本章使用的样本有关，也可能是因为采用静态面板回归模型没有考虑内生性问题。我们有必要分析控制变量变化与减贫脱困变量变化的关系。

表7-5 环境规制对减贫脱困影响的估计结果（静态面板）

| 项目 | 模型（1）混合回归 | 模型（2）固定效应 | 模型（3）随机效应 |
| --- | --- | --- | --- |
| $ER$ | -0.064*** (-4.91) | -0.009 (-1.60) | -0.016** (-2.51) |
| $inf$ | 0.012*** (12.67) | 0.003*** (6.44) | 0.004*** (7.05) |
| $\ln lab$ | 0.015*** (10.70) | 0.016*** (25.37) | 0.017*** (24.65) |
| $edu$ | -0.808*** (-11.75) | 0.186*** (5.36) | 0.110*** (2.92) |
| $\ln inv$ | 0.089*** (12.46) | -0.024*** (-4.64) | -0.017*** (-3.23) |
| $\ln pgdp$ | -0.064*** (-7.05) | 0.066*** (8.05) | 0.037*** (4.46) |
| $gov$ | 0.480*** (15.33) | 0.523*** (31.50) | 0.500*** (28.18) |
| $\ln ind$ | 0.111*** (19.30) | -0.055*** (-8.19) | 0.013** (2.06) |
| 常数项 | -1.493*** (-20.36) | -0.179*** (-4.38) | -0.412*** (-9.32) |
| $N$ | 3976 | 3976 | 3976 |

注：解释变量括号外数字表示系数，括号内数字表示$t$检验统计量。*、**、***分别表示变量通过了10%、5%、1%的显著性检验。

城市基础设施建设的回归结果显著为正，说明城市基础设施建设会加快地区减贫脱困进程。一方面，基础设施建设会对减贫脱困产生直接影响。作为一种生产要素，基础设施建设可以直接进入生产环节，提高经济产出，促进经济增长，便捷群众生活。另一方面，城市基础设施建设可以间接地推动减贫脱困进程。基础设施投资产生的规模效应和溢出效应能够提高全要素生产率，进而促进经济发展。同时，信息和通信等基础设施建设、投资将促进自主研发和技术进步，实现技术、资金的自由流动，加快脱贫致富进程。

就业人数回归系数为正，且通过了显著性检验，说明实现稳步就业对减贫脱困具有显著的正向作用。"就业是民生之本，发展之源"。无论是"六稳"工作，还是"六保"任务，就业都摆在首位。就业不仅关系着经济增长、结构升级，也牵动着千家万户的生活，而且关系着民生改善和社会和谐。

人力资本水平通过1%的显著性检验，回归系数为0.186，说明人力资本水平对减贫脱困存在着显著的正向影响。教育人力资本水平的提升不仅能够提高竞争力和劳动生产率，促进经济发展，而且还能通过增加贫困人口把握机会的能力、提高家庭经济收入水平等来阻断贫困的代际传递，减少"贫困的恶性循环"（郭晓娜，2017）。

固定资产投资的回归结果显著为负，系数为-0.024，说明固定资产投资会阻碍反贫困步伐，这一回归结果不符合预期，可能是因为存在内生性问题，也可能是由于固定资产投资对经济增长的影响存在滞后性（王天营，2004）。固定资产投资一般有较长的周期，新增投资对当年经济发展无法产生带动作用，反而会由于投资的增加，挤占其他的发展资金，在新增投资的当期会阻碍减贫脱困进程。

人均GDP作为地区经济禀赋的代理变量对地区减贫脱困具有促进作用。现有的经济发展水平是实现产业发展、基础设施建设、人民生活水平提升的重要基础。

政府干预对减贫脱困的影响在1%的显著性水平下通过显著性检验，回归系数为0.523，说明政府干预会推动高质量发展视角下的脱贫致富。政府可通过医疗救助、对口帮扶等方式对贫困地区和贫困群体采取扶持性、倾斜式的反贫困措施，改善贫困人口的劣势地位，防止贫富差距拉大，推动贫困地区经济快速发展（汪三贵，1994）。

工业发展水平通过了1%的显著性检验，回归系数为–0.055，说明工业发展对高质量发展视角下的减贫脱困具有阻碍作用，这一结果不符合预期，可能与本章使用的样本有关，也可能是由于采用固定效应回归忽视了内生性问题。

### 7.3.2 高质量发展视角下环境规制的减贫效应：内生性处理

受到数据可得性的影响，本章未能将影响减贫脱困的所有因素放在控制变量中，可能会遗漏部分变量。同时，一个地区的减贫脱困情况与经济发展水平都会影响政府、群众对环境保护的重视程度和环境规制强度，环境规制和减贫脱困之间可能存在双向因果关系。以上原因都会导致出现内生性问题，意味着固定效应回归结果可能是有偏差的。为获取更精准的结果，可采用工具变量法或广义矩估计法。然而，采取工具变量法，在选取合适的工具变量时可能会对模型的稳健性产生影响。因此，我们采用面板广义矩估计法。GMM分为差分GMM和系统GMM。差分GMM虽然能有效地解决变量内生性和残差异方差问题，但是工具变量很多或因变量具有很强持续性，接近于随机游走时，容易出现弱工具变量问题，产生偏差。但系统GMM能很好地处理弱工具变量问题，提高估计的效率。因此，本章运用系统GMM估计法对动态面板模型的参数进行估计。

表7-6的估计结果显示，AR（2）检验、Hansen检验模型设定合理，且工具变量选择有效。模型（4）是采用系统GMM方法分析环境规制对减贫脱困影响的回归结果。模型（5）在模型（4）的基础上引入了环境规制的平方项。根据回归结果的显著性，我们根据模型（5）的回归结果进行分析。

表7-6 环境规制对减贫脱困影响的估计结果（系统GMM估计）

| 项目 | 模型（4） | 模型（5） |
| --- | --- | --- |
| L.pov | 0.602*** <br> （18.69） | 0.529*** <br> （18.02） |
| ER | –0.608*** <br> （–8.00） | –2.620*** <br> （–5.40） |

续表

| 项目 | 模型（4） | 模型（5） |
| --- | --- | --- |
| $ER^2$ | | 1.594*** |
| | | （4.64） |
| inf | −0.001 | 0.007** |
| | （−0.34） | （2.15） |
| $\ln lab$ | 0.164*** | 0.169*** |
| | （6.10） | （4.58） |
| edu | 0.871* | 1.118** |
| | （−1.86） | （−2.05） |
| $\ln inv$ | −0.054* | −0.049 |
| | （−1.70） | （−1.55） |
| $\ln pgdp$ | 0.185*** | 0.153*** |
| | （5.34） | （3.71） |
| gov | 0.195 | 0.280** |
| | （1.62） | （2.22） |
| $\ln ind$ | −0.008 | 0.001 |
| | （−0.61） | （0.06） |
| 常数项 | −1.234*** | −0.584 |
| | （−4.06） | （−1.41） |
| AR1 | −6.085*** | −6.759*** |
| AR2 | 1.435 | 0.278 |
| Hansen 检验 | 27.809 | 25.632 |
| N | 3976 | 3976 |

注：解释变量括号外数字表示系数，括号内数字表示 t 检验统计量。*、**、*** 分别表示变量通过 10%、5%、1% 的显著性检验。

模型（5）显示环境规制对减贫脱困存在显著负向影响。与表7-5中固定效应回归结果相比，说明忽略内生性问题会导致低估环境规制对减贫脱困的影响。引入环境规制的平方项后，平方项影响系数为1.594，且通过了显著性检验，表明环境规制对反贫困的影响呈"U"形曲线关系，即环境规制的增强会阻碍反贫困的进程，但是当环境规制水平超过一定"门槛值"，环境规制水平的提高就会对反贫困产生促进作用。其原因是在不同阶段，环境规制强度对反贫困的作用方向取决于"遵循成本效应"和"创新补偿效应"

的综合效果。

滞后一期的贫困水平对反贫困存在显著的正相向影响，说明贫困问题不是一个短期暂时性的问题，具有一定的惯性。反贫困工作不能一蹴而就，需要持续发力，久久为功。

固定资产投资回归结果的系数为 $-0.049$，但未能通过显著性检验，说明固定资产投资在高质量发展下对减贫脱困的作用效果不显著。这主要是因为，一方面，新增固定资产投资能够增加就业机会，完善城市基础设施，改善群众的生活环境，提升其生活水平。特别是近年来实施的新基建项目可以获得比传统基建更大的乘数效应，导致一系列新技术、新产品、新模式、新业态大量涌现，为经济转型发展、提档升级提供动力。另一方面，过度投资和重复建设将会对经济发展和破解贫困产生阻碍作用。盲目建设会给政府和企业带来负担，挤占发展资金，造成无序竞争，导致资源浪费和环境污染。在正负两方面的作用下，固定资产投资对减贫脱困的作用效果不显著。

工业发展水平的回归结果不显著，说明工业发展对地区反贫困没有显著的影响。这可能存在以下几个原因：一是贫困地区大多以传统农业、手工业为主，现代工业发展相对滞后，甚至没有现代工业企业。因此，工业的发展对这些地区的影响十分有限。二是工业的发展虽然能解决贫困地区群众就业问题，增加群众收入，维持区域经济发展，但贫困地区采取的是以自然资源开发为主的大规模、高能耗、低产出、低效益的粗放型经营方式，粗犷的工业发展会引发对资源的掠夺式开发，带来生态破坏和环境污染。在正负两方面作用下，工业发展在高质量发展视角下对反贫困的作用效果不显著。

与表7-5中的固定效应回归结果相比，固定资产投资情况、工业发展水平的减贫效应变得不显著。除此以外，其余变量系数和普通面板数据固定效应模型的结果基本一致。

### 7.3.3　环境规制减贫效应的区域性差异

鉴于中国各地区在经济基础、资源禀赋、污染排放、文化制度等方面都存在着较大差异，为进一步考察不同区域环境规制对减贫脱困的影响，本章按照东、中、西三大经济地理区域对样本进行划分，分区域研究环境规制对反贫困的影响，考察环境规制对反贫困的作用是否存在区域异质性。

表 7-7　环境规制的减贫效应的区域性差异

| 项目 | 模型（6）东部 | 模型（7）中部 | 模型（8）西部 |
| --- | --- | --- | --- |
| $L.pov$ | 0.973*** <br> （4.62） | 0.373*** <br> （14.51） | 0.763*** <br> （26.13） |
| $ER$ | −0.297** <br> （−0.45） | −0.319** <br> （−1.11） | −0.497*** <br> （−0.34） |
| $ER^2$ | 0.844* <br> （0.54） | 0.530* <br> （0.99） | −0.377 <br> （−1.47） |
| $inf$ | −0.001 <br> （−0.15） | 0.005 <br> （0.74） | 0.005 <br> （0.94） |
| $\ln lab$ | −0.023 <br> （−0.38） | 0.364*** <br> （9.86） | 0.125*** <br> （2.64） |
| $edu$ | 0.204 <br> （0.18） | −0.942** <br> （−2.08） | 0.966*** <br> （2.73） |
| $\ln inv$ | 0.071 <br> （0.36） | −0.018 <br> （−0.55） | −0.023 <br> （−0.78） |
| $\ln pgdp$ | 0.133 <br> （0.92） | −0.08 <br> （−1.14） | 0.219*** <br> （7.26） |
| $gov$ | 0.206 <br> （0.66） | 0.04 <br> （0.27） | 0.864*** <br> （8.66） |
| $\ln ind$ | −0.07 <br> （−0.60） | −0.123*** <br> （−6.83） | 0.023 <br> （0.95） |
| 常数项 | −1.593 <br> （−0.83） | 0.6 <br> （1.21） | −2.138*** <br> （−6.44） |
| AR1 | −2.313*** | −3.591*** | −4.554*** |
| AR2 | −0.095 | −0.507 | 0.910 |
| Hansen | 24.350 | 21.392 | 27.122 |
| $N$ | 1414 | 1400 | 1162 |

注：解释变量括号外数字表示系数，括号内数字表示 $t$ 检验统计量。*、**、*** 分别表示变量通过10%、5%、1%的显著性检验。

根据表7-7的模型（6）、模型（7）、模型（8）可知，东部地区、中部地区、西部地区环境规制的回归结果均显著为负，说明环境规制对缓解贫困具有阻碍作用,这一回归结果与表7-6系统GMM的回归结果一致。东部地区和中部地区环境规制的二次项回归结果都通过了10%的显著性检验,回归系数分别为0.844和0.530,说明环境规制对东部地区和中部地区反贫困的影响呈"U"形曲线关系。在越过拐点前,环境规制与减贫脱困呈负相关;越过拐点后,严格的环境规制会加快脱贫进程。西部地区环境规制的二次项回归结果没有通过显著性检验,说明西部地区环境规制对减贫脱困的影响不存在"拐点"。根据环境规制和环境规制二次项的回归结果可知,环境规制对减贫脱困的作用表现出区域性差异,具体表现为西部地区环境规制对减贫的阻碍作用最大,中部地区次之,东部地区的作用效果最弱,且东部地区和中部地区的环境规制对反贫困的影响呈"U"形曲线关系。原因在于西部地区的经济基础相对薄弱,科技研发、创新的人才和技术支撑较弱,主要从事以环境污染为代价的低端产业,因此,环境规制强度的增加会减少西部地区的就业,影响地方产业和经济的发展;同时,由于地区科技、研发力量薄弱,导致环境规制的"创新补偿效应"作用甚小。因此,西部地区的环境规制对反贫困的阻碍作用最大,且暂不存在"拐点"。中部地区作为工业生产的核心区域,存在大量粗放生产的低端企业,环境规制会增加企业节能减排的设施设备投入,增加环境污染治理成本和环境服从成本。同时,环境规制会鞭策企业增加技术研发投入,实施节能减排。由于需要一定的时间进行技术研发和成果转化,前期,环境规制会阻碍减贫脱困进程;当环境规制达到一定限度时将会出现一个"拐点",逐渐凸显"创新补偿效应",环境规制将加快脱贫步伐。东部地区经济发展起步相对较早,具有较为健全的环保政策、法律体系,随着环境规制力度的加大,高端企业的技术创新补偿和前沿技术开发的巨额成本之间的比较成为环境规制影响减贫脱困的决定因素。表7-7中其他控制变量的回归结果与表7-6中回归结果的方向基本一致。

### 7.3.4 拓展性讨论

通过上文分析可知,环境规制对减贫脱困的影响可能是多维度的,其影响可能会随着环境规制强度处于不同区间而呈现不同特点,即变量间可能存在非线性关系。为了对此进行验证,我们参考已有的文献,选取Hansen的面板门槛模型进行分析。区别于传统的非线性模型，Hansen的面板门槛模型可以内生决定门槛的数值和门槛的数量，且能够估计出具体的门槛值。因此，本章以环境规制为门槛变量，构建如下门槛模型：

$$pov_{i,t} = \lambda_0 + \lambda_1 ER_{i,t} = I(ER_{i,t} \leq \gamma_1) + \lambda_2 ER_{i,t} = I(\gamma_1 < ER_{i,t} \leq \gamma_2) + \cdots + \lambda_n ER_{i,t}$$
$$= I(\gamma_{n-1} < ER_{i,t} \leq \gamma_n) + \delta X_{con} + \varepsilon_{i,t} \quad (7-4)$$

其中，$ER_{i,t}$为门槛变量；$\gamma_1, \gamma_2, \cdots, \gamma_n$为待估门槛值；$I(\cdot)$为示性函数，当满足括号内条件时取值为1，否则取0；$\lambda_1, \lambda_2, \cdots, \lambda_n$为区间估计参数；其他参数的经济意义和前文一致。

在进行门槛检验时，首先需要对门槛效应进行检验，以确定门槛变量的门槛值和门槛个数。我们依次假设存在1个、2个和3个门槛值，并利用Bootstrap反复抽样300次计算$F$值。根据表7-8的$F$值和$p$值可以判断，单一门槛检验、双重门槛检验均在1%的显著性水平下通过了显著性检验，但三重门槛效应未能通过显著性检验，说明环境规制对减贫脱困的影响确实存在门槛效应，且存在"双重门槛效应"，门槛值分别为0.47和0.7067。

表7-8 面板门槛效应检验

| 模型 | $F$值 | $p$值 | BS次数 | 自抽样临界值 | | |
| --- | --- | --- | --- | --- | --- | --- |
| | | | | 10% | 5% | 1% |
| 单一门槛检验 | 6.08*** | 0.0000 | 300 | 16.8246 | 18.1370 | 24.4421 |
| 双重门槛检验 | 21.42*** | 0.0000 | 300 | 9.5038 | 11.1242 | 14.3911 |
| 三重门槛检验 | 262.12 | 0.6700 | 300 | 10.0521 | 12.5628 | 15.2367 |

注：*、**、***分别表示变量通过10%、5%、1%的显著性检验。$p$值和临界值均是采用Bootstrap法抽样300次得到的结果。

根据表7-9可知，当环境规制强度小于0.47时，环境规制的回归系数为-0.0678，并在1%的显著性水平下显著，说明在这一环境规制强度区间内，环境规制对减贫脱困有负向的阻碍作用。当环境规制强度处于0.47至0.7067时，环境规制对减贫脱困的影响为正，但是未能通过显著性检验，说明在这一环境规制强度区间内，环境规制对反贫困的影响不显著。当环境规制跨过第二个门槛值，强度大于0.7067时，环境规制对减贫脱困的影响发生实质性的转变，环境规制回归系数为0.0315，显著性水平变为在1%

表 7-9　面板门槛模型回归估计结果

| 解释变量 | 系数估计值 | $t$ 统计量 | $p$ 值 | 95% 置信区间 |
| --- | --- | --- | --- | --- |
| $L.pov$ | 0.6538 | 13.72 | 0.0000 | （0.5601，0.7477） |
| $ER.I(ER_{i,t} \leq \gamma_1)$ | −0.0678 | 11.60 | 0.0000 | （0.5631，0.7932） |
| $ER.I(\gamma_1 < ER_{i,t} \leq \gamma_2)$ | 0.0025 | 0.29 | 0.7760 | （−0.1469，0.0197） |
| $ER.I(\gamma_2 \leq ER_{i,t})$ | 0.0315 | −3.92 | 0.0000 | （−0.0474，−0.0157） |
| $inf$ | 0.0023 | 4.34 | 0.0000 | （0.0012，0.0033） |
| $\ln lab$ | 0.0097 | 8.47 | 0.0000 | （0.0075，0.0120） |
| $edu$ | 0.1494 | 6.11 | 0.0000 | （0.1013，0.1976） |
| $\ln inv$ | −0.1898 | −1.66 | 0.0980 | （−0.4146，0.0035） |
| $\ln pgdp$ | 0.0277 | 1.11 | 0.0080 | （−0.0214，0.0767） |
| $gov$ | 0.5019 | 11.59 | 0.0000 | （0.4167，0.5872） |
| $\ln ind$ | −0.0213 | −2.80 | 0.1050 | （−0.0362，−0.0063） |
| 常数项 | −0.0169 | −0.27 | 0.7870 | （−0.1400，0.1063） |

的水平下显著，说明当环境规制强度超过0.7067后，环境规制强度每提高1%，减贫脱困指数会提升3.15%，这一回归结果印证了表7-6系统GMM估计的回归结果，也合理地解释了在政府和公众对环境保护重视程度不同的各个阶段，环境规制对高质量发展视角下减贫脱困产生的异质性影响。第一个阶段是经济发展水平较低的时期，我国以经济增速为主要目标，政府为了招商引资放松环境规制水平，各地竞相开展重复建设，大搞形象政绩工程，使得区域内出现产业结构失衡、资源配置效率低下、地方保护主义严重等问题。同时，粗放的发展方式让区域内群众快速地受益，而环境污染、生态破坏在短时期内未能显现，公众对环境保护的重视程度不高、对环境污染敏感度低、监督能力低。所以在初期，政府和公众对环境规制的重视程度都较低。以环境为代价的发展虽然获得了一定的经济效益，但是也带来了严重的环境污染问题，经济发展的质量和可持续性都较差。综合来看，这一阶段的环境规制会阻碍高质量发展视角下的反贫困进程。第二个阶段，随着工业化、城镇化进程的推进，环境污染问题逐渐凸显，各类环境公害事件频繁发生，甚至令公众直接感受到了环境污染的危害，因此，社会开始关注环境保护和污染防治工作；同时，政府在追求经济增长的同

时,开始关注经济发展的质量,提出我们不能走"先污染、后治理"和"边污染、边治理"的发展道路,开始将生态状况纳入政绩考核指标体系。这一阶段,环境规制的力度加大,但是由于环境规制对环境优化、产业结构调整、经济发展质量提升等方面的影响都是一个循序渐进的过程,因此,环境规制的作用效果在当期还未能体现出来。故而环境规制对高质量发展视角下的减贫脱困作用效果尚不显著。第三个阶段,经济发展进入高质量发展阶段,公众对环境保护的关注度进一步增强,社会对环境质量的期待越来越高。国家提出了可持续发展战略,从建立中央生态环境保护督查制度到检测监察执法"垂改",从明确领导干部生态环境损害责任追究办法到开展自然资源离任审计,从构建绿色技术创新体系到推进绿色生活创建等,全面推进生态文明体系改革,逐步构建起产权明晰、多元参与、激励约束并重、系统完整的生态文明制度体系。这一阶段,环境规制进一步激发了"创新补偿效应",形成了"水清、岸绿、景美、民乐"的发展局面。总体而言,以追求经济高质量发展为目标,环境规制必然对反贫困产生积极影响(田丽芳、刘亚丽,2020)。城市基础设施水平、劳动力数量、人力资本水平、固定资产投资情况、城市经济发展情况、工业发展水平等控制变量回归结果的系数和显著性水平与表7-6模型(5)的系统GMM回归结果一致,进一步说明系统GMM估计结果具有稳健性。

## 7.4 本章小结

党的十九届五中全会提出,到2035年实现社会主义现代化的远景目标是"广泛形成绿色生产生活方式,碳排放达峰后稳中有降,生态环境根本好转,美丽中国建设目标基本实现;人民生活更加美好,人的全面发展、全体人民共同富裕取得更为明显的实质性进展"。立足新时代,以高质量发展为指引,推动环境保护和减贫脱困是发展关注的重点目标。因此,本章以高质量发展理念为统揽,探寻环境规制与减贫脱困的关系。在理论层面分析了高质量发展视角下环境规制对减贫脱困的作用机理,同时紧扣创新、协调、绿色、开放、共享五大发展理念,构建减贫脱困综合评价指标体系,利用主成分分析法测算减贫脱困综合指数,并采用系统GMM方法和门槛模型实证分析环境规制对减贫脱困的影响。得出的研究结论主要有：第一，整体而言，环境规制对反贫困的影响呈"U"形曲线关系，即环境规制的增强会阻碍反贫困的进程，但是当环境规制水平超过一定"门槛值"后，环境规制水平的提高将对反贫困产生促进作用。第二，从区域来看，东部地区和中部地区的环境规制对反贫困的影响呈"U"形曲线关系。西部地区的环境规制对反贫困的阻碍作用最大，且不存在"拐点"。第三，环境规制对减贫脱困存在"双重门槛效应"，当环境规制强度低于低门槛值时，将阻碍减贫脱困进程；当环境规制强度处于两个门槛值之间时，对减贫脱困的作用效果不显著；当环境规制强度高于高门槛值时，会促进减贫脱困。第四，根据控制变量回归结果可以看出，城市基础设施建设、就业人数、人力资本水平、人均GDP、政府干预等因素也会影响减贫脱困进程。根据上述研究结论，本章提出以下几点政策建议：

第一，牢固树立"绿水青山就是金山银山"的发展理念。将环境改善和脱贫攻坚结合起来、统筹思考，明确生态环境保护的底线、红线，守好贫困地区经济发展的生命线，切不可走以前的"先污染、后治理"或"边污染、边治理"的老路；同时，消除相对贫困是今后较长一段时期内的重点任务，因此，也不可只强调环境保护，而放弃经济发展。我们要依托生态优势，发展生态产业；坚守生态红线，以系统思维抓生态建设；树立生态生产力观念，形成绿色生产方式、生活方式和消费方式，改革经济社会发展考核评价体系；建立源头预防、事中控制和末端惩处相结合的全过程监管制度，用法律制度护蓝增绿，依法保障绿色发展目标的实现。

第二，因地制宜实施环境规制政策。由于各地区、产业之间存在着特殊性，因此，制定环境保护政策既需要由上而下的顶层设计，也需要自下而上的因地制宜，切不可"一刀切"，要根据地区经济和产业发展的实际，采取个性化的环境规制政策和手段。东部地区的经济相对发达，环境规制的标准较高，因此，可以进一步完善环保法规标准体系，适时地根据该地区高质量发展的要求，不断地将环境规制与经济法制调整到最佳状态，同时借鉴发达国家的经验，鼓励企业在新型环境规制工具和污染治理技术等领域实现创新。中西部地区环境规制标准相对较低，政府要适当增强环境规制强度，采取"命令强制性"和"市场鼓励性"相结合的环境规制形式,督促和引导企业、群众关注环境保护,将环境保护与获取经济利益结合起来。

第三,强化科技创新和人才培育。党的十九届五中全会指出,要"坚定不移贯彻创新、协调、绿色、开放、共享的新发展理念,以推动高质量发展为主题,以改革创新为根本动力,以满足人民日益增长的美好生活需要为根本目的,坚持深化改革开放,坚持系统观念"。充分利用环境规制政策引导企业技术创新,转换经济增长动能,促进节能减排,走创新发展、绿色发展道路;积极培养高素质人才,为绿色发展提供人才支撑,增加环保产业就业,减少环境规制对就业的冲击,让群众共享经济发展成果和优质的生态环境。

# 8 "资源诅咒"、后发优势与民族地区经济跨越式发展探讨

我国民族地区幅员辽阔，土地面积约613万平方公里，约占我国国土面积的63.9%，涵盖了20个省份，其中包括5个民族自治区、30个民族自治州和120个民族自治县（旗）。民族地区经济社会的发展不仅关系到我国整体的发展水平，更关系着我国经济社会的长期繁荣与稳定。习近平总书记在党的十九大报告中指出，"我国经济已由高速增长阶段转向高质量发展阶段，正处在转变发展方式、优化经济结构、转换增长动力的攻关期，建设现代化经济体系是跨越关口的迫切要求和我国发展的战略目标"，我国民族地区的发展迎来了新的重大机遇。新中国成立以来，为了促进民族地区的发展与进步，中央政府投入了大量的资金，比较典型的有"一五"时期、"三线"建设时期、改革开放初期和西部大开发时期等，一系列的财政资金倾斜支持、项目援建使民族地区得以快速发展，取得了显著的经济绩效。但是，在新的历史条件、新的历史要求下，民族地区的经济发展仍面临着巨大的困难，是制约我国经济发展的短板，是区域实现协调发展的障碍。长期的重复建设、产能过剩等问题已成为民族地区经济持续发展的桎梏，而且环境污染和生态破坏问题也十分严重，经济持续增长缺乏强劲的动力。鉴于此，在新时代实施区域协调发展战略的过程中，如何打破自身发展桎梏，借鉴历史经验与教训，抓住新的重大历史机遇，实现地区经济高质量跨越式发展，成了当前民族地区乃至全国急需解决的重大问题。

## 8.1 "资源诅咒"与民族地区经济发展的困境

综观现代世界各国对自然资源与经济发展关系的研究，大致存在两种理论观点。一种观点是"资源祝福"或叫"资源福音"，另一种观点是"资源诅咒"。所谓的"资源福音"是指一个国家或者一个地区的经济发展得益于丰裕的自然资源，从而，自然资源对经济发展来说是一种福音，可以刺激经济的高速发展。对经济发展水平相似的国家或地区而言，自然资源丰裕的国家或地区能在较短的时间内快速发展，比如在19世纪，美国凭借其富饶的自然资源，在经济上超过了"日不落帝国"英国，创造了19世纪经济的繁荣，再如澳大利亚、德国、阿联酋等国经济的高速发展也是得益于丰裕的自然资源。"资源诅咒"则是指拥有丰裕自然资源的国家或地区经济发展速度反而较慢，也就是说经济发展速度与自然资源的丰裕程度呈现一种反向的关系，自然资源越丰裕对经济的阻碍作用越强，丰裕的自然资源成为经济发展的一种诅咒。很多盛产石油、钻石以及其他矿产资源的非洲国家人均收入增长缓慢，生活质量低下，例如安哥拉、尼日利亚、苏丹、刚果等国，而东亚的一些资源相对贫瘠的经济体却实现了经济的高速增长，人们的生活质量得到了很大的提升，例如日本、韩国、新加坡等。Auty（1993）在研究产矿国经济发展问题时提出了"资源诅咒"这一假说，即丰裕的自然资源制约了经济的发展，资源相对丰裕的国家的经济发展速度显著低于资源匮乏的国家。Sachs和Warner（1995）对97个国家在1971—1989年的情况做了考察，发现资源丰裕的国家更容易陷入经济增长的困境。Sachs和Warner（2001）对"资源诅咒"这一命题做了进一步实证检验，得出了同样的结论。因此，事实表明，自然资源丰富的国家往往更贫穷，而不是富裕。

我国民族地区蕴藏着极其丰富的自然资源，无论是地下的矿藏资源，还是地上的淡水、耕地、草原、森林等资源，都为经济发展提供了得天独厚的优势与重要的物质基础。从总体发展历程来看，民族地区丰富的自然资源促进了经济增长，特别是在西部大开发这一战略实施的初期，国家的资金投入和政策支持使得民族地区在各方面都取得了较大发展，丰裕的自然资源支持了民族地区经济的快速发展，这是一种"资源祝福"。但随着时间的推移，这种支持作用逐渐减弱，两者间甚至呈现出反向的联系，并且这一现象也得到了证实。张千友和王兴华（2011）基于2000—2009年的省际面板数据进行分析，得出的结论为大部分西部民族地区自然资源生产对本地区经济增长的年平均贡献率低于全国平均水平，认为西部民族地区自然资源对经济增长的"资源诅咒"效应在一定范围内普遍存在。鲁金萍等（2009）选取贵州欠发达资源富集区作为实例，证实了该类地区出现了一些不利于经济发展的现象，例如，工业产业结构日渐单一，采掘业的迅速发展阻碍了制造业的发展，科学事业、科技项以及基本建设支出占财政总支出的比重逐年递减等，这都是"荷兰病"效应的典型体现，有陷入"资源诅咒"困境的可能性。邵帅和齐中英（2008）根据1991—2006年的省际面板数据对西部地区的能源开发与经济增长的关系进行了研究，认为自20世纪90年代以来，西部地区的能源开发与经济增长之间存在显著的负相关关系，能源开发确实带来了"资源诅咒"效应。因此，在一定程度上，民族地区的资源优势成为经济发展的阻碍，自然资源的开发带来了"资源诅咒"效应，导致民族地区经济发展逐渐陷入"资源诅咒"的旋涡。这其中的主要原因如下：

### 8.1.1 产业、产品同质化，缺乏竞争优势

纵观民族地区各时期引进的产业项目，我们发现这些项目具有同质性，这使得民族地区的产业结构与全国其他地方的产业结构趋于相同，这对民族地区有限的生产资料产生了很大的压力，使得民族地区资源的比较优势不能得到有效发挥，此外，民族地区的自然环境恶劣、基础设施建设落后以及地理位置偏远等因素，也使得民族地区运输成本增加，导致产品因在市场上缺乏竞争力而滞销。再加上地方政府的政绩需求和对市场的盲目跟风，导致重复建设和产能严重过剩，无效供给的产品增多，企业经营困难。工厂面临亏损时，或关停或勉强维持，使得经济效益下滑，工人失业率提高，企业技术骨干人才流失严重，这些都非常不利于民族地区社会的稳定与和谐发展。

### 8.1.2 产业结构不合理，资源被过度开采和浪费

众所周知，长时间以来，民族地区的工业发展主要依靠当地特有的矿产资源，民族地区的工业属于资源型产业，随着人们对绿色经济、循环经济的青睐以及近年来民族地区资源总量的骤减，民族地区第二产业开始式微，而

第一、第三产业也一直处于低迷、低层次的状态，这种产业结构的低级化最终导致民族地区经济发展速度较其他地区缓慢，且缺乏增长的长期动力；同时，中国在很长时间内走的是一条高污染、高耗能、低附加值的经济发展之路，只注重经济效益，片面追求GDP的增长，自然资源利用效率非常低。对资源的掠夺式开采使得其产业结构单一且多处于产业链末端，低附加值的原始产品和初级加工产品贡献了经济增长的很大份额。受到我国整体经济发展态势的影响，民族地区经济发展方向、态势与国家经济发展态势基本吻合。民族地区是我国的资源宝库，是能源和原材料的产地，由于技术设备和观念的限制，民族地区的资源被过度消耗，再加上自然资源固有的再生周期长的特点，导致民族地区的资源总量骤减，日渐枯竭。短期内，这种"自杀式"的发展方式使得经济增速迅猛上升，但从长远来看，民族地区终将陷入"资源诅咒"的困境当中。

### 8.1.3 对"外"开放力度不够，缺乏区域协调发展意识

改革开放以来中国取得了举世瞩目的成就，可见开放之重要。经济发展不是苦思冥想即可，也不是闭门造车，应该与外界交流，吸收外界的优质信息，借助外界丰富的资源和经验，结合自己的优势，探索出一条属于自己的路。然而，各民族地区与外界交流少，联系不够，与其他较发达地区的联系更少，要素之间流动壁垒也较高。党的十九大报告中提出，"创新是引领发展的第一动力，是建设现代化经济体系的战略支撑"。民族地区缺乏创新意识，创新能力偏弱，导致其经济发展质量难以提高。

## 8.2 后发优势及其在民族地区的体现

美国经济史学家Gerschenkron（1962）在总结德国、意大利等国经济成功实现追赶的经验时，首次提出了后发优势理论，认为相对的经济落后并不像人们通常所认为的那样，仅仅是一种劣势，它也具有积极的作用，从而可以变成一种优势。Levy（1966）从现代化的角度将后发优势理论具体化，他认为，在现代化进程中，后发国家具有更宽阔的视野，可以吸收和借鉴先发国家已经获得的先进的技术、设备，避免了走弯路，同时后发国家还可以向先发国家寻求资金和技术上的帮助。Gerschenkron（1968）对后发优势理

论作了进一步的研究，认为对于后发国家而言，落后的经济发展和各方面的压力能够激发其对快速工业化的需求，而引进技术又是后发国家快速工业化的必由之路，学习和借鉴先发国家成功的经验，不仅可以从先发国家失败中吸取教训，而且可以从先发国家的成功中总结经验，巧妙地选择替代产品，走一条殊途同归的工业化道路。而后 Abramovitz（1986）又提出了"追赶假说"。Brezis 等（1993）在总结发展中国家成功经验的基础上提出了基于后发优势的技术发展的"蛙跳"（Leap-frogging）增长模型。通过了解以上学者对后发优势的研究我们发现，落后在某种意义上可以说是一种潜在的优势，是落后国家或地区能够超常规地发展和赶超先进国家或地区的一种潜在可能性，落后国家或地区如果能够较好地利用这种后发优势，就能避免陷入发达国家或地区曾经陷入的困境，实现经济的跨越式发展。由此，后发优势是一种源于落后的、与落后共生的优势，也常被称为"落后的有利性""落后得益""落后的优势""赶超效应"等。

牛顿曾说过："如果说我比别人看得更远些，那是因为我站在了巨人的肩膀上。"我国民族地区目前虽然在"贫困落后榜"上有名，但这并不意味着民族地区没有跨越式发展的可能，相反，我们可以利用与落后共生的后发优势，站在其他经济发达地区的"肩膀"上，实现经济的跨越式发展。民族地区的这种后发优势主要表现在以下几个方面：

### 8.2.1 技术性优势

技术研发流程可以划分为五个阶段：概念的提出、研发策划、开发研究、测试运行、投入使用。这是一个漫长的过程且需要大量的资金、人力投入，而研发流程之后的改进也是一个持续的过程，需要不断地改进研发流程。对落后的民族地区而言，要想在短时间内完成技术的自主创新和研发，显然是不太可能的。在第二次工业革命初期，与英国、法国等国相比，德国并不是工业强国，但是德国却能很好地利用自己的后发优势，从英、法等国引进先进的技术，把英、法等国的先进技术转移到本国，再通过大力发展教育事业，培养出大批的高科技人才。德国的这一举措使得自己的工业水平迅速达到工业强国的水准，从而在工业革命结束后一举成为工业化水平超过英国的世界大国。作为经济发展的后发地区，研发资金的不足、研发技术人员的缺乏始终是我国民族地区开展自主研发的障碍，但其实没有必要一开始就进行自主研发创新，可以先引进其他发达地区或国家的先进设备、技术和高科技产品，借此节约研发成本和时间，这也便于对民族地区科研人员进行科技思想的灌输和培训，同时，还能使民族地区经济在短时间内提高到一个新的水平，与其他地区站在一个更加公平的竞争平台上。

### 8.2.2 制度性优势

Douglas（1991）指出，制度提供了一种经济的刺激结构，随着该结构的演进，经济朝着增长、停滞或衰退的方向变化。可见制度对于一个经济体而言有多重要，制度的一点失误都将导致经济朝着无法想象的方向发展。而现实中，在制定一个制度时并不能够准确预测其未来的发展方向，究竟是正效应更大些还是负效应更大些，在结果出来之前我们都不得而知。对经济发展落后的民族地区而言，制度的一点失误，就将导致民族地区的发展陷入"低水平的均衡陷阱"而不可自拔。因此，落后反而成了民族地区的优势，民族地区可以模仿、学习其他地区的制度，再结合自身的特点，制定符合本地区实际情况的制度，从其他地区的制度中总结经验教训，提高新制度的有效性，降低新制度在本地区实施的负面效应。

### 8.2.3 产业结构优势

有着"汽车城"美誉的底特律在19世纪末期，凭借交通优势和工业基础开始发展汽车产业，随后一跃成为世界汽车工业之都。20世纪80年代汽车产业开始衰退，政府开始实施以汽车龙头企业带头整合汽车产业、投资交通等基础设施建设刺激经济增长的战略，这种固化单一的产业措施使底特律错失了转型的机遇，从此逐渐沉沦，并于2013年12月宣告破产，从而成为美国历史上最大的破产城市。我国的山西省也曾因为丰富的矿产资源，一度成为中国经济发展水平较高的省份之一，但近些年由于矿产资源逐渐枯竭，产业结构单一的山西省经济也逐渐衰落；而我国的长三角、珠三角等地区的自然资源与民族地区相比较为匮乏，但这些地区经济发展速度却异常快，这都得益于合理的产业结构规划，以及对高附加值产品的追求。走成功者走过的路不一定能够超越他，但是至少可以让我们少走弯路。落后的民族地区亦是如此，民族地区要借鉴其他地区产业成功转型的经验，与本地区实际情况相结合，合理规划自己的产业结构，实现产业的成功转型与升级。

### 8.2.4 市场敏感度优势

一个经济体要发展，必然离不开市场。于厂家而言，如何精准地定位自己的供给结构以符合市场需求是其需要考虑的第一大问题。习近平总书记在党的十九大报告中指出："要深化供给侧结构性改革，坚持去产能、去库存、去杠杆、降成本、补短板，优化存量资源配置，扩大优质增量供给，实现供需动态平衡。"对落后的民族地区而言，要根据自己的资源禀赋，选择有别于其他地区的发展道路和发展模式，选择潜力大且目前尚处于发展初期的产业，生产市场需求大、经济价值高的产品，扩大符合市场需求的优质供给，以减少不必要的无效供给、扩大有效供给。

### 8.2.5 政策倾斜优势

党的十九大报告指出："加大力度支持革命老区、民族地区、边疆地区、贫困地区加快发展，强化举措推进西部大开发形成新格局，深化改革加快东北等老工业基地振兴，发挥优势推动中部地区崛起，创新引领率先实现东部地区优化发展，建立更加有效的区域协调发展新机制。"经济发展落后的民族地区始终是实施区域协调发展战略的障碍区，也是减缓全面建成小康社会步伐的"重灾区"。因此，国家为同步实现区域协调发展和全面建成小康社会，将会给予民族地区大量的政策倾斜，加大资金补贴力度，加大人才援助力度，协助民族地区引进先进的技术和设备，帮助民族地区实现跨越式发展。

## 8.3 本章小结

我国是一个多民族国家，民族地区幅员辽阔，其经济发展状况的好坏将直接影响全面建成小康社会目标的实现，就民族地区经济发展现状而言，民族地区是否能快速发展成了全国整体发展的关键。"全面建成小康社会，一个民族都不能少"，这既是习近平总书记对扶贫开发提出的要求，也是全国各民族的殷切期望，同时也是全面建成小康社会的必要条件。我国民族地区虽然受地理位置偏僻、技术落后、资金短缺等因素的影响，甚至可能因为一系列的原因陷入"资源诅咒"的困境，但仍然是一块正待开发的宝地。当前我国正贯彻新发展理念，建设现代化经济体系，在全国各地贯彻落实创新驱动发展战略，转变政府服务职能，还权于市场的改革在快速推进，形成合力促进世界共同繁荣发展的"一带一路"建设也正在全方位推进，而我国民族地区正处在"一带一路"建设的前沿地带，党的十九大报告明确提出了区域协调发展战略的主要任务和战略取向，这些都昭示着我国民族地区发展迎来了新的重大历史发展机遇。在有利的国内外环境下，我国民族地区要实现经济的跨越式发展，避免陷入"资源诅咒"的困境，扬长避短，吸收和借鉴先发国家或地区的经验和教训，紧紧把握住本地区独特的后发优势，需要在以下几个方面有所作为：

首先，要深化经济体制改革，严格控制新增产能，真正转变政府职能，积极为地方经济结构调整与产业转型服务。要为企业技术革新提供便利的金融支持，促进政产学研的有效结合，在把握宏观调控的前提下，还权于市场，让市场自主调节各种生产要素的流动与配置，改变以往对经济发展进行过多干涉的做法。林毅夫（2003）认为，对于给定的生产要素，如果将其从附加值比较低的产业，重新配置到附加值比较高的产业，虽然要素总量并没有增加，但经济总体水平也会提高。因此要完善产业政策和行业规划，坚决淘汰一些低效落后产业，发展高附加值产业，对趋同产业设置进入壁垒，严格控制民族地区同类产业总量供给，同时对企业的优质增量供给给予一定的资金奖励，并主动为民族地区提供技术支持，给自主变革、想要创新的企业提供资金、技术等方面的支持，鼓励企业自主研发，自主创新，发展高端供应链，提高优质产量供给。市场规则始终是优胜劣汰，只要市场中有创新、变革的企业，产品质量便会逐渐提高，随着人们对优质产品的偏好程度越来越深，其他企业想要在长期市场竞争中占有一席之地，就不得不跟着进行变革。

其次，大力发展民族地区的特色产业，培育民族地区的新增长点，形成新动能。综观国内外经济发展成功的国家或地区，我们很容易发现，他们均有一个共同点，就是能抓住历史变革的机遇，在原来的经济基础上探究新的功能点，发展新的产业，各产业协同发展，避免经济发展陷入"锈带"的困境。"锈带"是指一些老工业区受时代变迁下的工业衰退、工人失业等的影响，致使大量机器设备闲置生锈，于是被人们形象地称其为"工业锈带"。英国的伯明翰、法国的洛林、德国的鲁尔与美国的匹兹堡是"锈带"复兴成功的典范，而复兴失败的底特律则成为反面教材，被称为"底特律沉沦"。"资源诅咒"必然带来民族地区经济发展的"锈带"困境，产业转型成功，我国民族地区的经济发展将实现复兴；转型失败，则很有可能在沉沦的泥潭越陷越深。习近平总书记在党的十九大报告中指出，要"加快建设制造强国，加快发展先进制造业，推动互联网、大数据、人工智能和实体经济深度融合，在中高端消费、创新引领、绿色低碳、共享经济、现代供应链、人力资本服务等领域培育新增长点、形成新动能"。落实到民族地区，我们应该基于地方的资源特色和产业基础，积极推进产业结构调整和升级，积极发展第三产业，优化第二产业，升级第一产业，使第一、第二、第三产业协同发展。应对第一、第二、第三产业都加大资金、技术支持，谨防产业单一化发展，避免成为第二个"底特律"。借助当前"互联网+"、大数据、人工智能等技术革新和中央创新驱动的发展战略，积极发展电子、生物医药、金融、民族地区特色旅游等高科技产业和新型服务业，要充分利用民族地区丰富多样的传统文化、民俗风情等特殊资源优势，发展特色行业，使之成为促进民族地区经济发展的重要支柱产业。民族地区应抢抓机遇，充分利用本地的资源和特殊政策优势，降低经济发展的交易成本和要素成本，构建民族地区优势产业集群，促进要素集聚投入、产业集中布局、资源集约利用，从而以产业联系为纽带，逐步转变以往产业单一的状况，开创多元化产业发展局面，找到新的增长动力，提升经济活力，实现民族地区经济高质量发展。

再次，民族地区要始终坚持走绿色经济的发展道路，通过智力扶贫或科教扶贫引领民族地区绿色经济的发展。民族地区的生态具有多样性和脆弱性等特征，因此是我国重要的生态功能区，必须坚持节约资源和保护环境，坚持可持续发展，坚定走生产发展、生活富裕、生态良好的文明发展道路，形成人与自然和谐发展的现代化建设新格局。在新的时代，进行资源开发时，必须树立生态红线意识，加强生态环境保护，奖惩并用。当前有助于民族地区绿色可持续发展的新技术突破仍处于孕育期，在营造良好的公平竞争环境的基础上，可以通过财税优惠政策激励企业持续地提升自主创新能力，促进产业技术升级，研发出绿色、节能、高效的产品，提升产品在国内和国际市场的竞争力，切实增强产业的核心竞争力。民族地区大多数企业研发创新能力明显不足，其中人才不足是关键因素，这严重制约了民族地区的经济发展，也使得民族地区的资源优势得不到充分发挥，资源利用水平较低，导致企业经济效益不高，同时也引发严重的环境污染。美好的生态环境是人民对新时代美好生活的重要期待，因此，生态环境变差会进一步导致民族地区人才的流失。民族地区人才的增加有利于绿色经济的发展，因此，扶贫不如扶智，要在民族地区树立起智力扶贫或科教扶贫的理念，扩大义务教育范围，大力发展职业教育。要将科技创新与绿色经济发展紧密结合起来，加大财政对科技研发的投入力度，发挥资金导向作用，令科技资源集中化。

最后，促进民族地区经济发展的对外开放交流合作水平进一步提升。"开放带来进步，封闭必然落后"，在"一带一路"倡议和区域协调发展战略的背景下，民族地区有了更为便利的对外开放条件，要加快完善基础设施建设以保障和"一带一路"沿线国家的互联互通。"一带一路"是提升我国产业链地位的有利时机，以前我国和西方发达国家的贸易占据经济活动的比重很大，由于经济发展差距，我国一直处于产业链的低端位置，而"一带一路"倡议将使我国与沿线国家有更为密切的经济贸易互动，这为民族地区在产业链中位次的提升提供了难得的机会。"一带一路"建设不是另起炉灶、推倒重来，而是实现战略对接、优势互补，民族地区要与沿线国家深入开展产业合作，推动各国产业发展规划相互兼容、相互促进，抓好大项目建设。同时，要加强区域协调发展，促进区域间经济发展的合作与交流，共同构造高端的产业链促进区域间的合作与共赢，为民族地区去产能、调结构、实现跨越式发展提供良好的机会与平台。

# 9 环境规制对民族地区环境污染的影响探讨

改革开放以来，民族地区经济取得了长足发展，但由于地理位置特殊、生态环境脆弱等因素，民族地区的发展仍然存在着人口、资源、环境与社会经济发展不协调的问题。习近平总书记在党的十九大报告中提出，"要坚持人与自然和谐共生，要树立和践行绿水青山就是金山银山的理念，要坚持节约资源和保护环境的基本国策，要坚定走生产发展、生活富裕、生态良好的文明发展道路，建设美丽中国，为人民创造良好生产生活环境"。因此，解决民族地区存在的生态破坏、环境污染等问题，促进民族地区经济与环境协调可持续发展，成为新时代促进民族地区全面发展的重大课题。

Pigou（1932）提出的"庇古税"开创了环境规制的先河。此后，国外学者就环境规制进行了广泛的研究，Khanna和Kumar（2011）分析了环境规制对企业排污量的影响。Gamper-Rabindran和Finger（2012）在1998—2008年美国3278家化学企业数据的基础上，分析了"责任关怀"协会内企业自我监管的作用，发现加入"责任关怀"协会的化学企业污染排放物中含有更少的有毒物质。Kang和Lee（2004）分析韩国1987—1989年的产业数据，发现对持续不合作的企业，采用强制性规则措施远比征收罚款更有效。Greenstone和Hanna（2014）假定环境污染内生于经济质量，实证研究人均收入与环境质量之间的关系，认为外生性的环境政策对于减少环境污染更富有成效。一些学者在结合EKC假说的基础上，研究环境规制强度、技术创新、城镇化、外商直接投资、经济发展与污染排放之间的关系，发现企业的技术创新与行政化环境规制政策能够有效降低污染（张红凤等，2009；何为等，2015）。

然而，与影子经济①有关的环境规制与环境污染之间关系的研究并未引起国内外学者的重视。Blackman 和 Bannister（1998a）在研究环境规制对环境污染的影响时，考虑了影子经济在其中的巨大作用。Baksi 和 Bose（2010）、Elgin 和 Mazhar（2013）等学者的研究认为忽略影子经济来实证分析环境污染是不可靠的，影子经济在环境污染中起关键作用。Blackman 和 Bannister（1998）在研究新兴经济体和发展中国家的影子经济活动时，发现其是当地污染的主要来源之一，影子经济的存在使得当地政府的环境规制受到挑战。Biswas 等（2012）通过构建理论模型证实，政府提高环境规制强度一方面会降低官方经济规模；另一方面，会导致影子经济规模扩大从而加重环境污染。Elgin 和 Oztunali（2014a，2014b）在研究中加入了隐性经济的平方项，证明隐性经济对环境污染的影响具有非线性的特征。国内学者关于影子经济对环境污染的研究较少。徐蔼婷、李金昌（2007）和杨灿明、孙群力（2010）运用多指标多原因（MIMIC）模型测算出中国存在巨大规模的影子经济。黄寿峰（2016）运用动态半参数面板模型分析了环境规制、影子经济对雾霾污染的具体影响，研究表明环境规制对于雾霾污染的直接效应并不显著，但是影子经济与腐败的交互作用会加剧雾霾污染，并且得出影子经济对于雾霾污染的影响呈现非线性特征的结论。闫海波（2012）在文章中引入隐性经济过度危险比率，证实了非正式经济与污染排放之间存在显著的空间相关性，研究结果表明中国的非正式经济存在发达和落后地区以及中心和外围地区的空间异质性。余长林和高宏建（2015）的实证研究表明，环境规制能够有效降低污染，而环境规制与影子经济的交互作用却不利于环境质量的改善，但是他们选取单个污染指标作为因变量，降低了模型的解释能力。

综上所述，国内外学者多就影子经济与环境污染的关系或者环境规制与污染之间的关系进行研究，国内尚无学者就民族地区环境规制、影子经济对于环境污染的影响开展研究。因此，本章试图将民族地区影子经济纳入环境规制影响环境污染的系统，进行理论与实证研究，以填补现有关于民族地区环境污染问题研究的不足。

---

① 影子经济也称为地下经济、隐性经济、非正式经济。影子经济的定义很多，但有一个共同特征，其经济活动全部或部分不受政府的监管。

## 9.1 理论模型分析

假设社会生产部门分为官方经济部门和影子经济部门两个部门，环境污染为生产的副产品，两部门生产均产生环境污染。假定企业 $j$ 能够在影子经济部门和官方经济部门同时生产，产出为 $y_j$，总产出 $y=\sum_j y_j$，同时 $y=y_A+y_B$，其中 $y_A$ 为官方经济部门的产出，$y_B$ 为影子经济部门的产出，由于生产活动会产生污染，政府会监管两部门的生产活动。官方经济部门与影子经济部门最主要的差别是，官方经济部门会遵守政府制定的排污规则，但是影子经济部门的生产活动由于不受政府的监管，从而有逃避政府制定的环境规制的动机。假定两部门 1 单位产出产生 1 单位的污染，单位产品的价格标准化为 1，政府的环境规制强度为 $i\in[0,1]$。假设政府实施环境规制时，单位产出带来的环境污染为 $1-i$，$i$ 随着环境规制强度的增加而变大。若 $i=0$，表示政府未采取任何环境规制的措施；$i=1$ 表示政府采取完全的环境规制措施。假设企业遵守政府制定的环境规制政策时会增加其减排的成本，单位产出的减排成本为 $w$，$w$ 是 $i$ 的递增函数；即 $w=w(i)$，并且 $\frac{dw}{di}>0$，$\frac{d^2w}{di^2}\geq 0$。总的生产成本函数为 $c=c(y)=c(y_A+y_B)$，满足 $\frac{dc}{dy}>0$，$\frac{d^2c}{dy^2}\geq 0$。政府提高环境规制强度会诱使企业将部分生产活动转移到影子经济部门，从而减少排污成本；政府意识到企业规避管制的动机时会进一步加强监管。所以企业从官方经济转移到影子经济时会面临被政府发现的风险，其概率为 $p$，$p$ 取决于影子经济的规模 $y_B$，$p(y_B)$ 随着影子经济规模扩大而增加，即 $\frac{dp}{dy_B}>0$，$\frac{d^2p}{dy_B^2}\geq 0$，且 $p(0)=0$。假定当企业被发现规避环境规制时受到的惩罚为影子经济部门的全部产出，即惩罚成本为 $pc(y_B)=y_B$。社会生产活动总的收入为 $TR=y_A+y_B$，生产成本包括三种，一是企业的生产成本 $c=c(y_A)+c(y_B)$，二是影子经济部门规避环境规制面临的期望惩罚成本 $p(y_B)\times y_B$，三是官方经济活动的减排成本 $w(i)\times y_A$。从而得出总利润：

$$\pi=TR-c-W(i)\times y_A-p(y_B)\times y_B \qquad (9-1)$$

根据生产均衡的一阶条件，我们有：

$$\frac{\partial \pi}{\partial y_A}=1-W(i)-\frac{\mathrm{d}c}{\mathrm{d}y}=0 \qquad (9-2)$$

$$\frac{\partial \pi}{\partial y_B}=1-p(y_B)-\frac{\mathrm{d}p}{\mathrm{d}y_B}\times y_B-\frac{\mathrm{d}c}{\mathrm{d}y}=0 \qquad (9-3)$$

整理式（9-2）和式（9-3），我们得到：

$$W(i)=p(y_B)-\frac{\mathrm{d}p}{\mathrm{d}y_B}\times y_B \qquad (9-4)$$

式（9-4）表明，当影子经济部门规避管制时被发现而受到惩罚的边际成本 $p(y_B)+\frac{\mathrm{d}p}{\mathrm{d}y_B}\times y_B$ 等于官方经济部门减污的边际成本 $w(i)$ 时，便达到了生产的均衡状态。为了进一步考察环境规制对总产出、官方经济部门和影子经济部门产出的影响，分别对式（9-2）和式（9-3）求全微分，得到：

$$\frac{\mathrm{d}y}{\mathrm{d}i}=-\frac{\mathrm{d}w/\mathrm{d}i}{\mathrm{d}^2c/\mathrm{d}y^2}<0 \qquad (9-5)$$

$$\frac{\mathrm{d}y_B}{\mathrm{d}i}=\frac{\frac{\mathrm{d}w}{\mathrm{d}i}}{\frac{2\mathrm{d}p}{\mathrm{d}y_B}+y_B\times\frac{\mathrm{d}^2p}{\mathrm{d}y_B^2}}>0 \qquad (9-6)$$

式（9-5）与式（9-6）表明，环境规制强度的增加会提高影子经济部门的产出规模，同时会减少总产出和官方经济活动产出。进一步考察规制强度对污染排放量的影响，得出企业的污染总量：

$$TP=(1-i)y_A+y_B \qquad (9-7)$$

对 $i$ 求微分，可以得到环境规制对于污染的影响：

$$\frac{\partial \pi}{\partial y_B}=-y_A+(1-i)\times\frac{\mathrm{d}y}{\mathrm{d}i}+i\times\frac{\mathrm{d}y_B}{\mathrm{d}i} \qquad (9-8)$$

根据式（9-5）和式（9-6）可知，式（9-8）中的前面两项为负，后面一项为正。$(1-i)\times\frac{\mathrm{d}y}{\mathrm{d}i}<0$，表明环境规制强度的提高使得总产量降低，从而降低了环境污染程度；$-y_A<0$，表明环境规制强度的提高会促使企业采取更为"绿色"的技术进行生产，从而减少污染排放，这是环境规制对环境污染

的直接影响；另外，$i \times \dfrac{\mathrm{d}y_B}{\mathrm{d}i} > 0$，因此，影子经济部门的生产活动规避了环境规制，从而加重了环境污染。这是环境规制对于环境污染的间接影响。

理论模型分析表明，一方面，环境规制对于环境污染的直接影响为负；另一方面，环境规制通过影子经济对环境污染的间接影响为正。因此环境规制强度的总体净影响并不能确定。

## 9.2 计量模型与数据

### 9.2.1 计量模型

为了考察存在影子经济部门时，环境规制对环境污染的直接影响和间接影响，本章设定计量模型如下：

$$eh_{it} = \omega_0 + \omega_1 er_{it} + \omega_2 rec_{it} + \omega_3 er_{it} \times rec_{it} + \Phi S_{it} + v_i + u_t + \varepsilon_{it} \quad (9\text{-}9)$$

其中，$i$ 表示省份；$t$ 表示时间；$eh_{it}$ 表示 $i$ 省份在 $t$ 年的环境污染综合指数；$rec_{it}$ 表示 $i$ 省在 $t$ 年的影子经济规模；$er_{it}$ 表示 $i$ 省在 $t$ 年的环境规制强度；$S_{it}$ 表示其他控制变量，包括各省份的贸易开放度、实际人均GDP、产业结构、能源使用效率、科技水平和城市化水平；$v_i$ 表示个体固定效应变量；$u_t$ 表示时间固定效应变量；$\varepsilon_{it}$ 表示误差项。

考虑到环境规制通过影子经济对污染产生间接效应，本章在计量模型中加入影子经济与环境规制的交互项（$er_{it} \times rec_{it}$），如果对式（9-9）中的环境规制 $er_{it}$ 求偏导，可得：

$$\frac{\partial(eh)}{\partial(er)} = \omega_1 + \omega_3 rec \quad (9\text{-}10)$$

其中，$\omega_1$ 表示环境规制的直接效应，$\omega_3$ 表示环境规制的间接效应。根据理论模型的推导，本章预期 $\omega_1 < 0$，$\omega_3 > 0$。如果 $\dfrac{\partial(eh)}{\partial(er)} < 0$，即 $rec < -\dfrac{\omega_1}{\omega_3}$ 时，则表示环境规制的总体净效应为负；若 $\dfrac{\partial(eh)}{\partial(er)} > 0$，即 $rec > -\dfrac{\omega_1}{\omega_3}$ 时，则表示环境规制对污染的总体净影响为正。

### 9.2.2 变量与数据

由于西藏自治区各项数据缺失，我们以除西藏自治区外的全国大陆

30个省(区、市)样本作为研究对象,以1998—2008年为样本区间。各种数据均来源于《新中国60年统计资料汇编》、相应年份《中国统计年鉴》。

(1)环境污染程度的衡量及其环境污染综合指数($eh$)的计算

本章选取各地区历年工业废水排放量、工业废气排放量、工业烟尘排放量、工业固体废弃物排放量和工业二氧化硫排放量,利用改进的熵值法测算出环境污染综合指数,作为衡量各地区环境污染程度的指标,该指数值越大,表明环境污染越严重。计算过程如下:

①标准化处理:

$$r''_{ij} = \frac{z_{ij} - \min\{z_{ij}\}}{\max\{z_{ij}\} - \min\{z_{ij}\}} \quad (9-11)$$

其中,$z_{ij}$表示$i$地区第$j$项污染指标的值($i=1, 2, \cdots, m; j=1, 2, \cdots, n$)。

②为避免标准化后数据求熵值时无意义,进行坐标平移:

$$r'_{ij} = 1 + r''_{ij} \quad (9-12)$$

③计算$i$省份第$j$项污染指标值的比重:

$$r_{ij} = r'_{ij} / \sum_{i=1}^{m} r'_{ij} \quad (9-13)$$

④计算第$j$项污染指标的信息熵值$e_j$和效用价值$h_j$:

$$e_j = \frac{1}{\ln m} \sum_{i=1}^{m} r_{ij} \ln r_{ij}, \quad h_j = 1 - e_j \quad (9-14)$$

⑤计算第$j$项污染指标的权重:

$$g_j = h_j / \sum_{j=1}^{m} h_j \quad (9-15)$$

⑥计算环境污染的综合指数:

$$poll_j = \sum_{i=1}^{n} g_j \times r_{ij} \quad (9-16)$$

改进的熵值法能够真实地测算出环境污染综合指数,避免主观因素造成的偏误。计算数据来源于《中国环境统计年鉴》。

（2）环境规制强度（er）

尽管文献中关于环境规制强度的衡量方法有很多，但是该变量的相关数据仍难以获取且质量相对较差。出于数据可得性考虑，本章运用各省份的工业污染投资完成额与工业增加值的比重作为测量环境规制强度的指标。通常较高的环境规制强度要求政府更多地投资环境治理，因此，工业污染投资完成额能够体现地方政府在该地区环境治理上的决心与努力，因而能较为合理地代表地区环境规制强度。

（3）影子经济规模（rec）

由于影子经济的特殊性，要获取其准确数值很困难。但是国内外学者还是通过不同的测算方法对影子经济进行了推算。其中，多指标多原因方法整合了回归分析和因素分析的特点，得到了广泛的应用。Weck-Hannemann 和 Frey（1984）最早提出通过内生变量和外生变量的结构关系来估算影子经济的规模。李金昌和徐蔼婷（2007）测算出的影子经济占 GDP 的比重为 13%~18%；杨灿明和孙群力（2010）运用传统的多指标多原因方法计算出各省份影子经济产出规模介于 10.5%~14.6%；本章参考余长林和高宏建（2015）文章中的测算结果，确定东部地区平均影子经济规模为 14.19%，西部地区平均影子经济规模为 13.72%。预期 $\omega_2>0$，$\omega_3>0$，即影子经济的存在会恶化民族地区的环境质量。

（4）控制变量

本章纳入如下控制变量以考察估计结果的稳健性：①贸易开放度（open）。关于贸易开放度对环境污染的影响主要存在"污染晕轮"和"污染天堂"两种假说："污染晕轮"假说认为贸易开放有可能使一国获得先进的生产技术从而降低污染；但是，根据"污染天堂"假说，贸易开放也会促使污染密集的产业从环境规制水平高的先进国家转移到环境规制水平低的落后国家，从而加剧当地的污染程度。因此贸易开放度对地区环境污染的影响并不能确定。本章以各地区进出口贸易总额占 GDP 的比重来衡量贸易开放度。②实际人均 GDP（pgdp）。为了验证 EKC[①]假设，以实际人均 GDP 表示收入水平，在计量模型中将实际人

---

① EKC 假设指环境质量随着收入水平的增加呈现出先恶化后改善的变化趋势，即环境污染与收入水平呈倒"U"形曲线的关系。

均GDP的平方项引入估计方程。若EKC假设成立，则预期实际人均GDP的估计系数为正，实际人均GDP平方项的估计系数为负。为保证数据的可靠性，本章以2000年为基期，通过GDP平减指数测算出2000—2015年的实际人均GDP，数据来源于《中国统计年鉴》。③城市化水平（urban）。一方面，提高城市化水平会加剧城市公共交通和私人交通的压力，增加石油、天然气等化石能源的消费；另一方面，城市化进程的推进会带来高耗能工业的不断扩张。本章以各省份年末城镇人口占总人口的比重来衡量城市化，预期城市化水平的提高会加重环境污染，数据来源于《中国统计年鉴》。④产业结构（manu）。地区的产业结构可能会影响环境质量。本章以各省份工业增加值占比来衡量产业结构，通常地区工业增加值所占比重越大，对当地环境质量的冲击也越大。因此，预期产业结构会恶化环境质量。统计数据来源于《中国工业统计年鉴》。⑤能源使用效率（eg）。对于一个给定的生产水平，能源使用效率的提高意味着环境质量的改善。本章以各省份最终能源消费量占实际GDP的比值来衡量能源使用效率，比值越低，说明能源使用效率越高。因此，本章预期能源使用效率的提高会改善环境质量。统计数据来源于《中国能源统计年鉴》。⑥科技水平（tech）。科技创新和技术的进步会提高能源使用效率、改善能源消费结构。通常，研发能力更强，就意味着更少的能源投入和更低的单位产出能耗。因此，本章以各省份R&D经费支出占GDP比值来衡量技术创新，预计技术水平创新会显著改善环境质量，数据来源于《中国科技统计年鉴》。

本章将2000—2015年民族7省区的省域面板数据作为样本[①]，变量描述性统计如表9-1所示：

表9-1 变量的描述性统计

| 变量 | 样本数 | 最小值 | 最大值 | 均值 | 标准差 |
| --- | --- | --- | --- | --- | --- |
| eh | 112 | 4.232859 | 8.142813 | 6.476891 | 0.5248267 |
| er | 112 | 0.0015884 | 0.0280389 | 0.0065018 | 0.0049383 |
| rec | 112 | 36.1769 | 2446.483 | 662.6874 | 630.5471 |
| pgdp | 112 | 2759 | 12278.41 | 7149.166 | 2347.996 |
| $Pgdp^2$ | 112 | 7612081 | $1.51 \times 10^8$ | 56600000 | 35800000 |

① 限于部分数据的可得性，不含西藏自治区的数据。民族7省区包括广西、云南、贵州、四川、宁夏、内蒙古、新疆。

续表

| 变量 | 样本数 | 最小值 | 最大值 | 均值 | 标准差 |
|---|---|---|---|---|---|
| eg | 112 | 0.9071343 | 5.225378 | 2.66659 | 1.125854 |
| tech | 112 | 0.0020122 | 0.0087521 | 0.0052881 | 0.0016357 |
| open | 112 | 0.0357263 | 0.36912 | 0.1043475 | 0.0594303 |
| urban | 112 | 0.213 | 0.603 | 0.3959688 | 0.0888074 |
| manu | 112 | 0.2770304 | 0.4945445 | 0.3628301 | 0.05341 |

## 9.3 实证分析与结果

### 9.3.1 面板数据的单位根检验

如果用非平稳的数据进行分析,两个相互独立的单位根变量可能会出现伪回归,因此需要对时间序列数据的平稳性进行检验。对异质性假设进行检验,主要有Fisher-PP检验、Fisher-ADF检验和IPS检验;对同质性假设进行检验,则主要有LLC检验、Harris-Tzavalis检验和Breitung检验。由于民族地区面板数据的地区数小于年份数($N<T$),我们采用LLC检验、Fisher-PP检验、Fisher-ADF检验和Breitung检验,所得原假设皆为存在单位根。Breitung检验和LLC检验的备择假设为:各截面序列均没有单位根;Fisher-PP检验和Fisher-ADF检验的备择假设为:至少存在一个截面序列是平稳的。结果如表9-2所示:

表9-2 面板单位根检验结果

| 地区 | 变量 | LLC<br>$t$ 值 | Breitung<br>$\lambda$ 值 | Fisher-ADF<br>$Z$ 值 | Fisher-pp<br>$Z$ 值 |
|---|---|---|---|---|---|
| 民族地区 | eh | 0.459<br>(1.0000) | 1.0356<br>(0.8498) | −0.0334<br>(0.4867) | 0.5982<br>(0.7251) |
| | D.eh | −8.788***<br>(0.0013) | −2.2754**<br>(0.0114) | −2.5562***<br>(0.0053) | −3.7456***<br>(0.0001) |
| | er | −2.301<br>(1.0000) | −1.6230*<br>(0.0523) | −1.2428<br>(0.1070) | −7.0503***<br>(0.0000) |
| | D.er | −11.513***<br>(0.0000) | −3.0142***<br>(0.0013) | −3.2989***<br>(0.0005) | −13.0451***<br>(0.0000) |
| | rec | −1.179<br>(0.7768) | 5.4189<br>(1.0000) | 0.3625<br>(0.6415) | 6.2755<br>(1.0000) |

续表

| 地区 | 变量 | LLC $t$ 值 | Breitung $\lambda$ 值 | Fisher-ADF $Z$ 值 | Fisher-pp $Z$ 值 |
|---|---|---|---|---|---|
| 民族地区 | D.rec | −7.304*** (0.0017) | −2.2573** (0.0120) | −3.6683*** (0.0001) | −1.7166** (0.0430) |
| | pgdp | −3.367* (0.0881) | 1.2627 (0.8966) | 2.2905 (0.9890) | 2.8526 (0.9978) |
| | D.pgdp | −5.950** (0.0432) | −3.0075*** (0.0013) | −2.8170*** (0.0024) | −5.0266*** (0.0000) |
| | $Pgdp^2$ | −3.476* (0.0577) | 0.9222 (0.8218) | 2.6822 (0.9963) | 3.2552 (0.9994) |
| | $D.pgdp^2$ | −5.950** (0.0432) | −3.0075*** (0.0013) | −2.8170*** (0.0024) | −5.0266*** (0.0000) |
| 东部地区 | eh | 1.729 (1.0000) | 0.3350 (0.6312) | −0.2134 (0.4155) | −0.9337 (0.1752) |
| | D.eh | −12.299*** (0.0000) | −4.8945*** (0.0000) | −8.5213*** (0.0000) | −11.0438*** (0.0000) |
| | er | −4.747 (1.0000) | −1.5393* (0.0619) | −0.6951 (0.2435) | −4.3931*** (0.0000) |
| | D.er | −13.651*** (0.0000) | −2.3548*** (0.0093) | −7.3278*** (0.0000) | −13.9070*** (0.0000) |
| | rec | 1.457 (0.9996) | 6.6897 (1.0000) | 6.3536 (1.0000) | 7.5639 (1.0000) |
| | D.rec | −6.511*** (0.00609) | −3.7799*** (0.0001) | −1.6556** (0.0489) | −1.7867** (0.0370) |
| | pgdp | −2.049 (0.3293) | 2.0438 (0.9795) | 1.4609 (0.9280) | 2.5864 (0.9952) |
| | D.pgdp | −9.807*** (0.0000) | −3.9271*** (0.0000) | −4.1277*** (0.0000) | −6.3409*** (0.0000) |
| | $Pgdp^2$ | −1.776 (0.5026) | 2.4867 (0.9936) | 2.0044 (0.9775) | 3.1060 (0.9991) |
| | $D.pgdp^2$ | −9.807*** (0.0000) | −3.9271*** (0.0000) | −4.1277*** (0.0000) | −6.3409*** (0.0000) |

注：括号内为 $p$ 值；D. 代表一阶差分；*、**、*** 分别表示 10%、5%、1% 的显著性水平。

单位根检验结果表明，大部分面板数据的水平值是不平稳的，经过一阶差分后所有面板数据的单位根检验都拒绝了原假设，表明所有变量在一阶差分后都变得平稳，总体上可以认为民族地区与对比地区（东部地区）的变量为一阶单整变量。

### 9.3.2 面板协整检验

进行面板协整检验是为了验证非平稳变量之间是否具有长期稳定的关系，面板协整检验主要分为两类：一类是以 Westerlund 为代表的原假设存在协整关系，在协整和非协整的情况下，统计量共有四个：$Gt$、$Ga$、$Pt$、$Pa$，这四个统计量均为右侧单边检验；另一类是以 Pedroni 为代表的原假设不存在协整关系，常用于异质面板检验，包含四个组内统计量和三个组间统计量。按照一般做法，本章采用 Westerlund 方法进行协整检验（见表9-3）。

表 9-3 面板协整检验结果

| 统计量 | 民族地区 | | | 东部地区 | | |
|---|---|---|---|---|---|---|
| | 统计值 | $Z$值 | $p$值 | 统计值 | $Z$值 | $p$值 |
| $Gt$ | −3.702 | −6.932 | 0.000 | −2.546 | −5.006 | 0.000 |
| $Ga$ | −9.501 | −3.315 | 0.001 | −6.687 | −2.104 | 0.018 |
| $Pt$ | −7.208 | −5.018 | 0.000 | −6.961 | −4.514 | 0.000 |
| $Pa$ | −7.472 | −5.890 | 0.000 | −5.156 | −4.730 | 0.000 |

注：原假设均为无协整关系；备择假设有两个：一是整体存在协整关系（$Pt$、$Pa$），二是至少存在一对协整关系（$Gt$、$Ga$）。

统计量 $p$ 值在5%的显著性水平下拒绝了原假设，说明因变量和自变量存在长期协整关系。

### 9.3.3 面板数据的全面可行广义最小二乘法（FGLS）检验

本章选取民族7省区2000—2015年的面板数据进行检验，由于$N<T$，在考虑了组内自相关、同期相关和组间异方差等因素后，认为全面FGLS估计策略是较为合适和最有效率的。因此，采用全面的FGLS对民族地区环境污染进行检验。

表9-4中的模型（1）报告本章最为关注的影子经济规模变量、环境规

制强度变量和两者的交互项作为解释变量的回归结果。结果显示，环境规制强度的估计系数为负，且通过了10%水平的显著性检验。表明在不考虑其他控制变量影响的情况下，环境规制强度的提高能够有效遏制企业的排污行为，从而在一定程度上改善环境质量，因此环境规制对污染的直接影响为负。

影子经济规模和环境规制的交互项在1%的显著性水平下对环境污染综合指数存在正向影响。这表明只要政府加强环境规制强度，企业就会有动机将部分生产活动转移到影子经济部门以寻求规避管制，从而加剧了民族地区的环境污染，因此民族地区环境规制对污染的间接影响显著为正。本章初步的实证分析结果验证了理论模型的结论。事实上，环境规制强度的加大将会促使民族地区的经济体通过采用更为"绿色"的技术来减少污染排放，但同时会加大企业的生产成本，从而诱使企业将污染性的生产活动部分或者全部转移到影子经济部门来规避排污成本，整体上扩大了民族地区的影子经济规模，提高了该地区的环境污染程度。因此环境规制强度对于污染的总体净效应取决于民族地区影子经济规模的大小。根据回归结果，民族地区影子经济规模的系数为正，且在1%的显著性水平下对污染排放产生影响，因此民族地区影子经济产出规模的扩大将对该地区的环境污染产生正向的效应。由于影子经济规模和环境规制的交互项在1%的显著性水平下对污染产生正向影响，说明环境规制强度通过影子经济加重了民族地区环境污染。

表 9-4　民族地区环境污染的全面 FGLS 估计结果

| 项目 | （1） | （2） | （3） |
| --- | --- | --- | --- |
| $er$ | −0.6136219* <br> （−1.74） | −0.1915257 <br> （−0.59） | −0.2901981 <br> （−0.50） |
| $rec$ | 0.0003406*** <br> （5.61） | 0.0002801*** <br> （4.76） | 0.0002643*** <br> （4.03） |
| $er \times rec$ | 0.0065133*** <br> （3.21） | 0.0039665* <br> （1.95） | 0.0043787* <br> （1.80） |
| $pgdp$ |  | −0.0000394** <br> （−1.96） | −0.0000307 <br> （−1.44） |
| $Pgdp^2$ |  | 2.35e−09* <br> （1.90） | 1.78e−09 <br> （1.31） |

续表

| 项目 | （1） | （2） | （3） |
|---|---|---|---|
| open | | | −0.1096239 |
| | | | （−0.85） |
| 常数项 | 41.38909*** | 28.14219*** | 25.14646*** |
| | （7.05） | （4.32） | （2.87） |
| Wald chi2（10） | 47.15 | 28.89 | 20.25 |
| Prob > chi2 | 0.0000 | 0.0024 | 0.0892 |
| 样本数 | 112 | 112 | 112 |

注：括号内为 Z 统计量；\*\*\*、\*\*、\* 分别表示在 1%、5%、10% 的水平下显著。

表9-4中的模型（2）和模型（3）是在计量模型中分别加入实际人均GDP和实际人均GDP平方项的控制变量以及贸易开放度的控制变量所得到的实证结果。研究发现加入其他控制变量后，核心解释变量影子经济规模和两者的交互项系数虽然发生变化，但是估计系数的符号和显著性水平并没有发生大的变化，这一定程度上能够说明估计结果具有稳健性；另外一个核心解释变量环境规制强度的显著性水平虽然发生了变化，但是其系数符号并未发生改变。

就其他控制变量来看，模型（2）中仅加入实际人均GDP和其平方项，估计结果显示，实际人均GDP在5%的显著性水平下对环境污染具有负向影响，其平方项在10%的显著性水平下对环境污染具有正向影响；因此，民族地区人均GDP与环境污染综合指数之间并未呈现出倒"U"形曲线关系，而是正"U"形曲线关系（如图9-1所示），传统的EKC假说并没有在民族地区得到验证。图9-1表明，当实际人均GDP较低时，随着实际人均GDP的提高，环境污染反而下降，我们认为，这可能是由于民族地区特殊的地理位置对环境污染具有一定的"消化"功能使得环境污染没有加重，加之其他因素的作用，例如，期初环境规制效果明显，导致民族地区环境污染减轻。随着实际人均GDP的进一步增加，部分民族地区的环境污染有所增加，我们对此现象应当有所警觉。在纳入对外开放程度这一控制变量后，实际人均GDP及其平方项的显著性水平发生了改变，但是其估计系数的符号仍未发生改变，这也在一定程度上验证了计量结果的稳健性。贸易开放度的估计系数为负，说明贸易开放度与民族地区环境污染之间是负向关系，因此，促进对外开放对于民族地区的环境污染的抑制作用大于促进作用，扩大国际贸易整体上还是有利于民族地区环境改善的，然而，由于估计系数不显著，更为科学的结论仍有待笔者在未来的研究中进一步加以完善。

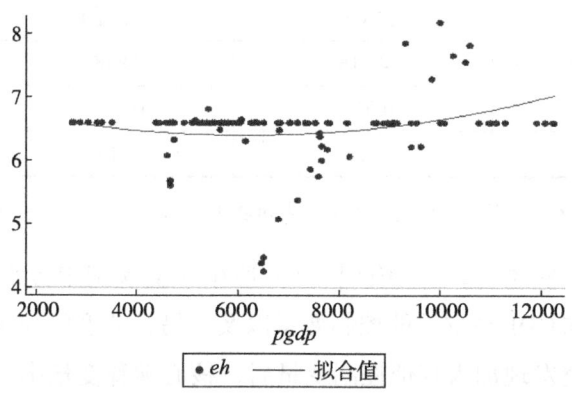

图 9-1　民族地区实际人均 GDP 与环境污染的关系

### 9.3.4　民族地区与东部地区全面 FGLS 估计结果对比

东部地区[①]是我国经济最为发达的地区，将其纳入估计方程之中与民族地区进行对比，具有很强的借鉴意义。除此之外，本章还将产业结构、城市化、能源效率和科技水平四个控制变量纳入计量方程。

从表 9-5 的各列回归结果来看，环境规制强度对环境污染的影响在东部地区与民族地区呈现出明显不同的情况，尽管环境规制强度对环境污染的作用在民族地区和东部地区都不显著，但是环境规制强度在民族地区对污染具有抑制效应，而其在东部地区却加剧了环境污染。影子经济对环境污染产生的影响在两个地区都为正，并且都通过了 1% 的显著性水平，这意味着影子经济活动本身带来了环境污染。无论在民族地区还是东部地区，环境规制与影子经济的交互项对污染的影响都显著为正；这一结果也意味着环境规制越强，影子经济对于民族地区和东部地区环境质量的负面影响就越严重；因此，提高环境规制强度总体上并没有改善民族地区和东部地

---

①　东部地区包括北京、天津、河北、辽宁、上海、江苏、浙江、福建、山东、广东和海南等 11 个省市。

区的环境质量。

表 9–5 民族地区与东部地区全面 FGLS 检验

| 变量 | 民族地区（1） | 东部地区（2） |
| --- | --- | --- |
| er | −0.2809101<br>（−0.28） | 7.926265<br>（1.14） |
| rec | 0.000464***<br>（6.95） | 0.0001201***<br>（5.85） |
| er×rec | 0.0082309*<br>（1.70） | 0.0131429***<br>（2.85） |
| pgdp | −0.0002862***<br>（−4.15） | 0.0002359***<br>（3.62） |
| $Pgdp^2$ | $1.14 \times 10^{-8}$***<br>（3.69） | $-5.77 \times 10^{-9}$***<br>（−5.60） |
| open | −1.598638***<br>（−4.91） | 0.0634333<br>（0.44） |
| manu | 3.072948***<br>（5.88） | 6.599009***<br>（7.18） |
| urban | −0.9291451*<br>（−1.74） | 2.251061**<br>（2.46） |
| eg | −0.1109792***<br>（−2.89） | −0.3165585**<br>（−2.12） |
| tech | 1.699799<br>（0.25） | −6.760334<br>（−0.56） |
| 常数项 | 3.859969<br>（0.20） | −80.98455**<br>（−2.19） |
| Wald chi2（16） | 149.62 | 894.92 |
| Prob > chi2 | 0.0000 | 0.0000 |
| 样本数 | 112 | 176 |

注：括号内为 Z 统计量；***、**、* 分别表示在 1%、5%、10% 的水平下显著。

民族地区人均收入水平与环境污染之间一样呈现出正"U"形关系，而东部地区人均收入水平与环境污染之间却呈现出明显的倒"U"形关系（如图 9-2 所示），满足 EKC 假说，即当收入水平低时，为了提高收入水平而牺牲部分环境，因此环境质量随着收入增加而呈现出不断恶化的趋势，在收入水平到达临界点后，人们愿意为了改善环境质量而放弃部分收入，因此环境质量会随着收入的增加而改善。

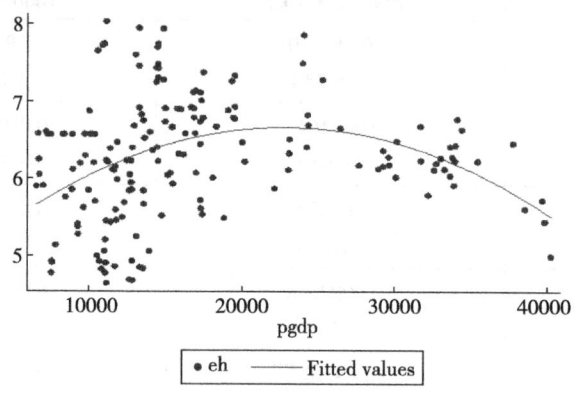

图 9-2　东部地区实际人均 GDP 与环境污染的关系

贸易开放度在民族地区对环境污染的影响显著为负，在东部地区的影响为正，这意味着贸易开放度的提高整体上抑制了民族地区的环境污染，却加重了东部地区的环境污染，这说明，对外开放导致了部分污染产业在东部地区的集聚。贸易开放度对民族地区和东部地区的环境污染影响不同，这可能是两地区的地理位置和发展政策不同造成的。东部地区和民族地区产业结构的估计系数均为正，并且通过了1%的显著性检验，说明随着工业化的高速增长，污染物的排放量也不断增加。东部地区城市化水平的估计系数在5%的显著性水平下对污染产生正向影响，说明东部地区的城市化会加重环境污染。民族地区的城市化能够改善环境质量，并且通过了10%的显著性水平，这说明环境污染还未成为民族地区城市化的限制条件，民族地区城市化水平的提高能在一定程度上降低环境污染，其中可能的原因是人口的集中提高了公共产品的使用效率从而降低了对环境的污染程度。能源消费强度作为能源使用效率的替代变量对环境污染的影响至少在5%的显著性水平下为负，说明民族地区和东部地区的能源使用效率越高，污染物的排放量就越少，也就越有利于环境质量的改善。较高的科技水平能在一定程度上改善东部地区的环境质量，由于关于民族地区的估计系数高度不显著，科技水平对民族地区的环境改善的影响作用有待进一步研究。

## 9.4 本章小结

传统观点认为,政府实施严格的环境规制会促使企业采用环境友好型技术来减少污染物的排放从而改善环境质量。但是,在影子经济存在的情况下,严格的环境规制未必会改善地区的环境质量,这是因为环境规制强度的提高会诱使企业将部分官方经济活动转移到影子经济部门,从而规避政府的环境规制,加重环境污染。所以在忽略影子经济部门存在的情况下研究环境规制对环境污染的影响是不合理的。本章在理论模型分析的基础上,运用单位根检验、面板协整检验和全面的FGLS法实证考察了环境规制、影子经济和两者的交互项对民族地区环境污染的影响。通过理论与实证分析,得出的研究结论主要有:①理论研究表明,环境规制对环境污染的直接影响显著为负;同时环境规制也会诱使企业将部分官方经济活动转移到影子经济部门从而加重环境污染。②实证分析说明,环境规制对民族地区的环境污染存在极其显著的负向影响,影子经济规模的扩大会加重民族地区的环境污染,环境规制和影子经济的交互项对民族地区的污染排放有明显的正向效应。总而言之,民族地区目前的环境规制强度未能有效遏制环境污染,即提高环境规制强度,影子经济就会加重民族地区本已日益严重的环境污染。③民族地区的人均收入水平与环境污染并未呈现倒"U"形关系,EKC假说在民族地区并不成立。贸易开放度、产业结构、城市化、能源使用效率等因素对民族地区的环境质量亦具有重要影响。

党的十九大报告指出,"我们要建设的现代化是人与自然和谐共生的现代化,既要创造更多物质财富和精神财富以满足人民日益增长的美好生活需要,也要提供更多优质生态产品以满足人民日益增长的优美生态环境需要"。当前我国民族地区环境污染有加重的趋势,为了进一步深化经济结构改革,促进少数民族地区"形成节约资源和保护环境的空间格局、产业结构、生产方式、生活方式,还自然以宁静、和谐、美丽",本章根据研究结论,谨提出如下政策建议:

从环境规制角度讲,地方政府要完善环境规制政策。一是民族地区的地方政府要不断加大环境规制的强度。民族地区环境质量呈现出持续恶化的趋势,其中一个最主要的原因就是地方政府的环境规制强度不足,规制强度的合理性影响其对企业生产活动中排污行为制约的有效性。因此，地方政府要采取严格的措施限制企业生产经营活动中的排污行为，通过加大环境规制强度激励当地企业进行技术革新，使得企业实现既能治污又能提高生产效率的双重目的。二是要注重环境规制强度的动态调整。民族地区的地方政府要循序渐进，根据地区、行业和污染程度不同等特点，采取差异化的规制强度和政策，及时将环境规制的强度调整到合理水平，这样会起到刺激和约束企业的作用。三是地方政府要选择多种环境规制的工具，增加环境规制的有效性和灵活性。地方政府要灵活运用环境税、排污费、产品税费、押金返还、可交易污染许可证等多种环境规制手段，同时在治污方面赋予企业一定的灵活空间，激励企业采用环境友好型技术降低环境污染。

从影子经济角度讲，地方政府要加强对影子经济的监管，促使影子经济逐步"显性化"。影子经济是民族地区环境污染的一个重要来源，其为企业提供了巨大的可行性操作空间来规避环境规制，不仅削弱了环境规制的有效性，还加重了环境污染。由此，一是民族地区地方政府要加强对影子经济的监督和管理。要进一步加大对影子经济部门排污行为的惩罚力度，降低污染密集型企业在影子经济中的比重。这不仅有利于提高民族地区的环境质量，而且在一定程度上有助于减少环境规制通过影子经济带给环境的负面影响。二是民族地区政府应该制定合理有效的税收政策，促使影子经济逐步"显性化"。民族地区当前的政策对于抑制影子经济部门的生产活动作用非常有限，地方政府要建立惠及影子经济部门减排的奖惩制度，鼓励社会对隐性经济进行监管，避免企业将市场的经济活动转入地下经济活动。

# 参考文献

[1] Abramovitz M. Catching up, forging ahead, and falling behind [J]. The Journal of Economic History, 1986, 46 (2): 385–406.

[2] Acemoglu D, Garcia-Jimeno C, Robinson J. Finding eldorado: Slavery and long-run development in Colombia [J]. Journal of Comparative Economics, 2012, (40): 534–564.

[3] Acemoglu D, Johnson S, Robinson J, et al. Institutional causes, macroeconomic symptoms: Volatility, crises and growth [J]. Journal of Monetary Economics, 2003 (50): 49–123.

[4] Aghion P, Howitt P. Endogenous growth and theory [M]. Beijing: Peking University Press, 2004.

[5] Aghion P, Howitt P. Endogenous growth and theory [M]. Cambridg, MA: The MIT Press, 1997: 1–153.

[6] Agliari A, Commendatore P, Foroni I, et al. Agglomeration dynamics and first nature asymmetries [J]. Mathematics and Computers in Simulation, 2015 (108): 81–98.

[7] Alexeev M, Conrad R. The elusive curse of oil [J]. Rev. Econ. Stat., 2009, 91(3): 586–598.

[8] Amiti M. Location of vertically linked industries: Agglomeration versus comparative advantage [J]. European Economic Review, 2005, 49 (4): 809–832.

[9] Anas A, Arnott R, Small K A. Urban spatial structure [J]. Journal of Economic Literature, 1998, 36(3): 1426–1464.

［10］Andersson F, Forslid R. Tax competition and economic geography［J］. Journal of Public Economic Theory, 2003, 5（2）: 279–303.

［11］Anselin L, Moreno R. Properties of tests for spatial error components［J］. Regional Science and Urban Economics, 2003（33）: 595–618.

［12］Antweiler W, Copeland B R, Taylor M S. Is free trade good for the environment?［J］.The American Economic Review, 2001, 91（4）: 877–908.

［13］Aslanidis N, Iranzo S. Environment and development: Is there a Kuznets curve for $CO_2$ emissions?［J］. Applied Economics, 2009, 41（6）: 803–810.

［14］Auty R M. Industrial policy reform in six large newly industrializing countries: The resource curse thesis［J］. World Development, 1994, 22（1）: 11–26.

［15］Auty R M. Natural resources, capital accumulation and the resource curse［J］.Ecological Economics, 2007, 61（4）: 627–634.

［16］Auty R. Sustaining development in mineral economies: The resource curse thesis［M］.London: Routledge, 1993: 6–115.

［17］Baksi S, Bose P. Environmental regulation in the presence of an informal sector［R］.The University of Winnipeg Working Papers, No.2010–03, 2010.

［18］Baldwin R E, Forslid R, Martin P, et al. Economic geography and public policy［M］. Priceton: Princeton University Press, 2003.

［19］Baldwin R E, Krugman P. Agglomeration, integration and tax harmonization［J］. European Economic Review, 2004（48）: 1–23.

［20］Baldwin R E, Martin P, Ottaviano G I P. Global income divergence, trade and industrialization: The geography of growth take-off［J］. Journal of Economic Growth, 2001（6）: 5–37.

［21］Banerjee A, Duflo E, Qian N. On the Road: Access to Transportation Infrastructure and Economic Growth in China［R］. NBER Working Paper No. 17897, 2012.

［22］Barbier E B. Natural resources and economic development［M］. Cambridge, UK: Cambridge University Press, 2005.

［23］Barrett S. Strategic environmental policy and international trade［J］.Journal of Public Economics, 1994 (54): 325-338.

[24] Becker J, Fuest C. EU regional policy and tax competition [J]. European Economic Review, 2010 (54): 150-161.

[25] Behrens K. How Endogenous asymmetries in interregional market access trigger regional divergence [J]. Regional Science and Urban Economics, 2005 (35): 471-492.

[26] Berliant M, Fujita M. Dynamics of knowledge creation and transfer: The two person case [R]. MPRA Paper No.4973, 2007.

[27] Berliant M, Fujita M. The dynamics of knowledge diversity and economic growth [R]. MPRA Paper No.7088, 2008.

[28] Biswas A K, Farzanegan M R, Thum M. Pollution, shadow economy and corruption: Theory and evidence [J].Ecological Economics, 2012, 75 (11): 114-125.

[29] Blackman A, Kildegaard A. Clean technological change in developing-country industrial clusters: Mexican Leathertanning [J].Environmental Economics and Policy Studies, 2010, 12 (3): 115-132.

[30] Blackman A, Bannister G. Community pressure and clean technology in the informal sector: An econometric analysis of the adoption of propane by traditional Mexican brickmakers [J]. Journal of Environmental Economics and Management, 1998a, 35 (1): 1-21.

[31] Blackman A, Bannister G. Pollution control in the informal sector: The Ciudad Juarez Brickmakers' project [Z].Resources for the Future Discussion Paper, No.98-15, 1998b.

[32] Bleakley H, Lin J. Portage and path dependence [J]. Quarterly Journal of Economics, 2012, 127(2): 587-644.

[33] Bosker M, Garretsen H. Economic geography and economic development in Sub-Saharan Africa [J]. The World Bank Economic Review, 2012, 26 (3): 93-136.

[34] Boyd G A, Mcclelland J D. The impact of environmental constraints on productivity improvement in integrated paper plants [J].Journal of Environmental

Economics and Management, 1999, 38(2): 121-142.

[35] Bravo-Ortega C, De Gregorio J. The relative richness of the poor? Natural resources, human capital, and economic growth [R]. Policy Research Working Papers, No. 3484, 2005: 1-48.

[36] Breinlich H. The spatial income structure in the European Union—What role for economic geography? [J]. Journal of Economic Geography, 2006, 6 (5): 593-617.

[37] Breinlich H, Ottaviano G I P, Temple J R W. Regional growth and regional decline [A] // Aghion P, Durlauf S N. Handbook of Economic Growth, vol. 2 [M]. North Holland, Amsterdam, 2014: 683-779.

[38] Brezis E S, Krugman P R, Tsiddon D. Leapfrogging in International Competition: A Theory of Cycles in National Technological Leadership [J]. The American Economic Review, 1993, 83 (5): 1211-1219.

[39] Brock W A, Xepapadeas A, Yannacopoulos A N. Spatial externalities and agglomeration in a competitive industry [J]. Journal of Economic Dynamics & Control, 2014 (42): 143-174.

[40] Brunnermeier S B, Cohen M A. Determinants of environmental innovation in US manufacturing industries [J]. Journal of Environmental Economics and Management, 2003, 45 (2): 278-293.

[41] Brunnschweiler C N. Cursing the blessings? Natural resource abundance, institutions, and economic growth [J]. World Development, 2008, 36 (3): 399-419.

[42] Brunnschweiler C N, Bulte E H. The resource curse revisited and revised: A tale of paradoxes and red herrings [J]. Journal of Environmental Economics and Management, 2008 (55): 248-264.

[43] Busse M. Trade, environmental regulations and the World Trade Organization: New empirical evidence [J]. Journal of World Trade, 2004 (38): 285-306.

[44] Capatina L. The Study of the air pollution by a surface mining exploitation

from Romania [J] .Journal of theUniversity of Chemical Technology and Metallurgy, 2008（43）: 245-250.

[45] Cavalcanti T, Mohaddes K, Raissi M. Growth, development and natural resources: New evidence using a heterogeneous panel analysis [J]. The Quarterly Review of Economics and Finance, 2011（51）: 305-318.

[46] Cole M, Elliott R, Shimamoto K. Why the grass is not always greener: The competing effects of environmental regulations and factor intensities on US specialization [J].Ecological Economics, 2005, 54（1）: 95-109.

[47] Collier P, Hoeffler A. Greed and grievance in civil war [J]. Oxford Economic Papers, 2004, 56（4）: 563-595.

[48] Conrad K. Locational competition under environmental regulation when input prices and productivity differ [J]. The Annals of Regional Science, 2005（39）: 273-295.

[49] Copeland B R, Taylor M S. Trade, growth and the environment [J]. Journal of Economic Literature, 2004, 42（1）: 7-71.

[50] Corden W M, Neary J P. Booming sector and de-industrialization in a small open economy [J]. The Economic Journal, 1982, 92（368）: 825-848.

[51] Coxhead I. 国际贸易和自然资源"诅咒": 中国的增长威胁到东南亚地区的发展了吗? [J]. 经济学（季刊）, 2006, 5（2）: 609-634.

[52] Cronon W. Nature's metropolis: Chicago and the great west [M]. New York: W. W. Norton, 1991.

[53] Davis D, Weinstein D B. Bombs and break points: The geography of economic activity [J]. American Economic Review, 2002, 92（5）: 1269-1289.

[54] Davis G A, Tilton J E. The Resource Curse [J]. Natural Resources Forum, 2005（29）: 233-242.

[55] De Bruyne K. The location of economic activity: Is there a spatial employment structure in Belgium? [M]. Mimeo, K. U. Leuven, 2003.

[56] Dell M, Jones B, Olken B. Temperature and income: Reconciling new cross-sectional and panel estimates [J]. American Economic Review, 2009, 99（2）:

198-204.

[57] Dell M, Jones B, Olken B. Temperature shocks and economic growth: Evidence from the last half century [J]. American Economic Journal: Macroeconomics, 2012, 4(3): 66-95.

[58] Desmet K, Rossi-Hansberg E. Spatial development [J]. American Economic Review, 2014, 104 (4): 1211-1243.

[59] Dias J, Tebaldi E. Institutions, human capital, and growth: The institutional mechanism [J]. Structural Change and Economic Dynamics, 2012 (23): 300-312.

[60] Dixit A, Stiglitz J. Monopolistic competition and optimum product diversity [J]. American Economic Review, 1977 (67) 297-308.

[61] Douglas N. Institutions [J]. Journal of Economic Perspective, 1991, 5 (1): 97-112.

[62] Dupont V, Martin P. Subsidies to poor regions and inequalities: Some unpleasant arithmetic [J]. Journal of Economic Geography, 2006 (6): 223-240.

[63] Elgin C, Mazhar R U. Environmental regulation, pollution and the informal economy [Z]. The State Bank of Pakistan Research Bulletin, 2013.

[64] Elgin C, Oztunali O. Environmental Kuznets Curve for the informal sector of Turkey in 1950-2009 [J]. Panoeconomicus, 2014a, 61 (4): 471-485.

[65] Elgin C, Oztunali O. Pollution and informal economy [J]. Economic Systems, 2014b, 38 (3): 333-349.

[66] Esfahani H S, Mohaddes K, Pesaran M H. Oil exports and the Iranian economy [R]. Cambridge Working Papers in Economics, No.0944, 2009.

[67] Fally T, Paillacar R, Terra C. Economic geography and wages in Brazil: Evidence from micro-data [J]. Journal of Development Economics, 2010 (91): 155-168.

[68] Fearon J D. Primary commodity exports and civil war [J]. Journal of Conflict Resolution, 2005, 49 (4): 483-507.

[69] Frankel J A. The natural resource curse: A survey [C]. NBER W.P. No. 15836, 2010.

[70] Fredriksson P, Millimet D. Strategic interaction and the determination of environmental policyacross US states [J]. Journal of Urban Economics, 2002, 51 (1): 101-122.

[71] Frey B S, Weck-Hannemann H. The hidden economy as an "unobserved" variable [J]. European Economic Review, 1984, 26 (1): 33-53.

[72] Fujita M, Krugman P, Venables A J. The spatial economy: Cities, regions and international trade [M]. Cambridge, MA: The MIT Press, 1999.

[73] Fujita M, Mori T. Frontiers of the new economic geography [J]. Papers in Regional Science, 2005, 84 (3): 377-405.

[74] Gaitan B, Roe T L. International trade, exhaustible-resource abundance and economic growth [J]. Rev. Econ. Dyn., 2012 (15): 72-93.

[75] Gallup J L, Sachs J D, Mellinger A D. Geography and economic development [J]. International Regional Science Review, 1999, 22(2): 179-232.

[76] Gamper-Rabindran S, Finger S R. Does industry self-regulation reduce pollution? Responsible care in the chemical industry [J]. Journal of Regulatory Economics, 2012, 43 (1): 1-30.

[77] Gennaioli N, LaPorta R, Lopez-de-Silanes F, et al. Human capital and regional development [J]. Quarterly Journal of Economics, 2013, 128(1): 105-164.

[78] Gerschenkron A. Economic backwardness in historical perspective [M]. New York: Praeger, 1962.

[79] Gerschenkron A. The modernization of entrepreneurship [A] //Continuity in history and other essays [M]. Cambridge, MA: Harvard University Press, 1968.

[80] Gollop F M, Roberts M L. Environmental regulations and productivity growth: The case of fossil-fueled electric power generation [J]. Journal of Political Economy, 1983, 91 (4): 654-674.

[81] Gopal D, Nagendra H. Vegetation in Bangalore's Slums: Boosting livelihoods, well-being and social capital [J]. Sustainability, 2014, 6 (5): 2459-2473.

[82] Gray W B. The cost of regulation: OSHA, EPA and the productivity

slowdown [J]. American Economic Review, 1987, 77 (5): 998–1006.

[83] Greenstone M, Hanna R. Environmental regulation, air and water pollution, and infant mortality in India [J]. The American Economic Review, 2014, 104 (10): 3038–3072.

[84] Grossman G M, Krueger A B. Environmental impacts of a North American Free Trade Agreement [J]. Social Science Electronic Publishing, 1993, 8 (2): 223–250.

[85] Grossman G M, Krueger A B. Economic growth and the environment [M]. Kluwer Academic Publishers, 2000: 277–284.

[86] Gylfason T. Natural resources, education, and economic development [J]. European Economic Review, 2001 (45): 847–859.

[87] Habakuk H J. American and British Technology in the Nineteenth Century [M]. Cambridge: Cambridge University Press, 1962: 45–48.

[88] Hall C, Sobel S, Crowley R. Institutions, capital and growth [J]. Southern Economic Journal, 2010, 77 (2): 385–405.

[89] Hall B H, Mairesse J, Mohnen P. Measuring the returns to R&D [J]. Handbook of the Economics of Innovation, 2010 (2): 1033–1082.

[90] Hamamoto M. Environmental regulation and the productivity of Japanese manufacturing industries [J]. Resource and Energy Economics, 2006, 28 (4): 299–312.

[91] Hanson G. Localization economies, vertical organization and trade [J]. American Economic Review, 1996, 86 (5): 1266–1278.

[92] Hanson G. Markte potential, increasing returns and geographic concentration [J]. Journal of International Economics, 2005, 67 (1): 1–24.

[93] Harris R D, Tzavalis E. Inference for unit roots in dynamic panels where the time dimension is fixed [J]. Journal of Econometrics, 1999, 91 (2): 210–226.

[94] Hausman R, Rigobon R. An alternative interpretation of the resource curse: Theory and implications for stabilization, saving, and beyond [C]. Paper Prepared for the Conference on Fiscal Policy Formulation and Implementation in Oil Producing

Countries, International Monetary Fund Washington D.C., 2002.

[95] Head K, Mayer T. Regional wage and employment responses to market potential in the EU [J]. Regional Science and Urban Economics, 2006, 36 (5): 573-594.

[96] Helpman E. The size of regions [A] // Pines D, Sadka E, Zilcha I. Topics in public economics: Theoretical and applied analysis [M]. Cambridge: Cambridge University Press, 1998: 33-54.

[97] Herbertsson T T, Skuladottir M G, Zoega G. Three symptoms and a cure: A contribution to the economics of the dutch disease [R]. Working Paper, W99/10, institute of Economic Studies, University of Iceland, 1999.

[98] Hering L, Poncet S. Market access impact on individual wages: Evidence from China [J]. Review of Economics and Statistics, 2010, 92 (1): 145-159.

[99] Hicks J. The theory of wages [M]. London: McMillian, 1932: 101-125.

[100] Hornbeck R. The enduring impact of the American Dust Bowl: Short- and long-run adjustments to the environmental catastrophe [J]. American Economic Review, 2012, 102(4): 1477-1507.

[101] Huntington E. Civilization and climate [M]. New Haven, CT: Yale University Press, 1915.

[102] Isham J, Woolcock M, Pritchett L, et al. The varieties of resource experience: How natural resource export structures affect the political economy of economic growth [J]. World Bank Economic Review, 2005 (19): 141-174.

[103] Jacobs J. The economy of cities [M]. New York: Random House, 1969.

[104] James A, Aadland D. The curse of natural resources: An empirical investigation of US counties [J]. Resource and Energy Economics, 2011, 33(2): 440-453.

[105] James A. The resource curse: A statistical mirage? [J]. Journal of Development Economics, 2015 (114): 55-63.

[106] Javorcik B S, Wei S J. Pollution havens and foreign direct investment: Dirty secret or popular myth? [J]. Journal of Economic Analysis and Policy, 2004, 4

(2): 1-31.

[107] Jess C, Mao Y-F, Tian X, et al. Does banking competition affect innovation? [J]. Journal of Financial Economics, 2015, 115(1): 189-209.

[108] Jia N, Tian X, Zhang W. The real effects of tournament incentives: The case of firm innovation [R]. Working Papers, Social Science Electronic Publishing, 2016.

[109] Kaldor N. The case for regional policies [J]. Scottish Journal of Political Economy, 1970(17): 337-348.

[110] Kang S M, Lee M. An empirical study on effective pollution enforcement in Korea [J]. Environment and Development Economics, 2004, 9(3): 353-365.

[111] Kemp R, Iraldo F, Frey M. The effect of environmental regulation on firms'competitive performance: The case of the building & construction sector in some EU regions [J]. Journal of Environmental Management, 2011, 92(9): 2136-2144.

[112] Khanna M, Kumar S. Corporate environmental management and environmental efficiency [J]. Environmental and Resource Economics, 2011, 50(2): 227-240.

[113] Kheder S B, Zugravu N. Environmental regulation and French firms location aboard: An economic geography model in an international comparative study [J].Ecological Economics, 2012, 77(3): 48-61.

[114] Kheder S B, Zugravu N. The pollution haven hypothesis: A geographic economy model in a comparative study [R]. CES Working Papers, 2008: 22-26.

[115] Konisky D. Regulatory competition and environmental enforcement: Is there a race to the bottom? [J]. American Journal of Political Science, 2007, 51(4): 853-872.

[116] Krugman P. Development, geography and economic theory [M]. Cambridge, MA: The MIT Press, 1995.

[117] Krugman P, Venables A J. Globalization and the inequality of nations [J]. Quarterly Journal of Economics, 1995, 110(4): 857-880.

[118] Krugman Paul. Increasing returns and economic geography [J]. Journal of Political Economy, 1991, 99(3): 483-499.

[119] Kyriakopoulou E, Xepapadeas A. Environmental policy, first nature advantage and the emergence of economic clusters [J]. Regional Science and Urban Economics, 2013 (43): 101-116.

[120] Lanoie P, Patry M, Lajeunesse R. Environmental regulation and productivity: Testing the porter hypothesis [J]. Journal Productivity Analysis, 2008, 30 (2): 121-128.

[121] Leite C, Weidmann J. Does mother nature corrupt? Natural resources, corruption and economic growth [R]. IMF Working Paper No 99/85, Washington, DC: International Monetary Fund, July, 1999.

[122] Levinson A. Environmental regulation and manufactures' location choices: Evidence from the census of manufactures [J]. Journal of Public Economic, 1996, 62 (1): 5-29.

[123] Levy M J. Modernization and the structure of societies: A setting for international affairs [M]. Princeton: Princeton University Press, 1966.

[124] Libman A. Natural resources and sub-national economic performance: Does sub-national democracy matter? [J]. Energy Economics, 2013 (37): 82-99.

[125] List J A, Gallet C A. The environmental Kuznets curve: Does one size fit all? [J]. Natural Field Experiments, 1999, 31 (3): 409-423.

[126] List J A, McHone W W, Millimet D L. Effects of air quality regulation on the destinationchoice of relocating plants [J]. Oxford Economic Papers, 2003, 55 (4): 657-678.

[127] Lucas R E. Monetary Neutrality [C]. Prize Lecture, December 7, 1995.

[128] Madariaga N, Poncet S. FDI in Chinese cities: Spillovers and impact on growth [J]. The World Economy, 2007, 30 (5): 837-862.

[129] Mahmud A, Basher S. Price volatility and the political economy of resource-rich nations [J]. Economics of Governance, 2014, 15 (2): 253-279.

[130] Maria Dolores G, Fidel P-S. Neoclassical growth and the natural resource

curse puzzle [J]. Journal of International Economics, 2015 (97): 423-435.

[131] Marshall A. Principles of economics [M]. London: Macmillan, 1890.

[132] Matsuyama K. Agricultural productivity, comparative advantage, and economic growth [J]. Journal of Economic Theory, 1992 (58): 317-334.

[133] Mehlum H, Moene K, Torvik R. Institutions and the resource curse [J]. Economic Journal, 2006 (116): 1-20.

[134] Melo P C, Graham D J, Noland R B. A meta-analysis of estimates of urban agglomeration economies [J]. Regional Science and Urban Economics, 2009, 39 (3): 332-342.

[135] Michaels G. The effect of trade on the demand for skill: Evidence from the interstate highway system [J]. Review of Economics and Statistics, 2008: 90 (4): 683-701.

[136] Mideksa T K. The economic impact of natural resources [J]. Journal of Environmental Economics and Management, 2013 (65): 277-289.

[137] Minerva G A, Ottaviano G I P. Endogenous growth theories: Agglomeration benefits and transportation costs [A] // Capello R, Nijkamp P. Handbook of Regional Growth and Development Theories [M]. Cheltenham: Edward Elgar, 2009.

[138] Mion G. Spatial externalities and empirical analysis: The case of Italy [J]. Journal of Urban Economics, 2004 (56): 97-118.

[139] Mitton T. The wealth of subnations: Geography, institutions and within-country development [M]. Provo: Brigham Young University, 2013.

[140] Myrdal G. Economic theory and underdeveoped regions [M]. London: Gerald Duckworth, 1957.

[141] Nocco A. The rise and fall of regional inequalities with technological differences and knowledge spillovers [J]. Regional Science and Urban Economics, 2005 (35): 542-569.

[142] Nordhaus W. Geography and macroeconomics: New data and new findings [J]. Proceedings of the National Academy of Sciences, 2006, 103 (10): 3510-3517.

[143] Nunn N. Relationship-specificity, incomplete contracts and the pattern of

trade [J]. Quarterly Journal of Economics, 2007, 122(2): 569-600.

[144] Ottaviano G I P, Tabuchi T, Thisse J-F. Agglomeration and trade revisited [J]. International Economic Review, 2002, 43(2): 409-435.

[145] Papyrakis E, Gerlagh R. Resource abundance and economic growth in the United States [J]. Eur. Econ. Rev., 2007 (51): 1011-1039.

[146] Papyrakis E, Gerlagh R. The resource curse hypothesis and its transmission channels [J]. Journal of Comparative Economics, 2004 (32): 181-193.

[147] Pedroni P. Social capital, barriers to production and capital shares: Implications for the importance of parameter heterogeneity from a nonstationary panel approach [J]. Journal of Applied Econometrics, 2007 (22): 429-451.

[148] Perman R, Stern D I. The Environmental Kuznets Curve: Implications of non-stationarity [C]. Australian National University, Centre for Resource and Environmental Studies, Ecological Economics Program, 1999.

[149] Pigou A C. The economy of welfare [M]. London: Macmilan Press, 1932.

[150] Porter M E. American's green strategy [J]. Scientific American, 1991, 264 (4): 168.

[151] Porter M E. The competitive advantage of nations [M]. New York: The Free Press, 1990.

[152] Porter M E, Linde C. Toward a new conception of the environmental-competitiveness relationship [J]. Journal of Economic Perspective, 1995, 9 (4): 97-118.

[153] Puga D. The rise and fall of regional inequalities [J]. European Economic Review, 1999: 43(2): 303-334.

[154] Rachel F, Rob A, Stuart B, et al. Does regulation stimulate productivity? The effect of air quality policies on the efficiency of US power plants [J]. Energy Policy, 2009, 37 (11): 4574-4582.

[155] Rappaport J. Moving to nice weather [J]. Regional Science and Urban Economics, 2007, 37(3): 375-398.

[156] Rappaport J, Sachs J. The United States as a coastal nation [J]. Journal of Economic Growth, 2003, 8(1): 5–46.

[157] Redding S, Sturm D. The costs of remoteness: Evidence from German divison and reunification [J]. American Economic Review, 2008, 98 (5): 1766-1797.

[158] Redding S, Venables A. Economic geography and international inequality [J]. Journal of International Economics, 2004, 62 (1): 53–82.

[159] Redding S. Economic geography: A review of the theoretical and empirical literature [R]. CEPR Discussion Paper, 2009.

[160] Rehdanz K, Maddison D. Local environmental quality and life-satisfaction in Germany [J]. Ecological Economics, 2008, 64 (4): 787–797.

[161] Ricci L A. Economic geography and comparative advantage: Agglomeration versus specialization [J]. European Economic Review, 1999 (43): 357–377.

[162] Roback J. Wages, rents and the quality of life [J]. Journal of Political Economy, 1982, 90(6): 1257–1278.

[163] Robinson J A, Torvik R, Verdier T. Political foundations of the resource curse [J]. Journal of Development Economics, 2006 (79): 447–468.

[164] Romer P. Endogenous Technological Change [J]. Journal of Political Economy, 1990 (98): 71–102.

[165] Rosenthal S S, Strange W C. Evidence on the nature and sources of agglomeration economies [A] // Henderson J V, Thisse J-F. Handbook of Regional and Urban Economics, vol. 4 [M]. Amsterdam, North-Holland: Cities and Geography, 2004: 2119–2171.

[166] Sachs J D, Warner A M. Natural resource abundance and economic growth [R]. National Bureau of Economic Research Working Paper, No.5398, 1995.

[167] Sachs J D, Warner A M. The big push, natural resource booms and growth [J]. Journal of Development Economics, 1999 (59): 43–76.

[168] Sachs J D, Warner A M. The curse of natural resources [J]. European Economic Review, 2001, 45 (4): 827–838.

[169] Sachs J D, Warner A M. The big push, natural resource booms and growth [J]. Journal of Development Economics, 1999, 59 (1): 43-76.

[170] Sala-i-Martin X, Doppelhofer G, Miller R. Determinants of long-term growth: A bayesian averaging of classical estimates (bace) approach [J]. American Economic Review, 2004, 94(4): 813-835.

[171] Sala-i-Martin X, Subramanian A. Addressing the natural resource curse: An illustration from nigeria [R]. NBER Working Paper, No. 9804, 2003.

[172] Shao S, Yang L L. Natural resource dependence, human capital accumulation, and economic growth: A combined explanation for the resource curse and the resource blessing [J]. Energy Policy, 2014 (74): 632-642.

[173] Singer H. The IMF, the World Bank and commodity prices: A case of shifting sands? [J]. World Development, 1998, 26 (9): 1653-1660.

[174] Singh R N. Environmental catastrophes in the mining industry in Australia and the development of current management practices [J]. Journal of Mines Metals & Fuels, 1999, 47 (12): 339-343+363.

[175] Song C, Zhang Y, Mei Y. Sustainability of forests created by China's Sloping Land Conversion Program: A comparison among three sites in Anhui, Hubei and Shanxi [J]. Forest Policy & Economics, 2014 (38): 44-62.

[176] Stephen K. Mineral resources, economics and the environment [M]. Bethlehe: Lehigh University Press, 1994.

[177] Stijns J-P C. Natural resource abundance and economic growth revisited [J]. Resources Policy, 2005, 30 (2): 107-130.

[178] Tabellini G. Culture and institutions: Economic development in the regions of Europe [J]. Journal of the European Economic Association, 2010, 8 (4): 677-716.

[179] Takatsuka H, Zeng Dao-Zhi, Zhao Laixun. Resource-based cities and the Dutch disease [J]. Resource and Energy Economics, 2015 (40): 57-84.

[180] Tsani S. Natural resources, governance and institutional quality: The role of resource funds [J]. Resources Policy, 2013 (38): 181-195.

[181] Ulltveit-Moe K H. Regional policy design: An analysis of relocation [J]. Efficiency and Equity, European Economic Review, 2007, 51(6): 1443-1467.

[182] van der Ploeg F. Natural resources: Curse or blessing? [J]. Journal of Economic Literature, 2011(49): 366-420.

[183] van der Ploeg F, Poelhekke S. Volatility and the natural resource curse [J]. Oxford Economic Papers, 2009, 61(4): 727-760.

[184] Vicente P C. Does oil corrupt? Evidence from a natural experiment in West Africa [J]. Journal of Development Economics, 2010, 92(1): 28-38.

[185] Wheeler D. Racing to the Bottom? Foreign investment and air pollution Indeveloping countries [J]. The Journal of Environment & Development, 2001(10): 225-245.

[186] Williamson J G. Globalization and the poor periphery before 1950 [M]. Cambridge, MA: MIT Press, 2006.

[187] Woods N D. Interstate competition and environmental regulation: A test of the Race-to-the-bottom thesis [J]. Social Science Quarterly, 2006, 87(1): 174-189.

[188] Wu H, Guo H, et al. Westward movement of new polluting firms in China: Pollution reduction mandates and location choice [J]. Journal of Comparative Economics, 2017, 45(1): 119-138.

[189] Xing Y, Kolstad C D. Do lax environmental regulations attract foreign investment? [J]. Environmental and Resource Economics, 2003, 21(1): 1-22.

[190] Zeng D-Z, Zhao L. Pollution havens and industrial agglomeration [J]. Journal of Environmental Economics and Management, 2009(58): 141-153.

[191] 安海彦, 姚慧琴. 环境规制强度对区域经济竞争力的影响——基于西部省级面板数据的实证分析 [J]. 管理学刊, 2020(6): 27-37.

[192] 蔡乌赶, 周小亮. 环境规制对绿色全要素生产率的双重效应 [J]. 经济学家, 2017(9): 27-35.

[193] 陈斌, 李拓. 财政分权和环境规制促进了中国绿色技术创新吗? [J]. 统计研究, 2020(6): 27-39.

[194] 陈硕, 陈婷. 空气质量与公共健康: 以火电厂二氧化硫排放为例 [J]. 经济研究, 2014 (8): 33-44.

[195] 陈向阳. 环境库兹涅茨曲线的理论与实证研究 [J]. 中国经济问题, 2015 (3): 51-62.

[196] 程欣, 帅传敏, 王静, 等. 生态环境和灾害对贫困影响的研究综述 [J]. 资源科学, 2018 (4): 676-697.

[197] 樊纲, 王小鲁, 马光荣. 中国市场化进程对经济增长的贡献 [J]. 经济研究, 2011 (9): 4-16.

[198] 高明, 陈巧辉. 不同类型环境规制对产业升级的影响 [J]. 工业技术经济, 2019 (1): 91-99.

[199] 高苇, 李永盛. 矿产资源开发利用的环境效应: 空间格局和演化趋势 [J]. 环境经济研究, 2018 (1): 76-93.

[200] 郭凯明, 余靖雯, 龚六堂. 人口政策、劳动力结构与经济增长 [J]. 世界经济, 2013 (11): 72-92.

[201] 郭晓娜. 教育阻隔代际贫困传递的价值和机制研究——基于可行能力理论的分析框架 [J]. 西南民族大学学报 (人文社会科学版), 2017 (3): 6-12.

[202] 何春, 刘荣增. 中国环境规制与城镇减贫效应研究 [J]. 西南民族大学学报 (人文社会科学版), 2020 (4): 111-119.

[203] 何为, 刘昌义, 刘杰, 等. 环境规制、技术进步与大气环境质量 [J]. 科学学与科学技术管理, 2015 (5): 51-61.

[204] 何雄浪, 姜泽林. 自然资源禀赋、制度质量与经济增长——一个理论分析框架和计量实证检验 [J] 西南民族大学学报 (人文社会科学版), 2017 (1): 134-144.

[205] 胡钰, 付饶, 金书秦. 脱贫攻坚与乡村振兴有机衔接中的生态环境关切 [J]. 改革, 2019 (10): 141-148.

[206] 黄寿峰. 环境规制、影子经济与雾霾污染 [J]. 经济学动态, 2016 (11): 33-44.

[207] 贾雷德·戴蒙德. 为什么有的国家富裕, 有的国家贫穷 [M]. 北京: 中信出版社, 2017.

[208] 康继军. 中国转型期的制度变迁与经济增长 [D]. 重庆大学博士学位论文, 2006.

[209] 孔祥利, 毛毅. 我国环境规制与经济增长关系的区域差异分析——基于东、中、西部面板数据的实证研究 [J]. 南京师大学报（社会科学版）, 2010 (1): 56-60.

[210] 李兵, 岳云嵩, 陈婷. 出口与企业自主技术创新：来自企业专利数据的经验研究 [J]. 世界经济, 2016 (12): 72-94.

[211] 李江龙, 徐斌."诅咒"还是"福音"：资源丰裕程度如何影响中国绿色经济增长？[J]. 经济研究, 2018, 53 (9): 151-167.

[212] 李梦洁. 环境污染、政府规制与居民幸福感——基于CGSS（2008）微观调查数据的经验分析 [J]. 当代经济科学, 2015 (5): 59-68.

[213] 李胜兰, 申晨, 林沛娜. 环境规制与地区经济增长效应分析——基于中国省际面板数据的实证检验 [J]. 财经论丛, 2014 (6): 88-96.

[214] 李治国, 周德田. 基于VAR模型的经济增长与环境污染关系实证分析——以山东省为例 [J]. 企业经济, 2013 (8): 11-16.

[215] 梁流涛, 翟彬. 农户行为层面生态环境问题研究进展与评述 [J]. 中国农业资源与区划, 2016, 37 (11): 72-80.

[216] 林弋筌. 环境规制、技术投入与工业转型升级——基于中国地级以上城市面板数据的经验分析 [J]. 海南大学学报（人文社会科学版）, 2020 (1): 79-88.

[217] 林毅夫. 后发优势与后发劣势 [J]. 经济学（季刊）, 2003 (3): 989-1004.

[218] 鲁金萍, 董德坤, 谷树忠, 等. 基于"荷兰病"效应的欠发达资源富集区"资源诅咒"现象识别——以贵州省毕节地区为例 [J]. 资源科学, 2009 (2): 271-277.

[219] 毛其淋, 盛斌. 对外经济开放、区域市场整合与全要素生产率 [J]. 经济学（季刊）, 2012 (1): 181-210.

[220] 秦慧. 2020年后相对贫困治理研究 [J]. 学校党建与思想教育, 2020 (9): 89-93.

[221] 邵帅, 齐中英. 西部地区的能源开发与经济增长——基于"资源诅咒"假说的实证分析 [J]. 经济研究, 2008 (4): 147-160.

[222] 邵帅, 齐中英. 资源输出型地区的技术创新与经济增长 [J]. 管理科学学报, 2009 (6): 23-33.

[223] 石华平, 易敏利. 环境规制对高质量发展的影响及空间溢出效应研究 [J]. 经济问题探索, 2020 (5): 160-175.

[224] 史贝贝, 冯晨, 张妍, 等. 环境规制红利的边际递增效应 [J]. 中国工业经济, 2017 (12): 40-68.

[225] 苏冰涛, 李松柏. "生态贫民"可持续生计问题研究——以陕南秦巴山区为例 [J]. 中国农业资源与区划, 2013, 34 (5): 68-73.

[226] 索朗杰措. 缓解贫困视域下生态补偿机制的研究——基于国内外的分析 [J]. 西南金融, 2020 (7): 47-55.

[227] 田丽芳, 刘亚丽. 双重环境规制对经济高质量发展的门槛效应分析——基于地方政府竞争视角 [J]. 技术经济与管理研究, 2020 (8): 20-25.

[228] 汪三贵. 反贫困与政府干预 [J]. 管理世界, 1994 (3): 40-46.

[229] 王必达, 王春晖. "资源诅咒": 制度视域的解析 [J]. 复旦学报 (社会科学版), 2009 (5): 100-108.

[230] 王兵, 吴延瑞, 颜鹏飞. 中国区域环境效率与环境全要素生产率增长 [J]. 经济研究, 2010 (5): 95-109.

[231] 王军, 邹广平, 石先进. 制度变迁对中国经济增长的影响——基于VAR模型的实证研究 [J]. 中国工业经济, 2013 (6): 70-82.

[232] 王庆丰, 党耀国. 基于Moore值的中国就业结构滞后时间测算 [J]. 管理评论, 2010 (7): 3-7.

[233] 王天营. 我国固定资产投资对经济增长的滞后影响研究 [J]. 经济问题, 2004 (12): 50-52.

[234] 王文剑, 覃成林. 财政分权、地方政府行为与地区经济增长——一个基于经验的判断及检验 [J]. 经济理论与经济管理, 2007 (10): 60-64.

[235] 王小宁, 周晓唯. 市场化进程、环境规制与经济增长——基于东、中、西部地区经验检验 [J]. 科学决策, 2015 (3): 82-94.

[236] 夏海力,叶爱山.环境规制的作用效应及其异质性分析——基于我国285个城市的面板数据[J].城市问题,2020(5):88-96.

[237] 谢波,陈仲常.自然资源、人力资本异质性与区域经济增长——基于省际面板数据的经验分析[J].人口与经济,2011(4):35-44.

[238] 谢娟,李玉双,韩峰.环境规制与经济增长:基于中国省际面板联立方程的分析[J].经济经纬,2012(5):1-5.

[239] 熊艳.基于省际数据的环境规制与经济增长关系[J].中国人口·资源与环境,2011,21(5):126-131.

[240] 徐蔼婷,李金昌.中国未被观测经济规模:基于MIMIC模型和经济普查数据的新发现[J].统计研究,2007,24(9):30-36.

[241] 徐康宁,王剑.自然资源丰裕程度与经济发展水平关系的研究[J].经济研究,2006(1):78-89.

[242] 闫海波,陈敬良,孟媛.中国省级地下经济与环境污染[J].中国人口·资源与环境,2012(11):275-280.

[243] 闫军印,丁超.我国矿产资源开发利用的环境影响分析及对策研究[J].石家庄经济学院学报,2008(5):28-35.

[244] 闫文娟.财政分权、政府竞争与环境治理投资[J].财贸研究,2012(5):91-97.

[245] 杨灿明,孙群力.中国各地区隐性经济的规模、原因和影响[J].经济研究,2010(4):93-106.

[246] 杨莉莉,邵帅.人力资本流动与资源诅咒效应:如何实现资源型区域的可持续增长[J].财经研究,2014(11):44-60.

[247] 余明桂,范蕊,钟慧洁.中国产业政策与企业技术创新[J].中国工业经济,2016(12):5-22.

[248] 余长林,高宏建.环境规制对中国环境污染的影响[J].中国工业经济,2015(7):21-34.

[249] 俞雅乖.我国财政分权与环境质量的关系及其地区特性分析[J].经济学家,2013(9):60-67.

[250] 袁晓玲,李浩,邱勐.环境规制强度、产业结构升级与生态环境优化

的互动机制分析［J］.贵州财经大学学报，2019（1）：73-81.

［251］原毅军，刘柳.环境规制与经济增长：基于经济型规制分类的研究［J］.经济评论，2013（1）：27-33.

［252］原毅军，谢荣辉.环境规制的产业结构调整效应研究——基于中国省际面板数据的实证检验［J］.中国工业经济，2014（8）：57-69.

［253］约翰·冯·杜能.孤立国同农业和国民经济的关系［M］.吴衡康，译.北京：商务印书馆，1997.

［254］占华.收入差距对环境污染的影响研究——兼对"EKC"假说的再检验［J］.经济评论，2018（6）：100-112.

［255］张红凤，张细松.环境规制理论研究［M］.北京：北京大学出版社，2012：13-44.

［256］张红凤，周峰，杨慧，等.环境保护与经济发展双赢的规则绩效实证分析［J］.经济研究，2009（3）：14-26.

［257］张红凤.制约、双赢到不确定性——环境规制与企业竞争力相关性研究的演进与借鉴［J］.财经研究，2008（7）：16-26.

［258］张华.地区间环境规制的策略互动研究——对环境规制非完全执行普遍性的解释［J］.中国工业经济，2016（7）：74-90.

［259］张军，高远，等.中国为什么拥有了良好的基础设施［J］.经济研究，2007（3）：4-19.

［260］张克中，王娟，崔小勇.财政分权与环境污染：碳排放的视角［J］.中国工业经济，2011（10）：65-75.

［261］张林姣.新常态下环境规制对经济增长的影响——基于2009—2013年省际面板数据［J］.科技与管理，2015，17（5）：100-104.

［262］张千友，王兴华.民族地区：自然资源、经济增长与经济发展方式的转变研究［J］.中央民族大学学报（哲学社会科学版），2011（4）：24-30.

［263］张贤平，胡海祥.我国矿产资源开发对生态环境的影响与防治对策［J］.煤矿开采，2011（6）：1-5.

［264］张义丰，王又丰，程志刚，等.西部开发的生态背景与农业脱贫的关系［J］.地理科学进展，2000（12）：327-334.

［265］张勇，蒲勇健. 产业结构变迁及其对能源强度的影响［J］. 产业经济研究，2015（2）：15-22+67.

［266］赵淑芹，刘倩. 基于DEA的矿产资源开发利用生态效率评价［J］. 中国矿业，2014（1）：54-57.

［267］周清香，何爱平. 环境规制能否推动黄河流域高质量发展［J］. 财经科学，2020（6）：89-103.

［268］朱金生，李碟. 环境规制、技术创新与就业增长的内在联系——基于中国34个细分工业行业PVAR模型的实证检验［J］. 人口与经济，2020（3）：123-141.

# 后　记

全书内容结构由何雄浪设计。第1章（地理要素、非地理要素与区域增长的决定）；第2章（自然资源禀赋与区域发展："资源福音"还是"资源诅咒"）由何雄浪写作完成；第3章（自然资源禀赋、制度质量与经济增长）；第4章（自然资源禀赋、劳动力结构与经济增长）由何雄浪、姜泽林写作完成；第5章（基于"资源诅咒"视角的环境污染与地区经济增长关系探讨）由何雄浪、叶燚写作完成；第6章（环境规制促进还是抑制了技术创新）由何雄浪、陈锁写作完成；第7章（高质量发展视角下我国环境规制减贫脱困效应研究）由何雄浪、史世姣写作完成；第8章（"资源诅咒"、后发优势与民族地区经济跨越式发展探讨）由何雄浪、刘芝芝写作完成；第9章（环境规制对民族地区环境污染的影响探讨）由恩佳、何雄浪、陈锁写作完成。全书内容由何雄浪修改、校对定稿。

由于作者能力有限，书中难免存在错误，恳望各位专家、读者批评指正。

何雄浪

2021年11月